金陵生小言续编

蒋寅／著

中华书局

图书在版编目(CIP)数据

金陵生小言续编/蒋寅著. —北京:中华书局,2020.6
ISBN 978-7-101-14564-9

Ⅰ.金… Ⅱ.蒋… Ⅲ.文史-中国-文集 Ⅳ.C52

中国版本图书馆 CIP 数据核字(2020)第 079602 号

书　　名　金陵生小言续编
著　　者　蒋　寅
责任编辑　张　伟
出版发行　中华书局
　　　　　(北京市丰台区太平桥西里 38 号　100073)
　　　　　http://www.zhbc.com.cn
　　　　　E-mail:zhbc@zhbc.com.cn
印　　刷　北京瑞古冠中印刷厂
版　　次　2020 年 6 月北京第 1 版
　　　　　2020 年 6 月北京第 1 次印刷
规　　格　开本/850×1168 毫米　1/32
　　　　　印张 9½　插页 2　字数 230 千字
印　　数　1-4000 册
国际书号　ISBN 978-7-101-14564-9
定　　价　38.00 元

自　序

曩辑常日读书札记为《金陵生小言》，以类相从，厘为十三卷，曰儒林外传、学海扬觯、读史管见、艺林伐山、典籍丛札、诗学蠡酌、诗史发微、诗圃撷余、诗家杂考、云烟过眼、清集漫记上、清集漫记下、事物识小。版行于世，倏忽十六年矣。马齿徒增，牛腰未束，独读书论学，笔札不辍。日月其除，余沛兹积，闲中编而葺之，以为还历之祝。顾清集漫记，蕞尔无多，姑并入过眼云烟，复益以解颐新语、诗林折枝，卷帙仍旧，部类维新。盖所见愈广而所得愈渺，曾不足言由博返约以自文也。凡我读者，毋论垂青飞白，幸有以教之。责编张伟先生悉心校核，为订正疏误不一，谨此致谢。庚子清和之月金陵生谨识，时疫疠将歇，河清在望。

目　录

卷一　儒林外传

001　宋章珉为布衣日，以宰相自许，高盖大马，盛服群从而后出，乡人谓之三品秀才。此与王闿运家中行帝王仪仿佛。章后官学士。

002　东坡谪黄州，邻家一女子甚贤，每夕只在窗下听东坡读书，后其家欲议亲，女子云须得读书如苏东坡者乃可，竟无所谐而死。此东坡之冯小青也。东坡倅杭州日，一日与刘贡父游西湖，至湖心，有小舟翩然至前，一妇人甚佳，见东坡，自陈："少年景慕高名，以在室无由得见，今已嫁为民妻，闻公游湖，不避罪而来。善弹筝，愿献一曲，辄求一小词以为终身之荣，可乎？"东坡不能却，援笔为作《江城子》"凤凰山下雨初晴"一阕。

003　苏东坡善谐谑，每见刘贡父适逢对手。《后山谈丛》卷六载，东坡以诗得罪，贡父以继和株及而罚金。后坐事贬官湖外，过黄州见东坡，寒温外问有新诨否，贡父曰：有二屠夫，至其子改业而为儒、贾。二屠相见，必诉其患。甲问："贤郎何为？"曰："检典与解尔。"复问甲，曰："与举子唱和诗尔。"异日相逢，乙曰："儿子竟不免解著贼赃，县已逮捕矣。"甲曰："我儿亦何能免？"乙曰："贤郎何虞？"曰："若和著贼诗，亦不稳便。"东坡应之曰："贤尊得似忧里。"卷五又载异说云：刘贡父晚病鼻塌，又尝坐和苏诗罚金，尝谓东坡："曹州有盗夜入人家，室无物，但书数卷，乃举子所作五七言诗耳。盗忌空还，乃取一卷而去，质于典当家。主人好之不释手。明日盗败，吏取其书，主人赂吏而私录之。吏督之急，且问其故，曰：‘吾爱其语，将和之也。’吏曰：‘贼诗不中和他。’”东坡亦曰：“孔子外出，颜、仲二子行而过市，而卒遇师，子路敏捷，跃而升木。颜回懦缓，顾无可避，就市中刑人所经幢匿之，所谓‘石幢子’者。既去，市人以贤人所至，不可复以故名，遂共谓‘避孔塔’。”一座绝倒。同卷又载东坡自黄移汝，过金陵见王安石。王曰：“好个翰林学士，某久以此待公。”东坡曰：“贵乡出杖鼓鞚，乡人保有已数世，淮南豪子不远千里，登门求购，许以厚价，而击之无声，遂不售。乡人恨怒，至河上，投之水中，吞吐有声。熟视而叹曰：‘你早作声，我不至此！’”

004 今日之追星族曰粉丝，人每叹其狂热，然较古昔犹为小巫。东坡自海南归，寓常州，暑日着小冠，披半臂坐船中，夹运河千万人随观之。坡顾坐客曰：“莫看杀我否？”盖暗用卫玠故事。晋卫玠以貌美闻，尝从豫章之下都，观者如堵。玠先有羸疾，不堪其劳，竟至病殂。时谓“看杀卫玠”（《世说新语·容止》），则今时名流被追捧之盛况，尚不胜昔乎！

005 僧仲殊初游吴中，见卖饧者，从乞一钱。饧者与之，即就买饧食之而去。尝客馆古寺中，有僧俗来访者，辄就觅钱，客皆相顾羞缩，曰：“未尝多携来，奈何？”殊曰：“钱如蜜，一滴也甜。”

006 惠洪叔渊材游京师贵人之门十余年，贵人皆前席。其家在筠之新昌，贫至饘粥不给，父以书召其归，曰：“汝到家，吾倒悬解矣。”渊材于是南归，跨一驴，以一黥挟一布橐，橐黥背斜绊其腋。一邑聚观，亲旧相庆三日，议曰：“布橐中必金珠也。”惠洪雅知其迂阔，疑之，乃问曰："亲旧闻叔还，相庆曰：'君官爵虽未入手，必使父母妻儿脱冻馁之厄。'橐中所有，可早出以慰之。"渊材喜见须眉，曰："吾富可埒国也，汝可拭目以观。"乃开橐，有李廷珪墨一丸、文与可墨竹一枝、欧公《五代史》橐草一巨编，余无所有。此在彼时，迂而甚雅，在今日则雅而不迂矣。

007　宋有周贯者，自号木雁子。日酣饮，畜一大瓢，行沽，夜以为溺器。喜作诗成癖。尝宿奉新龙泉观，半夜捶门，道士惊起启关，贯笑曰："偶得句当奉告。"道士殊不怿，业已问之，因使口诵。贯以手指画，吟曰："弹琴伤指甲，盖席损髭须。"盖是夜寒甚，以席自覆故尔。上三事皆见《冷斋夜话》所记，喜其甚韵，录之。

008　石曼卿高才博学，工书嗜酒，时目以谪仙之流也。然善戏谑。尝出报慈寺，驭者失控，马惊而堕。从吏惊，遽扶掖登鞍，市人聚观，意其必大诟怒。曼卿徐着鞍，谓驭者曰："赖我石学士也，若瓦学士，则固不破碎乎？"

009　易安居士以诗词名，复富收藏、精鉴赏，想亦工书擅画，而未闻有书画传世。予阅宋濂《芝圃续集》，卷十有《题李易安所书琵琶行后》一首，小序曰："乐天谪居江州，闻商妇琵琶，抆泪悲叹，可谓不善处患难矣。然其辞之传，读者犹怆然，况闻其事者乎！李易安图而书之，其意盖有所寓。而永嘉陈傅良题识其言，则有可异者，余戏作一诗，止之于礼义，亦古诗人之遗音欤？"诗云："佳人薄命纷无数，岂独浔阳老商妇。青衫司马太多情，一曲琵琶泪如雨。此身已失将怨谁，世间哀乐常相随。易安写此别有意，字字似诉中心悲。永嘉陈侯好奇士，梦里谬为儿女语。花颜国色草上尘，朽骨何堪污唇齿。生男当如鲁男子，生女当如夏侯女。千年秽迹吾欲洗，安得浔阳半江水。"则明初犹传其所书《琵琶行》手迹也，后不知下落。南汇女诗人姚其庆《双声阁诗草》有《题李易安填词砚》："漱玉填词后，于今一砚传。桑榆怜晚景，翰墨结前缘。骨自同花瘦，心尤比石坚。艺林珍重意，只解惜婵娟。"亦不知其传否。

010 宋甄龙友滑稽辩捷，号为当世之冠。尝游天竺寺，集《诗》句赞观音题于壁，曰："巧笑倩兮，美目盼兮。彼美人兮，西方之人兮。"孝宗临幸，一见心赏，诏侍臣物色其人。甄时任某邑宰，召见登殿，上迎问曰："卿何故名龙友？"甄罔然不知所对，既退，乃得之曰："君为尧舜之君，故臣得与夔龙为友。"然已失旨，不得进用。盖所谓滑稽辩给，全在乎一时敏捷，稍纵即失其氛围。龙友夙以滑稽辩捷称雄，而临机神散，俗语所谓上不得台面者。

011 徐大受开馆授徒，朱子偶过访之，适论颜子三月不违仁，朱子问此意何似，大受举杜诗"一片飞花减却春"以对，朱子大叹赏，以寓微过损德意也，蕴藉可味。

012 倪云林善画山水，独不写人物，明太祖曰："每见卿山水俱无人，何也？"曰："世无人物可画耳。"

013 锡山曹慧泉博学多才艺，性复疏宕。一日吴门解缆，将挂归帆。舟子曰："若论风色，可往太仓。"慧泉曰有何不可，遽命回棹，拉王百谷诣娄东，下榻王世贞小祇园，作十日饮，兴尽乃归。此入《世说》，即王子猷一流人物也。

014 宋唐询《华亭十咏·顾亭林》首云："平林标大路，曾是野王居。"自注："顾亭林，在东南三十五里，相传陈顾野王居此，因以为名焉。"顾嗣立《元诗选》所收元人追和唐询《十咏》者不一,段天祐咏"顾亭林"一首曰:"希冯年少日,著述此闲居。"希冯,野王字。则顾亭林原为顾野王遗踪,地名也。至明华亭有画家顾正谊,号仲方,嘉靖间国子监生,后仕为中书舍人。有园林邻濯锦江,自号亭林。诸联《明斋小识》卷四称堂叔祖庚藏其画一册七幅,系临摹诸家,高逸深远,绝不犹人,而惜其名不传于世。此明之顾亭林也。

015　明成祖召解缙,以色难二字命对,缙曰:"容易。"久之成祖曰:"汝奚不对?"解缙曰:"臣已对矣。"成祖始悟,大笑。道光帝曾问阮元:"伊尹二字何对?"阮答:"阮元。"帝大悦。

016　董其昌晚年居乡里,声势赫奕,市中米价一听董氏为低昂,时有"若要米价贱,先杀董其昌"之语。吴语贱读若强,与昌协韵。董氏后人式微,人以为报应云。

017　某求文字于桑思玄,托以亲昵,无润笔之奉。思玄谓曰:"平生未尝白作文字,最败兴。你可暂将银一锭四五两置吾前,发兴后待作完,仍还汝可也。"

018　徐述尝夜读《宋史》岳飞传,未及终,盛怒恸哭,持梃而起,无以泄其愤,乃碎贮水五斗盎于爨下,邻舍皆惊走,叩门问故,曰吾方切齿于桧贼尔,非汝所知也。

019　黄宗羲入清后虽不出,然力促子弟出仕。尝求姜希辙书荐其子馆于周亮工家;又有书与徐乾学,称"昔闻首阳山二老托孤于尚父,遂得三年食薇,颜色不坏,今吾遣子从公,可以置我矣",盖荐其子百家也;又托其为孙蜀通岁考关节。故同里管谐琴作《梦伯夷求太公书荐子仕周》诗讥之,吕留良《何求老人残稿》有和作。吕留良弃诸生籍，家益荒寒，黄宗羲遂去而馆姜定庵家。吕留良作《问燕》《燕答》二诗咏其事，《燕答》云“亦有门户有子孙”“老来爱雏过爱身”，代黄言其情实。

020 史称刘穆之内总朝政，外供军旅，决断如流，事无壅滞。宾客辐凑，求诉百端，远近咨禀，盈阶满室，目览讼辞，手答笺记，耳行听受，口并酬对，不相参错，悉皆赡举。清毛奇龄与夫人不谐，尝僦居矮屋三间，左列图史，右住夫人，而中为会客之所。奇龄构思诗文，手不停笔，求学质问之士环坐于旁，随问随答，井井有条。夫人在室中，更詈骂不绝口，奇龄复还诟之，殆五官并用者。时以为聪明之资，一时无两。

021 清初人诗文中多言及说书人柳敬亭，王猷定《四照堂文集》卷十二《柳敬亭为左宁南写照而自图其像于旁识不忘也予为之赞》：“辩士舌，将军刀，白骨遇之，以枯以豪。人知辩士之所快者，英雄既朽之生气；吾知将军之所恨者，当年未血之战袍。斯人也，其皆有关于气运，而天厄之以所遭轗者。”以一说书人而得与左良玉相提并称，亦足见其生平行事之大不凡矣。

022 孙默字无言，号桴庵。歙人，流寓江南，以刻《国朝名家诗余》著闻于世。后称欲归黄山，遍征一时名公赠行诗文，积至数千篇，亦一奇也。而终竟未归。时兴化王仲孺《生挽酒人洪丹霞》诗有云：“洪郎纵酒常拚死，教我生前作挽歌。莫似还山孙处士，诗成不去奈君何！”盖后亦传为笑谈。

023 周源年届而立不得生员籍，康熙五十四年岁试不利，《与张毓奇柬》有云：“初七日买舟归，初八早过毗陵，巳刻至西河湖口，风雨狂发，惊涛巨浪，如欲吞舟。同人皆面赤叫号，乞命呼吸，仆胸中若无事然。岂敢不敬畏哉？襟怀似少别耳。昔贤云：谪命下，青鞋布袜行矣。今日应试，意在得官；要做好官，须做秀才时早办一副本领。想展视当舞眉一笑也。”如此文字，可想见其为人。

024　李塨字刚主，号恕谷。师从颜习斋，讲正心诚意之学，有日记一部，日所行之事必据实书之。每与妻房事，必楷书某月某日与老妻敦伦一次。

025　清初列名于毗陵四家之董以宁，以填词称，多艳体，后无嗣。其同宗女有归庄氏者，其长子为艳体诗，辄诫曰：“坏心术诗不可做。”又见其少子拟闺诗数首，斥曰：“吾家文友作此种词，以致绝嗣。汝为此，欲长进耶？”见《毗陵庄氏增修族谱》卷十九。

026　康熙中，汤斌、沈荃、郭棻、王泽泓、耿介、田喜霨、张英、李录予、朱阜、王士禛为官京师，日常聚饮。以酒量大小为次，各制白银沓杯，最大者为汤公，最小者为渔洋，合重二十八两。外界乌丝花草，内镌诸公姓字里居，旁镌“宫僚雅集”四字，十人各存一套。至道光间，富海帆、孙雨人、刘宽夫尚各藏一套。梁章钜尝见之，载于《浪迹续谈》卷四，称形制古雅，其光黝然。富海帆欲仿制赠梁，而杯底题名，系于白银上作黑字，当时银工竟不解其法。后梁章钜任苏藩，日与陶澍、吴廷琛、朱琦、朱士彦、顾莼、卓秉恬为小沧浪七友之集，遂仿铸六角沓杯七事，为“小沧浪七友杯”，亦以酒户大小为序，自居第四，各镌名于杯底。

027　王应奎《柳南随笔》卷一载：“益都赵秋谷宫赞执信，少负才名，于近代文章家多所訾謷，独折服于冯定远班。一见其《杂录》，即叹为至论，至具朝服下拜焉。尝至吾邑谒定远墓，遂以私淑门人刺焚于冢前。”后访得冯班全稿刊之。五十年后其孙颙摄官常熟知县，于虞山言子墓下榛莽中求得冯班墓，建坊表之。吴人为绘图征诗。祖、孙两代表彰冯氏，成一段佳话。见蒋士铨《忠雅堂诗集》卷二十二《题冯定远班墓图》。

028 黄莘田《西湖杂诗》有云：“刺史笙歌学士禅，倪迂杨铁《竹枝》篇。只今耆旧无新语，风月销沉四百年。”浙人忿之，故杭世骏《与黄莘田论诗书》摘其诗之疵累殆尽，以为报。文见《道古堂集》卷二十一。

029 桑调元性好游，曾于五十七岁时发愿遍游五岳，而以六年间毕之，所得诗各有专集。其五岳集总序引前人嵩山如眠、泰山如坐、华山如立之说，而益以二言，谓衡山如行，恒山如蹲，斯乃足尽其胜概矣。袁枚《随园诗话》称其“性孤癖，能步行百里，弃主事官，裹粮游五岳”。录其《留别袁石峰》《过华山》《嵩洛杂诗》，以为非深于游山者不能言。《嵩洛杂诗》云：“铁梁大小石纵横，似步空廊原有声。世外多情一明月，直陪孤影到三更。”境地空寂之极。

030 蒋士铨父适园公豪爽不羁，行事多奇异，予昔由彭启丰《芝庭先生集》卷十六所载墓志知其人。后读士铨自撰《先考府君行状》，不觉涕出。无如此豪杰先考，不能有此行状；亦无此文学才子，不能传其父之奇事也。临终绝笔诗曰：“匹马行边作客豪，灯前懒看杀人刀。此身落得无牵挂，世上功名付汝曹。”亦非世间文人墨客所能道。

031 袁子才当时主盟诗坛，天下向风景从，顾亦有不趋附者。管世铭《韫山堂诗集》卷十三《寓江宁日客有劝谒袁简斋者诗以谢之》云:“耆旧风流属此翁,一时月旦擅江东。寸心自与康成异,不肯轻身事马融。”

032　震钧《天咫偶闻》卷四载:“钱箨石侍郎尝偕朱竹君、金辅之、陈伯恭、王念孙诸人过法时帆,冬夜消寒,卷波浮白,必至街鼓三四下,竹君推戴东原经术,而箨石独有违言,论至学问得失处,聚讼纷拏,及酒罢出门,龂龂不已。上车复下者数四。月苦霜凝,风沙蓬勃,余客拱立以俟,无不掩口笑者。”乾嘉间人论学之不苟如此,以是有学术之精进上达也。

033　清乾隆间南北两随园,南随园钱塘袁枚,北随园任丘边连宝,同举乾隆元年博学鸿词而皆不第。袁枚世多知之;边连宝亦以诗名,有《随园诗草》,而今尠有知者。南随园实有随园,即今南京师范大学一带;北随园实无园,观其《随园赋》,则知所谓随园者,固“名之以乌有,号之以子虚”也。

034　世修炼服食者,每举白居易“退之服硫磺”句以为口实,言:“退之且然,何况我辈?”边连宝谓之曰:“君且上一道《谏迎佛骨表》,向八千里外赶走了鳄鱼,招安了王廷凑,办此数事后,再来服硫磺,未为晚也。”按:白诗所言退之,古今注家多以为非韩愈,乃同时卫中立字退之者。

035　桐城方世举,字扶南,少从朱彝尊学,在都中以诗文驰誉,所交接皆名辈。以方苞案株及没入旗籍,放归后以字行,号息翁。著有《昌黎诗集编年笺注》。与程晋芳父为中表兄弟,尝止程宅,晋芳从之学诗。《昌黎诗集编年笺注》未刻时,欲售其稿于晋芳。晋芳笑曰:“生平一字不假借人,岂肯为郭象、宋齐丘耶?”息翁大笑曰:“外家得此人,足以张吾军矣。异日声名在老夫上也。”后晋芳才名冠一世，果如其言。

036 吴敬梓世为全椒望族，生性豪爽，遇贫即施济。与文士往还，饮酒歌呼穷日夜，不数年产尽，潦倒游食。尝抵淮访程晋芳，行囊笔墨皆无。晋芳诧曰：“此吾辈所倚以生，可暂离耶？”敬梓笑曰：“吾胸中自具笔墨，不烦是也。”晋芳撰《文木先生传》，称其流风余韵，足以掩映一时。

037 敬梓居金陵城东大中桥，环堵萧然，冬日苦寒，无酒食，邀同侪汪京门辈五六人，乘月出城南门，绕城堞行数十里，歌吟啸呼，相与应和。逮明入水西门，各大笑散去。夜夜如此，谓之暖足。

038 吴敬梓尝客程晋芳宅年余，相与论文甚惬。后晋芳家道亦落，相遇于扬州，执手而泣曰：“子亦到我地位，此境不易处也，奈何？”晋芳解缆将行，敬梓登舟道别，指新月谓晋芳曰：“与子别后，会不可期。即景恨恨，欲构句相赠，而涩于思，当俟异日耳。”后七日敬梓竟殁。先数日，裒囊中余钱，召友朋酣饮，醉辄诵小杜“人生只合扬州死”之句，终竟如所言。

039 岳端所刻《寒瘦集》，本东坡语而合孟郊、贾岛二家诗为一集，盖亦好事者也。雕刻套印皆极精美，于清版中号为佳椠。中华再造善本收入，可见原版一斑。端为多罗安和亲王岳乐子，号玉池生，别号红兰室主人。富才藻，好宾客。《春郊晚眺》诗有“西岭生云将作雨，东风无力不飞花”之句，时称东风居士。惜英年早逝，未尽其才。

040 前辈博雅，虽一时戏谑，亦每有所本。《小言》前记黄季刚先生因胡适著《中国哲学史》仅有上卷，戏称为著作监。监者谓太监，意谓下面没有了。按此乃本纪晓岚语。《清朝野史大观》卷九载："纪每入值，内监辈皆索其嘲谑。一日有内监某遮路请纪讲故事，纪辞之，内监请益固。纪作思索状，曰：'得之矣，有一个人——'言讫，默然注视内监，内监见其不复语，乃叩之曰：'这个人下边还有何事？'纪曰：'下边没有了。'内监知被其揶揄，乃相与大笑而去。"

041　江藩年十八，撰《尔雅正字》一书成，王鸣盛见之，深为叹赏，谓藩曰："闻邵太史晋涵作疏有年矣，子俟其书出，再加订正，未晚也。"此前辈论学著书风义，诚可敬佩。盖俟邵二云书出再加订正者，一则尊事前辈，不妄争先，二则可免轻率之说传世，善藏拙也。而今闻他人有题近著述，则必争先版行矣。此古今人相去之遥，而今之学不得竞美于后也。

042　汪中博学多才，卓荦不羁，自视极高，洪亮吉称"藐视六合间，高论无一人"（《有入都者偶占五篇寄友·章进士学诚》），实则其平生为学，仅推服顾亭林一人耳。然初识黄仲则，即衷心倾倒。《与秦丈西岩书》云："武进黄景仁，字仲则，昨以事客游于此。其人年二十有一，所作诗千有余篇，雄才逸气，与李太白、高青丘争胜毫厘，实非今世上所有。某虽负气于诗，自愧弗如也。"观此，则仲则之才高与容甫之能服善皆可见也。

043　汪中论学最鄙朱彝尊、毛奇龄二人，而于朱尤甚，尝称为"朱竹贼"。盖朱号竹垞，垞乃古宅字，宋人读茶音，朱氏不能辨，故汪中每以为朱不识字。一日酒酣，谓汪晋藩曰："我死，君必来视敛，务令吾子置一手板于棺。"座客骇问何故，曰："泉下若遇朱彝尊，捋持其腕而击之！"因遍举其诗文之谬，以为一夕笑谈。

044 汪中以恃才傲物，人多称其过目成诵，使酒不守绳尺，然其妹尝语包世臣，先生性不能饮，终其身酒未沾唇。每日出谋口食，晚归，秉烛读三《礼》四十行，四十遍乃熟。与人书札，虽寥寥数言必具稿，遇抬头字必端书。

045 乾隆二十二年春，两淮盐运使卢见曾举红桥修禊，集厉鹗、沈大成、惠栋、郑燮等名士七十余人分韵赋诗，陶元藻顷刻成十章，一时称“会稽才子”。有句云：“若计扬州二分月，红桥应占一分多。”为卢雅雨击节叹赏。郑板桥笑谓元藻：“从来尺可量天，君今句可量月矣。”

046 袁枚昔遇相士胡炳文，决其六十三岁生子，寿尽于七十六。后其生子果如期，遂于乾隆五十五年庚戌饰巾待期，且预索挽诗。时赵翼在扬州，袁枚渡江来索挽诗，有诗云：“挽诗最好是生存，读罢犹能饮一尊。莫学当年痴宋玉，九天九地乱招魂。”至岁暮竟不验，乃赋除夕告存诗遍遗亲友。

047 袁枚精于饮馔，传有《随园食单》，盖亦转益多师之所集者。赵翼有仆陆喜善蒸鸭，袁枚食而甘之，命其厨人以门生帖拜喜为师，受其法而去。赵翼有诗调之，亦韵事也。

048 齐召南夙以博闻强记名，观书目十行下，一览终身不忘。初应鸿博之试入京，道经某邑，知县为同年之父，既谒遂留宿署中。见架上有异书八册，请借观。翌日登程，主人命持书去，对已阅讫。主人未信，随抽一二册询之，皆能探喉而出，不差一字，主人大惊。尝语陶元藻云，自于紫禁城坠马，脑流于地，蒙古医生以牛脑易之，病虽愈而记性顿减，览书不及旬日即遗忘，前后判若两人。见《全浙诗话》卷四十七。据此言，乾隆间蒙古医生能为牛脑代人脑之移植手术，亦甚奇。晚清钱麟书《潜皖偶录》述此事，谓是必小脑坏也。

049　翁方纲，或谓其与人交，从未有不以善始而以决裂终者，都人称为文厉公。见皀道人辑《旧学盦笔记》载熊大万致李秉礼札。

050　梁恭辰少随侍京师，见翁方纲年逾八十，犹每年于先人忌日，必用精楷书《金刚经》全册，分送各名刹及诸交好。或疑其素不佞佛，何以亦斤斤于此，乃曰："金刚乃佛家木强之神，党同伐异，有呼必来，有求必应，全不顾理之是非曲直也。故佛氏坐之门外，为壮观御侮之用。"

051　赵翼初入京，馆于刘统勋家。公子墉（即妇孺皆知之刘罗锅）工书，赵翼夙习之。后刘为军机大臣，赵翼以军机中书应乾隆二十六年会试中式。时蜚语有历科鼎甲皆为军机所占之说。既而刘统勋与刘纶受命为殿试读卷官，赵翼虑其素识己书而避嫌，乃另作欧体誊卷，竟列第一进呈。后虽宸旨以国朝以来陕西未有状元，而拔王杰为首。然刘之公、赵之智，两见其美。

052　赵翼晚年归田里居，每出游必遇逆风，操舟者遂呼为逆风翁。其名既扬，凡雇船必索倍价，乃作《逆风翁》四绝自嘲，其一曰："半世诗名满天下，老来改唤逆风翁。"东瀛人于出门遇雨者有雨男、雨女之名，与此相仿。

053　李调元尝与赵翼毗邻而居，观其述作，以"千古而后第一倾服之人"许之。后督学粤东，有冒称赵翼子者，持《瓯北集》以谒，得厚贶而去。《雨村诗话》中载其事。后赵翼寄书曰："《雨村诗话》中有赵云崧子叩谒于广东学署一段。足下提学粤东时，小儿年仅胜衣，从未有游粤者。此不知何人假冒干谒，遂使弟有此干儿，可发一笑。"调元得书大噱，报书曰："然因此而得君诗集，故《雨村诗话》中所选独多，亦其力也。"

054 金子友乞赵翼书楹联，以其家近太平寺，门临大池，遂为书贾岛"鸟宿池边树，僧敲月下门"一联。适有尼庵亦来乞桃符，僮奴不知，即以前联付之。一时见者，传为笑谈。

055 孙克荣字映香，喜读《史记》货殖、游侠列传。嗜酒，终日酣饮无醉容，座中历历皆瓶罂之属。尝读《五柳先生传》至"不慕荣利，期在必醉"数语，废书叹曰："恨我不生东晋时，不得与先生为良友；先生亦不幸不生于今世，不能引我为知己，何哉？"

056 张问陶早年嗜饮，诗中言必及酒。最善同年洪亮吉，每相对痛饮。《北江诗话》卷二载："余在翰林日，冬仲大雪，忽同年张船山过访，遂相与纵饮，兴豪而酒少，因扫庭畔雪入酒足之。曾有句云：'闲中富贵谁能有，白玉黄金合成酒。'"乾隆五十五年岁暮，船山乞假将归，有《十二月十三日与朱习之石竹堂钱质夫饮酒夜半忽有作道士装者入门视之则洪稚存也遂相与痛饮达旦明日作诗分致四君同博一笑》《稚存闻余将乞假还山作两生行赠别醉后倚歌而和之》诗留别北江，后诗云："一生牵衣不忍诀，一生和诗呕出血。"其情可见。

057 程晋芳寓扬州，与兴化任大椿、顾九苞皆以读书博学有盛名。汪中语于众中曰："扬州一府，通者三人，不通者三人。"

通者,高邮王念孙、宝应刘宝楠与中是也;不通者,即程晋芳、任大椿、顾九苞三人。适有缙绅里居者,盛服访之,兼乞针砭。中曰:"汝不在不通之列。"其人大喜过望,中徐曰:"汝再读三十年书,可以望不通矣。"嘻,尝于网络见有谓予不通者,彼殆不在不通之列乎?

058　海宁周春博学富藏书,世谓《陶渊明集》之佳者,莫如其所藏之宋刻本。复藏有宋刻《礼》书,故颜其室曰"礼陶"。后去《礼》书而留陶集,改颜其室曰"宝陶"。又阅数载,并陶集亦鬻于人,乃改颜其室曰"梦陶"。传其鬻陶集之日,至泣数行下,亦可谓癖耽古书者矣。

059　扬州马氏小玲珑山馆,藏书甲于东南,主人复风雅好客,一时名士多寄食其家,厉鹗其最著名者也。《宋诗纪事》一书即赖马氏藏书而得以纂辑。严长明幼有早慧之称,李绂典试江南,目以国器,嘱从方苞、杨绳武受学。及补县庠生,学使梦侍郎知其贫,问所需,曰:"贫乃士之常,闻广陵马氏多藏书,愿得一席为读书计耳。"因荐之扬州运使卢见曾,立延致之,遂得与假馆马氏之名士游,博极群书。尝语学者:"士不周览古今载籍,不遍交海内贤俊,不通知当代典章,遽欲握笔撰述,纵使信今,亦难传后。"其自命如此。

060　李文藻生平乐道人之善,乡先正诗文可传者,必撰次表章之。元和惠栋、婺源江永,素未相识,访其遗书刊行之。德州梁鸿翥,穷老笃学,月必诵九经一过,乡里咸目为痴,文藻见而奇之,为之延誉,卒知名于世。钱大昕撰文藻墓志,谓文人之病,恒在骄与吝,而文藻独否。使其得志,必能使古之文士有以永其传,今之文士不致失其所。伟乎其言也!此柄国者之所当谋,而卒无能及此者。

061　钱大昕祖父年逾八十，读书不辍。或云："先生老矣，盍少休乎？"答曰："一日不读书便俗。"有此祖父，乃有此子孙。

062　钱大昕作《圣母皇太后七十万寿颂》一序十四颂，总九百九十字，皆集经句而浑然天成，洵才大学博，无所不能也。

063　文廷式称钱大昕记性最佳，为本朝第一。尝与同年集户部侍郎倪公宅观宋元人画，有樱桃黄鹂横幅，题云"上兄永阳郡王"，不著年月，或询大昕为何人，对周必大《玉堂杂记》有淳熙三年九月中书进熟状，魏王恺、恩平郡王璩、永阳郡王居广并加食邑事。归检《二老堂集》，亦有乾道六年皇兄永阳郡王居广加食邑实封制、乾道七年赐皇兄少保生日敕（见《潜研堂文集》十八《记赵居广画》）。尝读卢抱经校《太玄经》，称借得旧本似北宋刻，末署"右迪功郎充两浙东路提举茶盐司干办公事张寔校勘"。大昕谓："宋时寄禄官分左右，唯东都元祐、南渡绍兴至乾道为然，盖以进士出身者为左，任子为右也。而建炎初，避思陵嫌名，始改勾当公事为干办公事。此结衔有干办二字，则是南宋刻，非北宋刻矣。"（见《文集》三十四《答卢学士书》）其精熟史事皆若此也。芸阁又闻其师陈澧述程恩泽之言曰：辛楣先生晚年掌紫阳书院，尝月夜与弟子谭论，偶及盐井事，先生历举盐井名目多寡利弊，洞若观火，弟子有未之信者，归检四川、云南《通志》，则一一不爽。而先生平生踪迹，未尝至川、滇也。其博闻强识而留心经济如此。戴东原尝语人："当代学者，吾必以钱为第二人。"盖悍然以第一人自许矣。江藩《国朝汉学师承记》录其语，为论之曰："东原之学，以肄经为宗，不读汉以后书。若钱先生学究天人，博征群籍，自开国以来，蔚然一代儒宗也。"东原尝云："学贵精,不贵博,吾之学不务博。”张舜徽谓斯语既足以解嘲,亦适以自饰耳。

064　学人之贵博闻强记者,如今日电脑贵硬盘大、速度快,然学之所成终不取决于此。夏炘《程瑶田别传》称瑶田质鲁,读书百遍或不能成诵,然好深沉之思,平居鸡鸣而起,然灯达旦,夜分就寝,数十年如一日。其治经长于涵泳经文,得其真解,不屑屑依傍传注,所著《通艺录》迄为名著。年六十四始中乡试,官嘉定教谕。告归日,王鸣盛赠诗云:“官惟当湖陆,师则新安程。一百五十载,卓然两先生。”推许至矣。

065　王念孙撰《广雅疏证》,日以三字为程,阅十年而成书。古人学问优游如此,乃得大成。今立项、考核如催科督役,以三五年之限而欲成数十万言之书,其必不得专精深邃,亦不待问矣。先师每言学问必出以酝酿、涵泳之功,今会议、学习泛滥之余,更迫于考课程限,得不仰愧乎斯言!

066　曩于日本大谷大学访学,借阅青木文库旧藏汪双池著述钞本,多至数十册,服其为学之广博,著述之勤勉。而不知其身世之贫苦,为学之艰卓也。双池名绂(1692—1759),字灿人,字重生,徽州婺源人。少贫无以自活,赴景德镇官窑为佣,以画碗自给。苦作之余,不废读书,群佣皆侮笑之。后复之闽中训蒙,笃志力学,未尝从师,而远近无不知有汪先生者,从游日众。自六经下逮书画、乐律、天文、舆地、阵法、术数,无不穷究,卒与同里江永齐名。

067　高宗南巡时,幸白龙寺,时正鸣钟,乃伸纸作诗。才写“白龙寺里撞金钟”七字,文达便大笑。上怒曰:“朕诗虽不佳,汝亦岂能当面大笑！”文达对曰：“臣非敢笑也。特因古人诗中有‘黄鹤楼中吹玉笛’一句，积年苦不能对。今观御制七字，恰是天然对偶，不觉喜而失笑耳！”

068 阅张问陶《船山诗草》，补遗卷四有《七月廿七日为贼窃去澄泥砚一歙砚二雪舫水晶印一王子卿刻陶字小钟印一胡城东刻船山狮纽小玉印一黄仲则铸长毋相忘仿汉瓦当铜印一作诗志之》，由此知黄仲则能铸铜印。仲则不甚工书，而独能铸印，是亦甚奇。

069 梁恭辰《北东园续录》卷一载，康熙末西山有高僧精风鉴，每言人休咎无不奇中，至乾隆中尚存。谢启昆初入翰林，一日随其师翁方纲同游西山，与僧晤。僧熟视二人，曰：“翁先生虽贵，不过文学侍从。此位高徒，将来必掌生杀之权，但老僧有一言奉劝，切莫好杀也。”后启昆于乾隆末迁山西布政使，为政颇酷。高僧固已见幾而谈言微中，惜谢未能服膺其言耳。据《复初斋诗集》卷四十六《送蕴山之浙江臬司任》自注，僧名秀山，乾隆二十八年秋二人访之于城北大钟寺。

070 吴荣光《石云山人诗集·闽山浙水集》有《潘芝轩尚书师石琢堂前辈家蔼人庶子先后得请归里家棣华观察入都过吴门会饮赋诗四人皆第一名进士皆吴人》，其二云：“奎壁光芒照好春，春筵狼藉墨痕新。百花头上论衣钵，四榜中间叙主宾。后辈喜依前辈座，出山何似在山身。十旬迟我重相访，羡绝门前扫雪人。”诗作于道光元年辛巳，四状头同席，亦属难得盛事。

071 唐青楼伎有以能诵白学士《长恨歌》自高身价者，至有清烟花巷中人则以读《红楼梦》为风气，缪荃孙辑《秦淮广纪》，引

《秦淮画舫录》金袖珠条，称"姬嗜读《红楼梦》，至废寝忘食，《海棠》《柳絮》诸诗词，皆一一背诵如流"。又《吴门画舫录》高玉英条，称"余于筱玉席间邂逅一面，隔座闻余谈《红楼梦》，执壶而前曰：'亦喜此书耶？'余醉中漫应曰：'熟读之二十年矣。'姬引一觞进曰：'亦数年从事此书，真假二字终不甚了了，君暇日枉过，当为解之。'"

072　李善兰，字壬叔，号秋纫，浙江海宁人。师从陈奂，最精天文历算之学。张文虎《舒艺室诗存》卷三《偕钱叔保熙哲寓禾城幻居庵坐雨不得出李善兰孙瀜杨韵于源何昌治朱大令绪曾辄相过话雨观所藏明季诸贤分写华严经墨迹杂记以诗用少陵重过何氏山林韵时陈硕甫明经自杭至禾客大令署予至之三日访之则前一日去矣故末章及之》自注："李君精究中西算术，近从硕甫受经。"后曾入曾国藩幕，同治六年征入京师同文馆，任算习总教习。著有《则古昔斋算学》《练炮宜知》，曾与英人伟烈亚力合译欧几里得《几何原本》后九卷、美国罗密士著《代微积拾级》、英国胡威立著《重学》等。咸丰四年，上海克复，杨岘在沪，时与讲算学，深服其功力，自愧不及，从此不复治算学。同时有溧水濮文暹亦精天算，已有著述，及见李善兰书，自觉不能过之，遂止（见震钧《天咫偶闻》卷二）。前贤之服善如此。善兰亦能诗，海宁蒋学坚《怀亭诗话》卷一云："李壬叔农部善兰，精于算学，方之国初王晓庵、梅勿庵诸先生，有过之无不及。少时跌宕不羁，遇侪辈皆白眼，独与先君子友善，时以诗相倡和。《送秋》云：'含愁不尽云千里，无迹可寻水一方。'《义冢》云：'萍水那知魂共穴，岁时谁滴酒盈杯。'《水仙》云：'平分香界癯仙子，偷渡银河织女星。'名章秀句，冠绝一时。晚以曾文正及郭侍郎嵩焘荐入朝，特赏中书，晋阶至部郎。其自署门联云：'小学略通书数，大隐不在山林。'"

073 杨岘少从其师臧寿恭出游归，舟泊城外十余里八字桥，邻舟有命酒独酌者，视之为严可均。诘岘何自，岘以实对。严诧曰：“是村夫子也，堪若师乎？”异日杨岘叩臧先生，严氏何如人，曰：“粗能讽《三字经》。”文人之相轻若此。

074 包世臣指人治学门径，曰：“治经必守家法，专治一家，以立其基，则诸家可渐通。然心之为用，苦则机窒，乐则慧生。机窒者常不卒其业，凡读书不熟，则心以为苦。君自取熟者治之可也。”今日治文学、治思想，皆可以此理行之。

075 吴大澂得古铜鬲，字作鬳，释曰即鬲之异体字。杨岘作辨非之，示门人刘继增，继增献所疑，岘三易其稿，作《释鬲》编入《迟鸿轩文续》。继增校勘文集，见《释鬲》所引《礼记·丧大记》孔疏有云重鬲之重，乃轻重之重。既重矣，不应止受三升，说与《仪礼·士丧礼》重木刊凿之、置重于中庭注疏不洽，请杨岘更定，稿已授梓不及改，乃属继增作驳议。古人论学虚心、教学相长，得益如此。

076 朱彝尊斋中夜饮，各举古人男女成对者为酒令，得太白、小青；无咎、莫愁；彩鸾、赤凤；无双、第五；漂母、灌夫；武子、文君；东野、西施；红桥、白石等。朱衎庐以本朝名人作对，如李二曲对阎百诗，赵味辛对李香子之类，多至数百联，皆极工致。蒋学坚仿其例，以吴尺凫对李分虎，方子云对王寅旭，李申耆对杨未孩。衎庐见之，颇首肯。

077 鸦片战争中，两广总督叶名琛督战不力被俘，英人押之传观列国，谓中国宰相。后至印度，使通华语之翟理斯守之。平居无事，尝以经学授翟，故翟能粗通门径，后受聘剑桥大学中文系教授，译《论语》《老子》诸书，又撰《周易注》，西人所撰第一部中国文学史亦出其手。叶名琛玩敌被俘，为中国辱，不意竟以此教成一汉学家，传吾国文学于西土，天下事固有不可思议者。

078　阅《许宝蘅日记》，光绪三十二年丙午五月初七日载龚自珍逸事云："方勉翁到京七十年，及见龚定庵。勉翁云：定庵中举时，场后以文质诸乃翁，翁谓今年主考为王伯申，各种学问皆精，汝文当可入式。定庵云：'中式何待言，翁乃不能为我决得元否？'建斋云：定庵为灵箫所毒死。乙山云：某年考差，定庵在杭，与诸友会谈，传闻考试赋题为'正大光明殿赋'，友谓不知以何为韵。定庵骤谓我知之，以'长林丰草，禽兽居之'为韵，诸友咋舌不敢应。可谓怪诞狂妄已。勉翁云：其子孝恭尤诞妄，一日与魏默深论人才，孝恭谓近得一有道之士，约日饮于某处相见。默深欣然，至日赴约，首座者乃其车夫也。默深默然避去。盖默深与定庵交，以子弟畜孝恭，故衔之而侮弄之也。"于此可见龚自珍性格及其家风。

079　王懿荣负博雅之名，久居京师，士子公车入都，咸以得一识面为荣。其答拜名刺分三类：粗通文墨者用楷书，略知古今学者用隶书，专精汉学、旁通金石者用小篆。

080　黄遵宪晚岁制一艇将成，颜曰"安乐行窝"，并题联云："尚欲乘长风破万里浪，不妨处南海弄明月珠。"而未几溘逝，遂为绝笔。见潘飞声《在山泉诗话》卷一。

081　陈散原撰先君行状，称"府君独知时变所当为而已，不复较孰为新旧，尤无所谓新党旧党之见"，余谓此义宁陈氏家风也，寅恪先生之学风实亦根于此。

082 古来笔记虽夥，顾出于女子者殊尠。钱振锽姊希，撰《云在轩随笔》一卷，具见才情学识。书中多女权言论，每夸女娲之才，而讥男子不如女子，其父闻之，笑曰："汝不见盘古乎，盘古之开辟天地，其才何可量？女娲之补天，犹今之女子能补衣裳耳，安足为奇耶？"希不能对。诚有此父，乃有此女，亦乃有弟之振锽耳。

083 前人记诵之功，见于记载者，如惠周惕暗记《三史》；惠士奇于九经经文、《国语》、《战国策》、《楚辞》、《史记》、《汉书》、《三国志》皆能暗诵，尝与名流会，座中有客请诵《史记·封禅书》，遂朗诵终篇，不失一字，阖座叹服。孙星衍能通诵《文选》，邹汉勋能以半日背诵《左传》二十万字，于式枚能诵顾炎武《日知录》，齐次风能诵《十三经注疏》不遗一字，夏炘亦言其师汪孝婴"《十三经注疏》几于能口举其辞"，蒋攸钦、康有为能背杜诗全集。尤奇者，乾隆间张永清五岁能背诵高宗《乐善堂全集》。今人则作家茅盾能背诵《红楼梦》，任起书中一句，即能接口诵之。传马茂元能诵唐诗万首，赵昌平尝叩之，答万首不能，大约五千首。予昔就读于扬州师范学院，闻王善益先生能背十三经，蒋逸雪先生能背《说文》段注，李人鉴先生能背《史记》。杜书瀛先生记高亨亦能背《说文》段注。

084 刘心源（？—1915），字幼丹，湖北嘉鱼人。光绪二年进士，官至广西按察使。精于金石文字，撰有《古文审》八卷、《奇觚斋吉金文述》二十卷，湖北省图书馆藏诗文稿本一卷。毛昌杰《君子馆日记》称其《古文审》"订正前人误译金文，绰有独到处，以所见极多，小学功用甚深故也"，至推为"近代第一小学大师"。然同时皃道人《旧学盦笔记》"金文述"条则云："嘉鱼某君所撰《奇觚室金文述》审文释义，颇具苦心，而眼力太差。凡杨星吾所贻拓本，尽是仿刻，某君俱不能辨。最可笑者，如夜雨雷镈及蚷仲簠均有拓本，且断断与各家著录较其同范与否，且谓夜雨雷镈各家皆系展转传摹，故不如伊原本之活秀云云。此等议论直同呓语。若跋五牧锯，云关王青龙偃月刀一名冷艳锯，可知锯亦是兵器之名云云。不意金石书中乃引及《三国演义》鄙俚无稽之谈，真堪发一大噱。有人云著者常发心疾，往尝识面于鄂中，谈笑无异常人，今见此书，始知其果有此疾。独怪其友人既为作叙，称为绝学，何不一纠正之，听其贻笑千古，安用此友生为哉？若嘉礼尊、甲午簋，乃宣和时制，见宋翟文惠《籀史》，惟《据古录》摈去不著录，即阮文达亦妄谓是秦器，某君更无论矣。”然则百年而后尠有称道其人其书者，亦非无故欤？

085　吴昌硕印取法秦汉，雄伟奇古，求镌者趾错于门，随手应之无吝色，无倦容，东南名士人人有其印。积久成印谱数册，平生视友朋如性命，惧不遑尽记，各为小传，附于印谱后，颜曰《应求集》，取《易》“同声相应，同气相求”之意。

086　王闿运多狎宅中佣妇，见于日记者，即有姓罗、金、湛、狐、周、房诸妇。一日谭某来访，适樱桃花盛开，邀登楼共赏，楼中棐几，置《周礼》一帙，谭曰：“君近日常读经耶？”王笑曰：“此周妈所读也。”传为笑谈。

087《许宝蘅日记》民国十六年十月三十日载三时同祗庵到青云阁，看吴清源与日本井上君对弈，井上为日本弈手六段，吴清源年仅十四，前数日曾让二子着两盘皆胜，是日对子，自四时三刻起，至十时二刻终局，而未载胜负。十一月初二日三时到李律阁寓，观井上孝平与吴清源对弈，晚饭后八时再往观战，十时一局毕，吴胜。复云：“京师弈者，光宣间林贻书、定镇平、张耀山、沈喜孙、伊尧卿、史献夫皆有名，后起者汪云峰为最。革命后丁巳、戊午间，顾水如为最。日本弈者高部、广濑、延平诸人来，汪、顾皆不能敌，今吴清源居然对子而胜，可谓创见。井上虽败，而本领却在吴上，不过吴君仅十四岁，著子布势敏锐而宽博，必成国手。今日观者林、汪、伊之外，尚有王幼臣、雷□□、崔云之、皆近日名手也。南中尚有魏海鸿，与顾水如相仿，恐不及吴。吴为侯官人，其父已殁，曾在交通部服务，张贞午之婿也。"

088 王国维以举业之学起家，无经史根基，世变后无所适从，罗振玉劝治古学，亦茫无路径可入。欲有所从事，皆属想当然随兴而涉猎。民国六年十月廿七日致劳乃宣札云："比年研究古韵，觉此事自段、孔后至王石臞、江晋三两家殆已完成。因思继钱竹汀、陈兰圃之业，研究古代字母，自六朝反切、汉人声读以上溯三代。"此甚类今人不谙学术渊源者，率尔报课题立项目，终局殊不能出前人藩篱，一无所获。其有家学渊源、少习经传如刘师培者，绝不至此也。黄季刚先生尝谓"国维少不好读注疏，中年乃治经，仓皇立说，挟其辩给，以炫耀后生，非独一事之误"，良有以也。

089 陈巨来尝问外舅况周颐，近日后辈中填词何人为佳，答曰元曲以吴瞿安（梅）第一，填词以黄季刚（侃）为不差，汪旭初（东）、龙沐勋（榆生）其次也。今学者皆以经史、小学服膺季刚先生，鲜有称其填词者矣。时赵尊岳、陈运彰亦列名蕙风门下，而况语巨来："叔雍飞扬浮躁，蒙安面目可憎，都不配做吾学生，吾因穷极了，看在每年一千五百元面上。吾与他们谈话时，只当与钞票在谈；看二人面孔时，当作两块袁头也。"

090 汪东最赏沈祖棻词，曾于黑板抄录沈祖棻小令数首，说:“五百年来,无此作手! 我自愧弗如。”

091　袁世凯复帝制,辜鸿铭上课时不讲书,只是骂袁不止。及袁卒,北洋政府令全国禁娱乐三日,辜怒曰:“袁世凯是甚么东西? 背叛国家之人,也值得如此么?”即刻定一班戏在家中唱,请中外宾客六七十人共聚,锣鼓喧闹。警司知辜鸿铭不好惹,只得听之。

092　盛静霞修汪辟疆课,毕业畏写论文,问可否以四十首《新乐府》代替,先生曰:“别人不可以,你可以。”

093　辜鸿铭喜狎游,每在八大胡同过宿,必索妓手帕留念,且越脏越好,谓乃真美人香泽。若妓不予,必百计窃得而后已。及其卒,人检其书箱,得手帕数十方。又有嗅莲之癖,某生知此二事,书“偷香逐臭之室”横额以贻,辜欣然纳之。

094　汪辟疆清末就读于京师大学堂,新设军事课,皆以卑职武官任教员,而生徒中多贵游子弟,点名时不敢直呼其名,皆称老爷。汪辟疆亦呼汪国垣老爷。千帆先生致陈平原函,为述北大掌故而及此。

095　赵元任为赵翼六世孙,多谙外语、方言,每至一地即以当地土语与人交谈,人悉以为本地人长年在外者。一九二〇年罗素来访,长沙演讲,赵元任口译,即以湖南话译之。听众皆以其为湖南人,实则初莅长沙,未及数日也。

096　三十年代正值举国风行白话文之际,官方刊发何应钦扫墓消息,指定标题为《何省长昨日去岳麓山扫其母之墓》,报人改为白话文，翌日以《何省长昨日去岳麓山扫他妈的墓》为题见报。

097 康有为女同璧，少有才女之名，晚年事迹见于章诒和《往事并不如烟》。当其盛年处房室时，梁启超为作《康女士传》，刘鹗见之，有续弦之意。致汪康年、梁启超书云："前日读卓如先生《康女士传》，神为之王，知其待字闺中也（三月初三《申报》又言之）。已函托罗式如兄转求二公为作冰上人。鹗断弦已经四载，已有姬妾，子女年亦强仕，本不愿续。为思中国习气锢闭已深，此奇女子有难以择配者，仕宦之家必多顾虑，则其才难于展布，不禁有毛遂自荐之意，亦所以成就卓如先生开中国女学之心也，未知高明以为如何。"此诚汲汲有仰慕之意，而言之乃似欲解康之倒悬，小说家固有此狡狯之笔乎？

098 叶恭绰抗战时避地香港，闻日寇逼近，时沪已沦陷，既不欲往重庆，遂拟姑避黔桂间。订航空机位，不得多携行李，乃选所藏书画之尤异者，截去轴首拖尾，乃至引首、题跋皆不能全，扰攘竟夕，多所抛弃。及凌晨知机位为豪宗所夺，无力与争。飞机竟不再开，而诸书画裁割者不可复续，惟望空浩叹而已。见其《遐庵清秘录》卷一南园诸子送黎美周诗卷跋。

99 毛泽东曾在《新青年》发表文言文《体育之研究》，署名"二十八画生"。二十八画者，毛澤東三字之总笔画耳。

100 抗战时南开中学在重庆，多名师高徒。谢邦敏毕业考试，物理科交白卷，自忖无以毕业，填词一首于卷。任课教师魏荣爵批曰："卷虽白卷，词却好词。人各有志，给分六十。"

101　成仿吾早年为创造社骨干，建国后任山东大学校长，“文革”中被打断两根肋骨。批斗会上，学生朗诵毛泽东诗“独有英雄驱虎豹，更无豪杰怕熊罴”以壮声势，而念“罴”为“罢”。成亟纠其错，谓：“同学，你读错了，那个字不是‘罢’，而是‘罴’，它音要念‘皮’！”

102　陈寅恪一九五七年与刘铭恕书，自言其近年著述“用新材料，新方法”，“固不同于乾嘉考据之旧规，亦更非太史公冲虚真人之新说”。太史公为司马迁，冲虚真人即列御寇，盖马列之隐语也。

103　朱季海为太炎先生关门弟子，晚境颇落拓，然以辈分之尊，恃才傲物。一九八六年浙江举太炎先生逝世五十周年纪念之会。谒先生故居，朱以杖指所陈列诸版全集，朗声语傅杰曰：“这里面破句很多，每本都有错误。所以专家专家，先得钻进去，起码先把句读问题解决。”其盛气凌人每如此，而世传其佚事，愈加神化，至谓其学高深莫测。寅为硕士生日，尝购于安澜先生所编《画品丛书》读之，后记言以恙不克从事，点校托付朱季海氏。而予阅其书，标点错误之夥，为今人整理古籍中罕见，随手笺识，竟写满一整本横格稿纸。寄呈于先生，厚蒙嘉许而赐以墨宝。数年后谒于先生于开封师院寓所，未敢以此节动问，然终不解以朱氏之饱学且谙于美术史（著有《石涛画谱校注》），既受于先生之嘱，何以疏阔若是？

104　当代古典文学女学者，成就最卓著者非冯沅君莫属。其长兄乃哲学家冯友兰，叔兄景兰亦为著名科学家，兄妹三人均为一级教授，其夫君陆侃如亦一级教授，一门学术声望，当世仅有。

105 冯沅君于北京大学国学研究所毕业，受聘于金陵女大，时陆侃如仍在北大读书，乃寄一兔玉雕，陆侃如属兔，回电曰“兔儿永在你笼中”。竟被金陵警方疑为密电暗号，讯曰：“兔儿关在笼中是小事，为何动用电报？”

106 冯沅君弥留之际，学生十数人赴医院看护，乃以护士办公室为教室，为学生与医护人员轻声朗诵关汉卿散曲《不伏老》，复断续吟诵窦娥赴刑场控诉之词：“地也，你不分好歹何为地？天也，你错勘贤愚枉做天！哎，只落得两泪涟涟。”终以法语朗读都德《最后一课》中韩麦尔先生最后一语：“C'est fini…allez-vous-en.”（“散学了……你们走吧。”）闻者无不动容，泪流满面。

107 陆侃如获法国巴黎大学文学博士学位，博士论文涉及古诗《孔雀东南飞》，答辩将终，一法国教授率尔发问：“何以孔雀要向东南飞？”举座愕然，面面相觑，陆侃如漫然应曰：“因为‘西北有高楼’。”盖《古诗十九首》有“西北有高楼，上与浮云齐”句，则孔雀只得东南飞矣。虽属戏言，亦足见敏捷。据言此事传入国内，杨明照数语人曰：“此答可入新《世说》。非此十字，不足以尽其妙！”

108 杜诗专家萧涤非，早年就读于清华大学，为足球队队长，曾获华北足球大赛冠军。百米成绩竟至11秒1，保持清华大学百米纪录，直至建国后。

109 萧涤非夫人黄兼芬为爱国名将李烈钧外甥女。民国二十五年秋，学潮迭起，山东大学校长易人。萧涤非于婚礼前夕突遭校方解聘，遂于结缡当日离青岛南下。火车将发，老舍遽赶至，以新刊小说《牛天赐传》为贺礼，遂为萧、黄婚礼之唯一来宾，《牛》书亦为新人所获唯一礼物。后老舍毅然辞山大教授之聘，以抗议校方无理解聘萧涤非，足见笃于道义，风骨铮铮。

110　吴晓铃在河南明港五七干校时，偶于邻村结识一位张姓农民，尝赤膊与之合影，传示同人，自谓深入群众，与农民打成一片。孰料军宣队查得其人竟为富农成分，遂被揪出，开全所大会批判。

111　在干校日，杜书瀛与陈友琴接床，杜床头连陈床尾，吴晓铃谓陈“足抵工部”，杜“头顶陈抟”。

112　朱东润早年留学英伦，于国内传记文学研究有开辟之功。六十年代做学术报告讲人物传记，尝言斯世传记不可不读者仅有三部，一为英国《约翰逊传》，二为法国《贝多芬传》，三则其所著《张居正大传》。

113　林散之、高二适均为吾宁草书名家，林有求必应，传世墨迹甚多；高笔墨矜重，不如意者悉焚毁。高拔牙，医欲得其书，宁不拔而去。林知之，以书数幅遗牙医，嘱其为高拔牙而嘱不令高知。高平素颇恃才傲物，年少萧娴一岁，而与萧札必称贤契，视若弟子辈，萧泰然不以为忤。

114　钱仲联《梦苕庵诗话》有云：“余曩年曾为《亭林诗补笺》，补徐嘉笺注所未及者，原稿旋失去，幸录副与吾友王瑗仲。瑗仲为《亭林诗集集注》，于徐注外采掇黄节、汪国垣诸家之笺，余笺亦收入，而没余名，此非瑗仲所为。”按：王瑗仲名蘧常，少与钱齐名，合刊《江南二仲诗》者，后以书名。其集注取钱补而没其名者,钱先生谓非其所为,然则谁为之者?昔汪辟疆(国垣)先生批注亭林诗遗墨,尝付上海古籍出版社,待影印出版。王蘧常间取其本,采其菁华入《集注》,虽未没先生名,而先生遗墨竟因此遏而不行。千帆先生尝为予述此事,愤形于色。盖欺生者亦必杀熟,采录副之佚稿而没其名,其迹固不远矣。

115 启功性诙谐善谑,病后人问近况,对曰"鸟乎",人不解,曰:"差一点乌乎了!"尝以事与朱家溍同赴故宫。进门后,朱曰:"到君家故宅矣。"启功对:"不,应说到君家故宅也。"曾治一闲章而未尝用,文曰"草屋",取陶诗"草屋八九间"之语,自况在"文革"中之地位。盖身为右派,于叛徒、特务、走资派、地、富、反、坏之后列第八位,兼教授属"臭老九",故以"草屋"作歇后隐语,谓身份在八九间耳。尝为人题字,偶钤印颠倒,观者无不惋惜,又不便请重写,只言无妨无妨。先生笑而拈笔书小字于印旁,曰:"小印颠倒,盖表对主人倾倒之意也。"一座开颜。

116 北师大古典文献学博士点创自启功,列为首批博导,尝云:"我这个博导乃驳倒,一驳就倒,不驳也倒!"授研究生课,多讲古典文献与国学常识,戏称为"猪跑学"。或问何谓,对曰:"俗谚云'没吃过猪肉,还没见过猪跑么?'文献学高深难通,最基础之文献知识难道不能掌握?"吴小如闻之,曰:"安得有千百个启功来讲猪跑学!"又尝论用典,谓乃将事物压缩为信号,供人联想或检索,系比喻之简化,亦比喻之发展。无论剪裁、压缩、简化、命名,盖均欲将其事物做成一小集成电路,放入对方脑中。其善引喻取譬,类皆如此。

117 启功性喜动物,电视节目最爱看《动物世界》,尝言看动物世界比看人类世界有趣得多,舒心得多。犬子鹿菲龆丱之年喜爱古生物，每绘画必作洪荒古兽，尝语曰："我喜欢还没有人的世界。"

118　萧娴年轻时善饮，日一斤白酒，书百副对联。篆宗《石鼓文》，隶法《石门颂》，楷习《石门铭》，人称三石老人。十三岁时，值广州大新百货公司大厦落成典礼，书丈二对联致贺："大好河山四百兆众，新辟世界十二重楼。"联为父铁珊所拟。或疑一弱女乃能书此擘窠大字，乃当众书"壮观"横批，由此扬名。

119　钱仲联客厅悬自题"攀云拜石师竹室"竖匾，寓平生学术祈向，尝为门人罗时进解之：云者，绛云楼主钱谦益也；石者，簃石斋钱载也；竹者，竹汀钱大昕也。皆钱氏先贤，分别为笺注、宋诗、考订之标的。

120　桐城许永璋先生，即许总、许结教授尊人。壮年豪饮，尝与人赌胜，饮两三斤白酒，不进菜食。尝谓饮酒具三境界，取《庄子》篇名，一曰养生主，谓少饮足以养生；二曰逍遥游，谓微醺而神王；三曰齐物论，则酩酊而是非皆遣，物我两忘。予见古今论酒者，此最为名言。偶阅宋张邦基《墨庄漫录》，言唐庚谪惠州时，自酿酒二种，其醇和者名养生主，其稍冽者名齐物论。其诗又有"满引一杯齐物论"之句，许先生之语或亦有所本欤？

121　许永璋先生精于杜诗，壮岁尝和杜诗全帙，毁于兵燹。其自运尤善五言，尝被遣往农村养鸡，有"空山挥杖影，大野祝鸡声"之句。某日天阴路滑，失足倒地，随口吟曰："天阴直下高坡滑，一跌横量大地宽。"又尝于上公交车时被挤跌昏迷路旁，醒后有句曰："一跌街边鬼，醒来隔世人。"皆具哲理，复见雅量。

122 目录二字今习合言之，原其始则目谓“条其篇目”，录谓“撮其指意”（《汉书·艺文志》）。故千帆先生尝语门人程章灿曰：“予讲目录学，知目是目，录是录，故所著书卷首不用‘目录’，而用‘目次’。”

123 郑板桥生平慕徐文长之为人，尝刻一印曰“徐青藤门下走狗郑燮”。后陆钢慕板桥，亦刻一印曰“板桥门下牛马走”。陈澧行止慕陶渊明，恨不得为舁篮舆之门生。女诗人陈玉瑛自称左芬侍史，沈祖棻先生尝戏言愿为晏小山丫鬟，予则愿为黄仲则书僮，为磨墨钞诗。

124 余嘉锡之锡当读赐音，盖取《离骚》“肇锡余以嘉名”句。今人读《离骚》，皆知读锡为赐，而念余嘉锡之名浑不恤其所自。非特一余嘉锡也，凡古人名用锡字者，十九皆应读若赐。若晋之张天锡、《隋唐演义》中豪杰伍天锡、唐诗人刘禹锡、宋诗人杨梦锡、元诗人萨都剌字天锡、郭天锡、明福建诗人许天锡、画家王时敏祖锡爵、清甘肃诗人程天锡，皆应读赐。清初诗人赵执信字伸符，取《周礼·春官·大宗伯》“侯执信圭，伯执躬圭”之义，注曰：“信当为身，声之误也。”则信同身，读若伸。故老相传，秋谷赴县、府、道、省应试，唱名皆读如字，至京师应会试，唱名始读伸音，秋谷喟曰：“倒是京师有识字的。”近代著名活动家朱执信之名读法亦同，今言史者少知之。

125 桐城汪中先生，号雨盦，执教于台湾师范大学中文系，博学工书，启功评其书曰“虚灵挺拔”。因酷爱《昭明文选》，所育三女一男，依次命名为昭、明、文、选。予尝于华侨大学博物馆见陈列雨盦书迹多幅，作者简介言汪中扬州人，清代著名学者、文学家云云，予大噱而白执事，此汪中非彼汪中也。

126　尝阅吴氏测海楼书目，又多于国内外图书馆见其藏书，皆钤有"真州吴氏有福读书堂藏书"朱长印，而夙不知仪征有此藏书楼。近年扬州东关修复吴道台府，予偕友人游之，则测海楼赫然在内，前有贮水池。吴氏后人四兄弟三院士，末则南京大学中文系教授吴白匋也。

127　社科院文学所前辈学者樊骏先生，为人最正直、认真，毕生耽于学，以厌烦琐屑不耐婚娶，独身以终。知交皆称其完美主义者。尝自言某日将出差，已购机票，忽见家中有鼠，驱捕不得，乃退票与搏，言："家中无人，怎能让老鼠占据！"

128　斯舜威《画坛稗史》载：画家鲁光于故乡永康方岩脚下建"五峰山居"画室，悬挂李苦禅、崔子范等当代名家画作四五十件。有窃贼破门入，抄掠室中物品而去。鲁光闻讯往视，却见名画一无所失，窃儿所取乃煤气灶、VCD机、高压锅、四条被子及床罩等耳。予尝出席作协全国代表大会，适与先生邻座，亦闻述此事，忆张问陶有记贼窃书画诗，为之莞尔，且叹今世盗贼之见识亦远逊于古也。检《船山诗草》，《五月初二夜贼入飞鸿延年之室尽卷壁上书画去作诗纪事》诗在卷十一，云："平生有天幸，遇贼亦不俗。留我杖头钱，舍我瓶中粟。翛然如采东篱菊，篆隶丹青三五幅。虽取不伤廉，虽多不为虐。是为盗之圣，高风羞跖蹻。席卷奇材入囊橐，文章福命何曾薄。吁嗟乎！不重泉刀慕风雅，悠悠谁是知君者。我愧管夷吾，君真可人也。胡为乎入不言兮出不辞，英雄失路甘喑哑。我有一斛酒，可以销长夏。酌以鸬鹚勺，覆以秦汉瓦，一樽黑夜堪同把，倘肯重来悄语细论文，不妨大家痛饮西窗下。"补遗卷四又有《七月廿七日为贼窃去澄泥砚一歙砚二雪舫水晶印一王子卿刻陶字小钟印一胡城东刻船山狮纽小玉印一黄仲则铸长毋相忘仿汉瓦当铜印一作诗志之》，皆语谑而意潇洒，许其为雅贼。

129 千禧年文物鉴定家史树青至杭州开会，下榻之江度假村，见壁间所悬水印木刻石涛扇面，连声称好。职员告以为水印，史谛审之，曰："决非水印，必原作。"职员再三言之，史坚称必为原作，谓："原作毫无疑问，唯用笔略有破绽，系高仿而已。"后开会时更大谈此幅扇面，知者哂之。又曾于大钟寺文物市场，见一摊主陈越王勾践剑及古剑多口，惊其精美。倾囊而购勾践剑，复定其余诸剑，归取款偿之。后知悉为赝品。盖渠日常观赏把摩悉为真品，曾不知世间仿造之术已炉火纯青，足可乱真矣。

130 当代学人伉俪才学相埒，俱有大成者，一为梁思成、林徽因，二为陆侃如、冯沅君，三为钱锺书、杨绛，四为本师程千帆、沈祖棻。同辈中则有陈平原、夏晓虹，葛兆光、戴燕，张伯伟、曹虹。年轻一代亦多有俊彦，惜予尚未得瞻翘楚也。

131 王渔洋《梁熙传》曰："先生独澹泊宁静，下直辄焚香扫地，晏坐终日，如退院僧。暇即与其友汪琬、刘体仁、董文骥、王士禛辈出游丰台、草桥诸胜地。或会食浮屠、老子之宫。诸子酒酣耳热，辨难蜂起，各负气不肯相下。先生默坐，或微笑不发一语，偶出一语，则人人自失，觉我言为烦。"黄景仁《赠陈秋士》云："君性更简夷，谈言每微中。能于广座中，一语寂群哄。"昔千帆先生序曹虹《阳湖文派研究》亦尝云："虹情韵淑静，平居讷讷若不能言，同门论学，辞辩蜂起，往复不得齐。虹或徐出一义，众纷辄解，使广座咸获蒙叟所述宜僚弄丸之乐。"

132 学者工书，南京大学胡小石、本师程千帆，复旦大学朱东润外，余知有河南大学于安澜、高文，山东大学蒋维崧，西南师大徐无闻，淮阴师专于北山，女学者则哈尔滨师大游寿。北师大郭预衡书颇似启功，见者莫不云然，而郭最恨此说，颇以为己书有启功不及处，然终嫌剑拔弩张，殊无从容意致。同辈学人而工书者，则丛文俊其首也，《中国诗学》即拜其题签。此外予所知者李昌集、刘石、徐俊、蒋述卓、沈松勤也。王筱芸师姊隶书甚工，而不数见。刘石为启功弟子，尝与余论当世学者之书，而甚推其硕士导师徐无闻，以为不在博士导师启功之下。余时未见徐先生手迹，恰于游黄鹤楼见一刻石，遂摄一影与刘石共存之。

133　何其芳任文学所所长时，立有所规，年轻学者进所，两年写不出好论文即调出，一九六〇年北大分配学生约十人，最终仅余两个半，即张炯、王水照与留作研究生之吕薇芬，余皆调离。何其芳治所，据传以毛星所倡之“五字宪法”——定（方向）、远（规划）、精（成果）、个（个性）、简（行政）行之。

134　人民文学出版社所刊《唐诗选》，为余冠英、钱锺书、陈友琴、乔象钟、王水照五人编著。何其芳不满意其选目，然不与较，另属年轻学者胡念贻等编著《唐诗选注》，交北京出版社印行。

135　口吃者多内秀。昔文学所研究人员不坐班，长年深居简出，口才不给者颇夥。据前辈回忆，俞平伯口吃明显，余冠英亦略有口吃，蒋和森口吃较重，最结者则为胡念贻。忆多年前李伊白尝笑语余，《文学遗产》编辑部五位男编辑皆口吃：主编徐公持最轻，不易察觉；编辑部主任陶文鹏次之，说话急时方见；王毅复次之，时常可见；王学泰更次之，每言必结，尤见于畅言得意时；张展最重，每言必结，乃至面红唇颤而嚅嚅难语。而诸公皆非常才也。

136 郑逸梅《尺牍丛话》一则云："张超观显贵而不废雅道。尝收集当代名人往还之书札，颜之曰'友声'，以寓嘤鸣求友之意，此中定必大有可观。超观死，今不知所谓友声者，尚存与否？予获超观遗札一，什袭而藏之。宝人之札，人亦宝其札，殆亦理之常欤！"又一则云："毗陵谢玉岑作札殊精雅。予与玉岑函札往还不下十余通，然当时不之重视，阅后辄弃之。及玉岑捐馆，予并一札而不可得，引为憾事。"郑氏以收藏尺牍自命，知谢尺牍精雅而竟弃之，则其于尺牍果有真爱乎？得张超观札而珍之，无非以显贵而已。

137 余光中夫人为其表妹，初见于南京，时表妹十六岁。后到台湾，互知来台，遂约见。以皆长于四川，习以川语交谈，数十年如一日。钱锺书《围城》中曾说男女交往每自借书始。余光中借给表妹读之第一本书，即《围城》。

138 敬览先师年谱，一九八一年十一月十六日日记载"得扬师八〇三信箱学生蒋寅信"，忆此信乃硕士试后所呈，请示进退。以试题有赋诗一首，为程限所迫而未及作，乃于信中附七律一章，有"文章有遇张承吉，科第无名孟浩然"之句。末"眉黛不知深浅否，且由曹氏舅姑看"句，谓若不中式，则乞转予卷于第二志愿曹淑智先生也。

139 千帆师隶右派之籍十八年，至一九七五年方得脱，究之亦非当局主动平反。据吴志达先生回忆，先师下放沙洋农场，尝驾牛车下坡，值小学生放学，牛疾走不止。危急之际，师毅然跳车，牵牛猛拐，诸生得幸免，而师折胫骨卧床期年。由是所属班组群众为强烈呼吁，乃得摘帽。

140　游寿早年任职于中研院史语所，后辗转至哈尔滨师院历史系任教，工书法。“文革”中列为“八大妖怪”之一，横遭揪斗，欲自杀而恐累及家人。后闻原子弹爆炸试验成功讯息，上书组织，云：“平生所学无以报国，愿以六十余岁羸弱之躯，作原子弹辐射之试验，以明心志。”

141　四川师大屈守元教授，“文革”初起，即入集训班，学毛泽东著作。乃持线装本《毛选》往，监临者责其人学习班犹不忘古董，看线装书。先生曰：“汝知此为最高指示乎？少见多怪！”彼乃语塞。

142　予昔负笈于扬州师范学院，受业于海陵赵先生继武。先生工诗，遗稿《心远斋诗草》四百余首，今藏于家。先生毕业于中央大学国学研究班，与沈祖棻先生同窗。一九七七年沈先生殒于车祸，师有《闻旧同学沈祖棻教授于武汉惨罹车祸诗以吊之》：“易安才调擅英年，桃李江南更几千？白下春风开讲席，珞珈山月暗书筵。车尘顿溅词人血，彩笔空兼漱玉传。回首梅莽旧同学，晨星海内足凄然。”

143“文革”时复旦大学批斗张君炎，王运熙先生发言后，主事责其太无力，令其加强火力。翌日王先生上台怒指张，出以沪语：“张君炎，侬特个赤佬！”而后继无词。

144　俄罗斯汉学家李福清，专治中国俗文学，著书斐然，为学界所重。汉语极流利，而带浓重西北口音，隔座闻之如听陇上老农语，予每接言谈或听其讲座，欲忍笑而不能。盖早年学汉语于吉尔吉斯斯坦，从中国西北流徙之东干人所受故也。

145　诗人邵燕祥晚年失聪，赋《失聪打油》诗云："春风过耳马如聋，把酒论人雷自轰。只为偏听常俯耳，并非慎独且孤行。失聪便怪人（寅按：或作伊，开伊能静女士一个玩笑）能静，聆教翻疑语不通。莫笑身无天子相，老夫忽地变真龙。"不失天真烂漫之趣。

146　古典文学前辈擅歌者，予所见有陶文鹏、万光治两位。一九九六年新疆会议间曾从万先生游北庭，日暮返乌市途中，歌唱逾四小时不歇，曲目遍及古今中外，尤擅少数民族歌曲。为予平生所仅见。

147　日本唐诗学者入谷仙介曾言，内藤湖南说读书要读明刊本，吉川幸次郎说读书要用线装本，我们现在只能用影印本。

148　己巳年同门张宏生、张伯伟、曹虹、程章灿四君毕业，聘请校外论文答辩委员有徐中玉、王元化、傅璇琮、章培恒、孙望、吴文治、郁贤皓诸先生。时值六月初，徐、王、傅三位未至。十三日午，宏生答辩时，准备匆忙，会场"中文系博士生论文答辩会"横幅为千帆先生手书。

149　张伯伟答辩时，报告论文前自述志学之因，感于时事，悲愤之情形于色，举座为之动容，吴翠芬先生啜泣久之，一时默然。有顷，吴调公先生以主席发言，评述论文报告有"触及灵魂"之语，且出以镇江方音，一座解颐。盖"文革"中批判会习用语也。

150　伯伟、曹虹结缡日，予集《诗》句为一联奉贺，曰："宴尔新昏，乐只君子；宜其家室，维此良人。"后陈飞兄再婚，亦集联奉贺："黾勉从事，靡神不举；夙夜匪懈，媚兹一人。"门生纪准与王梦菡结缡，集联曰："靡瞻靡顾，罔敷求先王；有纪有堂，甘与子同梦。"李桃于归之日集联曰："自今以始，永以为好也；黾勉同心，终不可谖兮。"附言曰："桃之夭夭，温其如玉。遘尔新昏，其乐如何！"武君新婚集联曰："永言配命，其德不爽；载用有嗣，逸豫无期。"赵赟于归集联曰："靡瞻靡顾，维子之好；克顺克比，遹求厥宁。"聂时佳于归集联曰："洵美且仁，有相之道；柔嘉维则，无贰其心。"伯伟公子张博结缡，集联曰："如圭如璧，天作之合；实坚实好，则笃其庆。"皆集《诗》句成之。

151 赵永晖又名丽雅，笔名扬之水，曾任《读书》编辑，为《读书》三才女之一。后调任文学所古代室，同事多年。博学工文，娴熟史籍，以古器物证古诗文名物，跨文史两界，独树一帜。力学之余，复工蝇头小楷，每作启札，娟秀异常，予得其片楮只字，必什袭藏之。壬辰冬杪，以《牡丹亭》摘艳手卷属跋，纤纤端丽，明秀照眼，张船山所谓"小字精严秀入能"者，殆如是乎。觉吴彩鸾、管道升、曹贞秀之俦，不得耑美于前矣。勉跋数语，适足为佛头著粪而已。

152 张晖少年力学，读本科日即著《龙榆生年谱》版行于世，见称于前辈。后受业于张宏生、陈国球两先生，治词学与批评史初有成，著《诗史》《清词的传承与开拓》及《无声无光集》等多种。二〇〇六年就职于文学所古代室，学行卓异，敬业乐群，吾侪期以远大。天不悯才，竟于二〇一三年春遽殒，学界知与不知，莫不悼惜。尝与闲谈，君曰《帝国之流亡》杀青，即续撰《帝国之沉沦》，此后题目尚未想好。予率尔言："可作《帝国之记忆》，'二之'先生，钱澄之王夫之，岂非现成素材？"君喜形于色，连道好，好，做成《帝国三书》，或叫《帝国三部曲》。其眉飞色舞之状，尚历历在目，而“帝国”风景与记忆已永为绝响。

153　张晖送别会，挽幛之联为予顷刻所拟，曰：“著述可传，放眼学林称卓异；音容犹在，伤心侪辈失英髦。”词未尽工，差切其情与事耳。闻墓碑拟刻其《无声无光集》自序语：“有生有光的人与文，陪我度过无声无光的夜与昼。”唐高适“夜台今寂寞，犹是子云居”（《哭单父梁九少府》）句脱口而出，古今适同此意境。

154　业师胡复山（光舟）先生，伉俪情深，晚年患神经紊乱之症，惟赖师母照料。丙申之春，师母疾笃不治，家人未敢以闻，及师母易箦，先生亦于翌日化去，若有灵应。维平兄属撰墓碑联，予拟“一生濡沫长相守，百年旦息同其居”“一生偕老执子手，百岁之后归其居”“执子之手兮与子偕老，百岁之后兮归于其居”三稿以进，皆取《诗·邶风·击鼓》“执子之手，与子偕老”、《唐风·葛生》“百岁之后，归于其居”之意，终以“一生偕老执子手，百年旦息同其居”镌石。

155　第八届东方诗话学会日方代表三人，蔡毅、范建明与稻坂昭广，或曰：“两个是假洋鬼子，只有一个日本人，还是盗版。”

156　某日西南师范大学（今西南大学）刘明华教授请饭，问喝何酒。予与陶文鹏先生视酒单，有“舍得酒”初见而价不菲，乃四川射洪所产，陈子昂故里也。予爱屋及乌，遂曰：“舍得吧。”刘兄连应：“舍得舍得，没关系，什么都可以。”予知其误会，与陶先生笑不止。

157　刘扬忠先生仙去，予自港奔还送别，仓猝间闻研究室尚无挽联，亟拟一联，经同人商榷，定稿为：“惟我典型，唐音宋调两朝史；曰公风义，诗伯酒雄四万斋。”略得先生治学为人之大端。先生晚年自号四万斋主，谓读万卷书，行万里路，做万首诗，喝万斤酒也。

158　予自入学界，蒙傅璇琮、罗宗强两先生提命、奖掖之恩尤渥，感铭独深。傅先生谢世，敬撰挽联曰：“一代宗师，考据辞章悬北斗；卅年私淑，德行道义沐春风。”顷罗先生又逝，益悲悼不胜，泣拟挽联曰：“草创士人心态论，垂师范之仪型，罗英才而化育，一代宗师瞻北斗；发凡文学思想史，示词林以矩矱，致道业于弘强，九州月旦瞩南开。”略述平生向风景慕、高山仰止之情云尔。

卷二　学海扬觯

001《荀子·劝学》:"书者政事之纪也,诗者中声之所止也,礼者法之大分、类之纲纪也。故学至乎礼而止矣。"按:此即荀卿时代之知识分科也。

002　宋后废帝刘昱元徽初,秘书丞王俭编纂官藏书目,又别撰《七志》,即经典志、诸子志、文翰志、军书志、阴阳志、术艺志、图谱志。大体本刘向《七略》,而以图谱志替向之"辑略"。图谱之别为专门,自王俭始。

003《朱子语类》卷十一云:"读书不可只专就纸上求理义,须反来就自家身上推究。秦汉以后无人说到此,亦只是一向去书册上求,不就自家身上理会。"此可见讲反身者,乃宋理学之新义也。

004　袁桷《清容居士集》二十二《袁氏新书目序》自省少日读书有五失:"雅观而无择,滥阅而少思,其失也博而寡要;考古人之言行,意常退缩不敢望,其失也懦而无立;纂录史籍之故实,一未终而屡更端,其失也劳而无成;闻人之长,唯恐不及,将疾趋从之,而辄出其后,其失也欲速而过高;好学为文,未能畜其本,经术隐奥,茫乎其无所适从,泛然而无所关决,是又失之甚者也。"又言"往者书未模印时,争传写授读,较余所藏之书,不能十一，而士以三年通一经，其自得之实，皆足以传世垂后。其视余之书多无成者，岂古人所谓沃土无善民之说与？”今古书善本影印行世者夥，学者家有数字文档，坐拥书城，尤当记取袁氏之语，勤奋苦读，否则非浮光掠影即泛滥无归耳。

005 钱仲联《韩昌黎诗系年集释》卷八《石鼎联句》注引焦竑《笔乘》曰：“退之《石鼎联句》诗，有道士轩辕弥明，其语往往高古出群，或者谓即退之所撰，特嫁言于弥明耳。今按：张南轩淳熙间守静江，奏疏有曰，臣所领州有唐帝祠，去城二十里而近。其山曰尧山，高广为一境之望。祠虽不详所始，然有唐衡岳道士弥明诗刻。据此则石鼎联句者，可谓无其人邪？”寅按：此论系弘、正间人陈霆所发，见所撰《两山墨谈》卷十四，略改一二文字而已。此明人著书习气，至清儒则不敢没前人名矣。

006 明代管登之讲三教合一之学，瞿汝稷投师受业。后管与之论学，则曰：“无问学儒学佛学道，苟得其真，不妨唤作一家货；否则为三脚猫，终无用处。”王国维论学，谓学无新旧，学无中西，学无有用无用。今人动辄别中西，较新旧，予谓无论中西、新旧，苟得其真，恒相通如一，否则亦为三脚猫，不足为用。

007 清初三老，船山之学有名士气，每偏激而河汉其言，盖不治考据之学，终欠沉实功夫也；梨洲之学不脱门户之见，或党同而伐异，则讲学习气有所未泯，难得平心静气之故；论沉厚笃实，识时务而多创见，持操守而可践行，必也亭林乎！至其考据偶疏，为后人所指摘，固属清初之学未臻缜密，不足责也。惟好古之笃，偶有泥而不化之论，如行均田、以米绢易银之类，程晋芳已断言必不能行，学者不可不知。

008　清朝开国诸君皆重理学，而顾亭林倡言理学即经学，遂开清人反本治经之风。按以经学为理学，宋儒已有此见。陆九渊门人包恢《石屏诗集序》云："理备于经，经明则理明。"是岂非理学即经学之说欤？

009　王夫之《诗绎》《诗广传》皆系读《诗经》札记，而宗旨不侔。前者主于论艺，而后者多一时感触，或论治道，或论风俗，或辨析义理，漫无归宗。卷二论《秦风·蒹葭》云："回环劳止而不得，淡然放意而得之，为此说者众矣。迻之于学，妙悟为宗，谓夫从事于阻长之途者，举可废也。吾无以知放意者之果得否也，吾抑无知劳止者之徒劳否也。'岂不尔思，室是远而'，子曰：'未之思也。'此未尝劳而告劳者也。'鱼网之设，鸿则丽之'，不期鸿而得鸿，此夫自以为得而固非得也。呜呼，必如为《蒹葭》之诗，而后可溯洄而游乎！周道之有辙迹而易求故也。非其时，非其地，非其人，惮溯洄之阻长，而放意以幸一旦之宛在，是其于道将终身而不得，乃以邀一旦之颎光，矜有遇于霏微缥渺之间，将孰欺哉？"此斥心学之讲顿悟者也，而借言《诗》发挥之。

010　王夫之论史最精辟，随处议论皆具方法论意义。《宋论》卷六论知言曰："知言者，因古人之言，见古人之心。尚论古人之世，分析古人精义之归。详说群言之异同，而会其统宗；深造微言之委曲，而审其旨趣。"论者以为即现象学方法也。《读通鉴论·叙论四》有云："设身于古之时势，为己之所躬逢。研虑于古之谋为，为己之所身任。取古人宗社之安危，代为之忧患，而己之去危以即安者在矣。取古昔民情之利病，代为之斟酌，而今之兴利以除害者在矣。"此即陈寅恪"具了解之同情"之谓矣。

011　徐士俊、汪淇辑《尺牍新语》第十三册韦人凤《柬汪澹漪》论学道者有九患:“有志无时,有时无境,有境无力,有力不遇其师,遇师不觉,既觉不诚,诚不能守,守不能固,固不能久,皆为道之大患也。”按:此说本自《真诰·甄命授》:“学道者有九患,皆人之大病。若审患病,则仙不远也。患人有志无时,有时无友,有友无志,有志不遇其师,遇师不觉,觉师不勤,勤不守道。或志不固,固不能久:皆人之九患也。”学人不克此九患,鲜能有所成就。

012 冯班云:“儒者最忌二事,有门户,有架子。”有门户则难从善,有架子则不能服善耳。

013 戴震与姚鼐论学书,有十分之见一说:“所谓十分之见,必征之古而靡不条贯,合诸道而不留余议,巨细毕究,本末兼察。若夫依于传闻以拟其是,择于众说以裁其优,出于空言以定其论,据于孤证以信其通,虽溯流可以知源,不目睹渊源所导;循根可以达杪,不手披枝肄所歧,皆未至十分之见也。以此治经,失不知为不知之意,而徒增一惑,以滋识者之辨之也。”今人治学多不知此义,或虽知之而不避,强逞其说以欺世。

014 钱大昕夙留意三国疆域,尝欲作志,以补陈寿之阙。吴、蜀已属稿初具,将及魏事,见洪亮吉《补东晋疆域志》,服其体大思精,胜于己作,即辍所业,让北江独步,而驰书告以未及数事,其服善且乐于成人之美者如此。今人于此必攘而争之,毛举其疵而非之,以自大其书。噫,何古今人之不相及也!

015 章学诚论教曰:“教也者,教人自知适当其可之准者,非教之舍己而从我也。”(《文史通义·原学上》)今之教人,唯从事于后者,此今古人所以不相及也。

016　章学诚《文史通义》云："夫道备于六经，义蕴之匿于前者，章句训诂足以发明之。事变之出于后者，六经不能言，固贵约六经之旨，而随时撰述以究大道也。"意谓六经虽备蕴道理，然不能预知后世之变，则欲以六经治今世之事者，唯有约六经之旨，应世变而究明其理，今人不能明此旨，故所谓理论创新也，终难奏其效。

017　田家英小莽苍苍斋所藏《平津馆同人尺牍》有章实斋一札云："鄙尝推论古今绝大著述，非大学问不足攻之，非大福泽不足胜之。此中甘苦，非真解人不能知也。"予谓此言是矣，而可下一转语：若非有大福泽，则焉得大学问。学问之事，固不同于创作，非饱暖无虞，优游卒岁，不能有所成也。古之顾亭林、今之寒柳堂主人皆深谙其理者。

018　袁枚《与杨生书》："天生林林者千百万人，不甚经意也。生一人焉，将使之不朽于千百万人之中，则必有意郑重而以其全与之。故过人之资、嗜学之癖、极虚之心，三者常兼。"然禀过人之资者每不嗜学，嗜学者每无极虚之心，有虚心者每无过人之资，是故学人多而成就者少也。

019　世有互联网，而言路稍开，为议论之渊薮，然酷评苛责之吹求，亦从此兴矣，著书人每多不平。余观袁枚《覆家实堂》札云："商宝意为一代才人，其诗集梓成，有相诋娸者，仆为不平。友人仲烛庭笑曰：'但使我辈身后尚有行卷、文集被人吹毛索瘢，便是天地间尚有此人，否则付之草亡木卒而已。'"其《牍外余言》又曰："凡人所以欲跨之者，以其高也。若平坦之途，则人人走而忘之矣。"世之好吹求者可味其言。

020　翁方纲《致吴槎客》云:“学者处千载后,论列千载前之事,苟非深有所见,如烛照数计、亲履古人之地者,不能周悉也。故先圣曰多闻阙疑。疑之不能无也,则阙之为功大也。若并其疑而不生焉,则废学矣,又大不可也。今之学者,不患其不能疑,但患其不能阙耳。”历来治古学之穿凿附会,莫过于《易》与《春秋》。当今出土文献日夥,吾人参伍之际,尤当三复斯语,以阙疑之义为戒。

021　程晋芳《正学论四》论乾隆间学风,为宋学者未尝弃汉唐,而为汉学者独弃宋元以降,有慨乎其言。至究其根由,则有天道、人心两端。以人心言之,“唐以前书,今存者不多,升高而呼,建瓴而泻水,曰:‘我所学者,古也。’致功既易,又足以动人。若更浸淫于宋以来七百年之书,浩乎若涉海之靡涯,难以究竟矣。是以群居坐论,必《尔雅》《说文》《玉篇》《广韵》诸书之相砺角也,必康成之遗言,服虔、贾逵末绪之相讨论也。古则古矣,不知学问之道,果遂止于是乎?”此讥治汉学者拘守于有限文献,以逞其臆说,盖吴谚螺蛳壳里做道场之谓也。予谓今之专以《文心雕龙》《诗品》《沧浪诗话》等唐宋以前诗文评侈言古代文论传统,而不博考明清两代诗文评者,亦犹是焉。

022　抄书注明出处,未知所始,然至明人犹未行之。徐釚《词苑丛谈》自序言及编纂时原不载出处,“竹垞始谓余捃摭书目,必须旁注于下,方不似世儒剿取前人之说,以为己出者,余韪其言”。竹垞所编《明诗综》虽未注明所采书目,然晨风阁刊本《明诗综采摭书目》列总集、选集、方志计二百八十三种,殆已略备。后嘉庆十年冯金伯编《词苑萃编》,亦引朱言,以“引书必注”为原则,编成《萃编》。

023　徽学自来多究心于自然之学，夏炘《箕裘拾坠序》称司谕婺源日，庠生江清世其曾祖廷姚音韵、勾股之学，出先世《勾股拾坠》一卷，立望木、望岛、望广、望深远诸表，以明二丈重表测高远之法，虽用除不用乘，而以二率除一率，得数复除三率，而得第四率。其复除所得数，必加十倍，即寓乘理。其说与张稷若《蒿庵闲话》所述量泰山法异，夏称凿险缒幽，发前人所未发，其书不知传否。

024　阅高澍然《抑快轩文集》，有《答张亨甫书》云："澍然交吾兄后，亦自觉稍进，然其不能到古人者有五：本原不盛也，神明不大也，精气不充也，体骨不坚也，色理不穆也。此五者岂专诸文哉？贵深造之以道，即吾兄之勉我者是也。"澍然福建光泽人，师从建宁张怡亭（绅）为古文，盛推其乡朱梅崖、陈恭甫为中兴之盛。此以本原、神明、精气、体骨、色理五者论文之要，殊异于桐城之说，而今论古文之学者未之及。文集书札、序跋中多论文之语，尝谓古文莫先乎治气，治气之善者曰质曰厚，其忌者曰矜曰嚣（《与李兰卿书》），又曰"惟朴故真，惟真故厚"。又论文有三体："清明和吉，德人之文也；总揽横贯，学人之文也；坐而言者可起而行，通人之文也。"（《退庵文集序》）其祈向亦可见矣。

025　方熊字子渔，常熟诸生，在嘉道间文名甚著。有《绣屏风馆文集》，今不甚传。集中序体最可讽，发挥诗文义理，多能得其体要。卷二《一斑录跋》论说部杂著之类别云："古人立言，经史子集外有说家，有杂家，其中轶闻遗事、格论名言，各随所见以笔之于书。体例不同，取义亦广，而大要不出考证、记载、论辨三者而已。约举数家，如蔡邕《独断》、崔豹《古今注》，是考证类也；吴均《西京杂记》、刘肃《大唐新语》，是记载类也；王充《论衡》、应劭《风俗通义》，是论辨类也。"他皆类此。

026　张恕《南兰文集》卷六《褚模禊帖跋》:“佛子工夫有顿渐之别,读书作字则有渐无顿,日积月累,神味以涵泳出之。一赏而足,断无佳处。”此言论学论艺,最为切实。

027　李修易《小蓬莱阁画鉴》卷六:“少年学画,当临摹为进境;至中年后,以静悟为进境。何谓静悟,守己之长,使愈老愈熟,时有新得;若见异思迁,正坡公所谓逆水行舟,用尽气力,不离故处也。”此语可通治学。少年当博览群籍,了然前辈治学门径,多作各类文字。中年后当努力于专门之学,于至难至险处出自家路数。

028　人少年轻狂,多目空一切,鄙弃传统,以前人为不足道。晚来甘苦历尽,冷暖自知,乃觉纵横半生,不出古人圜阓。李芋仙晚年《读盛唐诸大家诗》有云:“山精伎俩不神奇,卅载狂吟失导师。今日瓣香亲手炷,开天一辈古人诗。”“国风二雅童年读,香草云旗猎楚词。我是枉抛心力者,古人圣处到无时。”是此悟境。

029　沈曾植称陈澧有所不言,无所不知,二语最见大学者气象。文廷式受业于兰甫,《纯常子枝语》卷二记述师说,论学之语多精警。有云:“师尝言年三十时读《易》,至‘志在随人,所执下也’,悚然汗下,于是学术一变,务求心得,不敢蔑弃成说,亦不敢轻徇时趋。”今之学界,人云亦云,陈陈相因,著书不立说,乃至剿袭剽窃者,滔滔皆是辈也,当举陈氏之言棒喝之。

030　文廷式《琴风余谭》:“陈兰甫师好读《孟子》,其手批旁注者不下五六本。昔人凡读书,必先有一书得力,而后读各书皆如破竹,此最有益。”世传黄季刚先生平生专精十部书是也。予谓此如弈然，先治一方棋活，则纵横拓殖，无往而不利矣。千帆先生尝言："为学者必先成一专家，使学界能对号入座。"究之亦同此理。

031　文廷式诸笔记中每泛论本朝学术，多中肯之言。如谓"国初之儒，都由史学入，故说经颇粗，而堂奥闳深。乾、嘉诸儒之学，多由小学入，故说经颇的，而气象狭小。"

032　吾人生当清儒之后，治古书固不易，然其便利者亦有二端：电子书日益普及，昔人难见之孤本秘籍一朝坐拥，一也。古书卷帙繁者，每检一事，费力无穷。今以电子版检索须臾即得，二也。李审言《愧生丛录》卷五云："庾子山《哀江南赋》'张平子见而陋之，固其宜矣'，徐、吴、倪三家注本皆引《艺文类聚》，而未著卷篇名，余昔注《哀江南赋》，遍检未获，后得之于卷六十一居住部。"今则无此困殆矣。

033　李审言《杜诗释义》解《渼陂西南台》(《李审言文集》第376页)，谓"嶕峣见《西京赋》"。按《西京赋》应作《西都赋》，同书《骢马行》注不误，检其早年所作《杜诗证选》亦不误。《释义》系晚年据《证选》增订，疑参取《杜诗详注》而沿其误。《杜诗详注》卷三《渼陂西南台》注嶕峣，正误作《西京赋》可证。然卷四《骢马行》注嶕峣引《西都赋》则不误。以审言之熟精《文选》、杜诗，数页之间而不察其异，亦足见学人老耄昏聩皆不能免，读者恕之可耳。

034　余嘉锡《四库提要辨证》自序尝言："余治此有年，每读一书，未尝不小心以玩其辞意，平情以察其是非，至于搜集证据，推勘事实，虽细如牛毛，密若秋荼，所不敢忽，必权衡审慎而后笔之于书。一得之愚，或有足为纪氏诤友者。然而纪氏之为《提要》也难，而余之辨证也易。何者？无期限之促迫，无考成之顾忌故也。且纪氏于其所未读不能置之不言，而余则惟吾之所趋避。譬之射然，纪氏控弦引满，下云中之飞鸟，余则树之鹄而后放矢耳。易地以处，纪氏必优于作《辨证》，而余之不能为《提要》决也。”余谓此乃学者于他人之书、于批评应有之胸襟与气量。杨岘《藐叟年谱》跋云：“金坛段茂堂先生《说文解字注》，竭数十年心力而为之，大而礼仪制度，小而杂物奇怪、草木虫鱼，罔不包举。今人动以一字之失訾段氏，余不忍效也。”盖易地以处，亦段玉裁善摘其谬，而他人不能注《说文》必也。

035　古人为序，多于文末系年月，故文中每云今年、去年，编入文集时概芟文末之年月，所云今年、去年者遂不知为何年。如杨岘《迟鸿轩文续》所收《左氏传历谱序》：“今年刘君良甫邮示大著《左传历谱》”而末无年月。集中多有其例，是亦编文稿之失察耳。凡云今年者皆宜改作某甲子，俾读者有所考证。

036　钱锺书尝言，“大抵学问是荒江野老屋中二三素心人商量培养之事，朝市之显学必成俗学”。以钱先生行文之惯例，此语似亦有出典，然未详所本。偶阅方熊《绣屏风馆文集》卷二《蠡陬水榭诗钞序》：“世之人分毫比墨，唱予和汝，方且扬眉吐气，跌荡于酒旗歌扇之间，而君不闻不见也，闻亦如无闻，见亦如无见也，惟于荒江老屋之中，裹头拥鼻，独写襟怀，或二三莫逆一樽相对，兴往情来，长吟短咏，而要皆磊落光明，自道所得，不作愤时绝俗之语，此真诗人之所为也。”钱语殊近此文。又《谈艺录》哂苏曼殊“于西方诗家，只如卖花担头看桃李耳”，则本自欧阳修《六一诗话》所记京师人“卖花担上看桃李，拍酒楼头听管弦”之句，后魏了翁答友人书亦云：“文公诸书，读之久矣，政缘不欲于卖花担上看桃李，须树头枝底方见活精神也。”见罗大经《鹤林玉露》丙编卷六。

037　以己之长，攻人之短，论兵之要，论学之忌。千帆先生论治学，自言以己之短，比人之长。先生之学，与年俱进，良有以也。

038　夏承焘先生《天风阁学词日记》一九三九年十一月十日记刘贞晦（景晨）语曰：“三十以前说聪明说天分，三十以后恃功力。”习闻学人相传之言曰：“年轻比悟性，年老比功力。”予谓当于年轻时比功力，年老比悟性。年轻能积功力，则入门路正，不蹈虚空；年老能葆悟性，则悟入独深，所见自大。

039　古籍点校之难，前人言之夥矣。盖古书无穷，而人之学也有限，难必其无误也。虽然，如三晋出版社版《程昆仑文集》、黄山书社版《周衣德集》标点之误，予寓目今人整理之古籍，未有逾此之甚者，当覆核重印之，以免传讹。

040　中华书局标点本金埴《巾箱说》，目录与大题均作“巾箱说卷”。盖原书系未成稿本，故卷下缺数字。今仍照录，易滋疑窦，故卷字宜删。必欲存稿本原貌，则卷字下宜有□，以示缺字不详。

041　今日刊印年谱、日记，必于天头页边标明年月，后附人名索引，始为善例，否则翻阅查核不胜其劳。予昔撰《王渔洋事迹征略》，同道多许其征引甚富而苦于翻阅不便，增订再版时天头页边皆标明年月，独人名索引编定而竟忘附之，复遗一憾！

卷三　读史管见

001《国语·周语上》:“厉王虐,国人谤王。邵公告曰:‘民不堪命矣!’王怒,得卫巫,使监谤者,以告,则杀之。国人莫敢言,道路以目。王喜,告邵公曰:‘吾能弭谤矣,乃不敢言。’邵公曰:‘是障之也。防民之口,甚于防川。川壅而溃,伤人必多,民亦如之。是故为川者决之使导,为民者宣之使言。’”然彼当国者唯谨“防民之口,甚于防川”之诫,而忽后文“决之使导”“宣之使言”之训,日以禁谤议、塞言路为急,故厉王以后亡国之君相踵也。

002《大戴记·保傅》引《明堂之位》曰:“笃仁而好学,多闻而慎道,天子疑则问,应而不穷者,谓之道。道者,导天子以道者也。常立于前,是周公也。诚立而敢断,辅善而相义者,谓之充。充者,充天子之志也。常立于左,是太公也。絜廉而切直,匡过而谏邪者,谓之弼。弼者,拂天子之过者也。常立于右,是召公也。博闻强记,接给而善对者,谓之承。承者,承天子之遗忘者也。常立于后,是史佚也。”然则史佚者,司秘书之职,后代虞世南一辈也。

003《礼记·曲礼上》:“礼不妄说人,不辞费。”郑玄曰:“不妄说人,为近佞媚也。不辞费,为伤信。”陆德明《释文》曰:“辞,本又作词,同。《说文》以词为言词之字。辞,不受也。”然则陆德明固不以辞为词也。及至宋代，朱子取文词之解，谓：“辞达则止，不贵于多。”后世遂相沿以“辞费”为“费辞”之义。余谓辞费与妄说人对举，上言不侈，下言不省也。不该费则不费，不妄悦人也；该费则不省，是不辞费也。《论语·八佾》：子贡欲去告朔之饩羊。子曰：“赐也，尔爱其羊，我爱其礼。”是即不辞费之例。不循礼之所需，以费而去之，是无礼而失信于神。郑玄释不辞费之理曰“为伤信”，盖即此意。

004 自《孟子》有独善其身之说，后人无不藉以为遁世之口实。善乎夏炘《天心说》之言曰：“若夫山林枯槁、独善其身，视天下之疲癃残疾，惸独鳏寡，皆痛痒不相属，生无益于时，死无益于后，其心之生生者已绝，若是者谓之弃天。”

005《清容居士集》二十三《赠陈太初序》云：“战国之士，以雄辩长说游诸侯，立致卿相，故其高自誉道，无所顾藉。虽困踬，有不肯悔，揣摩相师，遗言成编。今七十二子之书，皆足以为游之具也。汉世尊尚黄老，游士屏息。武帝开绝域于万里外，游者复至，尽其足之所历，图写险阨，立功效能，以其荒怪异物输于地图，而口舌之学悉废，与战国之游有异矣。南北分裂，游不越其国，游之效不能以著。唐立科举，各挟策自奋。穷山水之胜，履危陟幽，则皆其羁穷不遇之所为，见于咏歌，盖不以为利达富贵也。若是，则游之道几废矣。宋承唐旧，岩居逸士，见于聘征，游者益耻。至于季年，下第不偶者，辄为篇章，以谒藩府。京淮闽广，旁午道路，数十年不归，子弟不识其面目。囊金辇粟，求筦库之职以自活。视前之游，戛戛然难相并矣。世祖皇帝大一海宇，招徕四方，俾尽计画以自效，虽诞谬无所罪，游复广于昔，弊裘破履，袖其囊封，卒空言无当。以其无所罪也，合类以进，省署禁闼，骈肩攀缘，卒无所成就。”此段文字历述古今“游”之变迁，颇能得其情实，惟论唐代不及干谒之游而仅及山水之游，稍觉离题耳。

006　郑兆龙《秋槎政本》有《补史记陈涉世家赞》曰："三代以前，皆由诸侯更代为天子。其平时战伐争斗，皆在列国。匹夫发大难，自陈涉始。彼秦之坏封建、销兵刃，焚书坑儒，欲号为始皇帝，以传至万世者，由不知其事也。陈涉首祸，楚汉因之亡秦，而后世受命之君，皆知神器之不可久据，帝王失道，氓庶乘之，多兢兢言修德矣。"当今史著所论陈涉起义之历史意义，尚未及此论之深刻。

007　地域风土与生活方式之关系，《黄帝内经素问》卷二异法方宜论篇已发其端，后《汉书·地理志》《乐志》皆论及之。《孔子家语》有云："坚土之人刚，弱土之人柔，墟土之人大，沙土之人细，息土之人美，埆土之人丑。"至宋庄绰《鸡肋编》卷上云："大抵人性类其土风。西北多山，故其人重厚朴鲁；荆扬多水，其人亦明慧文巧，而患在轻浅。肝膈可见于眉睫间，不为风俗所移者，唯贤哲为能耳。"

008　今人读蜀后主刘禅名，皆读若蝉，此大谬，当读封禅之禅。禅字读蝉音，乃佛教"定"之译音，后主字公嗣，与禅让之意正合。

009《文选》卷四十所收阮籍《为郑冲劝晋王笺》，据《晋书·文帝纪》载为景元四年(263)作，而今人多有考辨，又创为甘露三年(258)、甘露五年(260)、景元二年(261)诸说。予覆案《晋书·文帝纪》及《世说新语》、《文选》李善注引臧荣绪《晋书》诸书所载，及时贤之考论，殊未见足以推翻成说之确据。阮籍撰《劝进笺》而旋卒之说，尚未可取缔也。

010 明冯时可《雨航杂录》云："西京之儒术衰于扬雄，为利禄也；东京之经师衰于马融，为奢淫也。经术衰而节行振矣，节行摧而清谈起矣。世变之移，人实为之。"此亦善论两汉魏晋间风俗之转移者。

011 吴从先《小窗自纪》云："逸字是山林关目，用于情趣，则清远多致；用于事物，则散漫无功。"是即晋人玄言入诗，得其远致；清谈用世，因误国政之说也。

012 刘知幾《史通·杂说下》："李陵集有与苏武书，词采壮丽，音句流靡。观其文体，不类西汉人，殆后来所为，假称陵作也。迁史缺而不载，良有以焉。编于李集中，斯为谬矣。"浦起龙《通释》于迁史下注："旧本此二字误入以焉之下。"左暄《三余续笔》卷四"李陵集"引浦注，驳之曰："余谓旧本以焉下有迁史二字，自是误文，而移此二字于缺而不载之上，尤为愦愦。《史记》李陵附见李将军传，李陵之降单于，此天汉二年事。《史记》纪事终于天汉三年，太史公当卒于武帝之世，苏武还汉在昭帝始元六年，李陵在匈奴二十余年，昭帝元平元年病死。是书拟托在苏武还汉之后，元平之前，当在元凤六年之间，太史公之卒已久矣。何以云迁史缺而不载，良有以耶？不能缺疑，臆改旧文，适见其疏谬耳。"又《二体》"阑单失力"一句，浦起龙注未详，谓："大抵是当日方言，涣散不振摄之意。卢照邻《释疾文》云：'草木扶疏兮如此，予独兰殚兮不自胜。'疑即此二字之别写也。《集韵》：'殚，他干切。'按：今俗亦有阑阑滩滩之语。"千帆先生《史通笺记》引纪晓岚、向承周说，复证以《太平广记》《天地阴阳交欢大乐赋》，谓确为唐时俗语无疑，盖状物体之下垂也。而左暄《续笔》卷十二“阑单”条独谓:“束皙《近游赋》:‘乘筚辂之偃蹇,驾兰单之疲牛。’则此二字沿用久矣,非唐时之方言可知。《开天传信记》载苏颋《悬兔诗》,此二字又作兰殚,盖古字单与殚通用故。《释疾文》作驒,驒,唐何切,音驼。《诗》‘有驒有骆’,《尔雅》‘青骊驎驒’,自是马名,虽云别写,恐属误文。”其说甚是。予谓兰单即俗语郎当也,《天地阴阳交欢大乐赋》“袋兰单而乱摆”岂非俚语所谓“屌儿郎当”乎?又引申为冗长,李商隐《杂纂》“琅珰”条列有“村妓唱长词”一事,岂非谓声恶而冗长乎?宋人诗话载杨亿《傀儡》诗云:“鲍老当筵笑郭郎,笑他舞袖太郎当。若教鲍老当筵舞,转更郎当舞袖长。”

013 明许学夷论张巡、许远曰:“臣之事君,以保民为先,故有守土以保民,未有杀民以保土地者。巡、远之守睢阳,杀老弱三万余人以食士,此千古愦乱,世无孟轲,不能正其失耳。”此言看似甚辩,今人亦有持此意作翻案之论者,其实皆书生迂阔之见也。彼时若非张、许死守睢阳,江淮一失,唐朝尚有一息可存乎?韦应物《睢阳感怀》所云“重围虽可越,藩翰谅难弃”,诚能体其苦心矣。然则言张、许之事,必衡以天下形势,知利害轻重,方能中肯。如许学夷者,使秉枢衡,必陷天下于水火也。文人之不足当大任如此。老杜“致君尧舜”云云,彼姑妄言之,此姑妄听之可也,竟以为堪当大任,使寄方面之重,其不至于败绩如房琯者几希。

014 独孤及《毗陵集》卷十一《唐故朝散大夫中书舍人秘书少监顿丘李公墓志》:“开元中,蛮夷来格,天下无事,搢绅闻达之路,唯文章先。”《唐故秘书监赠礼部尚书姚公墓志铭》又言及开元末:“于时天下无金革之虞,选多士,命百官,先文行而后名法。”是皆可见当时风气。

015　权德舆《兵部郎中杨君集序》:“自天宝已还,操文柄而爵位不称者,德舆先大夫之执曰赵郡李公遐叔,河南独孤公至之。狎主时盟,为词林龟龙,止于尚书郎二千石。属者亡友安定梁肃宽中,平夷朗畅,杰迈间起。博陵崔鹏元翰,博厚周密,精醇不杂。二君者,虽尝司密命,裁赞书,而终不越于谏曹计部。”此言实关有唐一代文学升降之大要。盖初唐至盛唐,主文柄者皆宰辅、八座,中唐以后亦以高官居多,独天宝至代宗大历间文柄下移,由萧颖士、李华辈司其柄,而一时文士皆出其门,所谓萧李文学集团是也。

016　唐人墓志虽文繁于六朝,变逾于后世,顾可异者乃每不载志主生卒年月。近年西安所出韦应物家族墓志四通,内有韦丹所撰《唐故尚书左司郎中苏州刺史京兆韦君墓志铭并序》,仅载“遇疾终于官舍”,“以贞元七年十一月八日窆于少陵原”,而不言生卒年月,致后人莫可考证。昔傅璇琮先生考证韦应物生平,据韦集卷三《京师叛乱寄诸弟》诗“弱冠遭世难,二纪犹未平”句,推韦应物生于玄宗开元二十五年(737)。今案:大历十一年(776)韦应物自撰《故夫人河南元氏墓志铭》,自称“余年过强仕”,若以开元二十五年生,则适当强仕(四十岁)之年,不得言年过强仕,故余疑韦公生于开元二十四年(736),至安史乱起之天宝十四年(755)适逢弱冠耳。陶敏、王友胜《韦应物集校注》则取开元二十三年,盖终亦无定谳。

017《千唐志斋藏志》所收梁肃《唐故衢州司士参军府君李公墓志铭并序》,与今传独孤及撰《李涛墓志》、梁肃撰《李涛妻独孤氏墓志》二志内容、文字多重复,论者或谓系改葬时家人据二文拼缀而成,甚有见地。刘丹《〈唐故衢州司士参军府君李公墓志铭并序〉辨伪》(《古典文献研究》第19辑上卷)一文,复细加比勘，断定此志系近人据独孤及、梁肃所撰李涛夫妇志拼凑伪造。其说固辩，然予观其碑楷法甚工，笔意近唐人，作伪者募此一书手鸠工刻之，未知工价若何？且晚近乱世唐志一方市价几何？实不解彼作伪者何所图而为之，幸专家有以教我。

018　阅《权载之集》所载贞元十七年《进士策问五道》，一问是否应立五经博士，以崇正学？二问古经书所载格言、故事，看似矛盾对立者，如何取舍？三问周税十一，秦行屯田，今欲平抑物价，而使民舍末务本，当应以何术？四问儒门固以轻利重义为教，何来仲由、原壤之忿骄，子夏、子贡之逐利？五问考试取士之道，程试存则有拘限，有拘限则斥逸才，使各言所见，且以家世故事傅其说。此五问涉及意识形态、为人处世、财经赋税、教书育人、科举取士之道，是亦可见唐取士之尚通才博学，非仅囿于辞章一途耳。

019　白居易新乐府《草茫茫》："骊山脚下秦皇墓，一朝盗掘坟陵破。可怜宝玉归人间，暂借泉中买身祸。奢者狼狈俭者存，一凶一吉在眼前。凭君回首向南望，汉文葬在霸陵原。"然据王楙《野客丛书》引《晋书》愍帝纪、索琳传，建兴二年盗发霸陵、杜陵及薄太后陵，获金玉采帛不可胜记。是文帝之葬虽俭非薄，而陵寝卒亦未获全也。庄绰《鸡肋编》卷上又载："世云张耆侍中、晏殊丞相墓皆被盗，张以所得甚厚，故不伤其尸；而晏以徒劳，遂破其头颅而去。此乃俭葬之害，是亦不幸，非常理可论也。"予谓此非常理而实合常情。

020　刘禹锡祭韩愈文云："公鼎侯碑，志隧表阡，一字之价，辇金如山。"皇甫湜为裴度撰《福先寺碑》，获绢彩九千匹。前代文献所见润笔之例，赵翼《陔余丛考》卷三十一"润笔"条所举夥矣。周邦彦为刘昺祖作埋铭，以白金数十斤为润笔，见庄绰《鸡肋编》卷中。元罗司徒求胡长孺为父撰墓志铭，奉钞百锭为润笔，见《元诗选》。杨龙友请杜濬为其季子作传，犹以五十金为润笔，见莫友芝《杨龙友先生山水移集跋》。前代润笔之厚，每若此也。无怪乎边连宝《病余长语》举唐人润笔之丰，歆羡不已，而谓："今日为人作佞尸媚灶之文，上者酬以酒食，次则拱手以谢，甚者转眼即不相识。倘欲卖文为活，便贾用不售。"故其《文章》诗有云："荒年万货都腾贵，唯有文章价日低。"今虽久无荒年，而世情物价恰如所状，次句尤的切若为今日言也。一九八〇年千帆先生《唐代进士行卷与文学》，六万余言，稿酬五百七十八元，约千字十元，今薪金已百余倍于昔，而稿酬仅涨三数倍，岂非价日低乎？

021 唐人笔记载杜暹藏书后题："清俸写来手自校，汝曹读之知圣道，坠之鬻之为不孝。"然未见有藏书钤印事。陈师道《后山谈丛》卷二记赵彦若家有南唐《澄心堂书目》，有"建业文房之印"，卷三又载赵家有《建业文房书目》，钤"金陵图书院印"，或传闻异辞，然南唐图书钤印则似有其事。

022 陈师道《后山谈丛》卷二载："东都相国寺楼门，唐人所造，国初木工喻浩曰：'他皆可能，惟不解卷檐尔。'每至其下，仰而观焉，立极则坐，坐极则卧，求其理而不得。门内两井亭，近代木工亦不解也。寺有十绝，此为二耳。"唐人营造之法，至宋而不得其解，可见此事亦多玄秘不传者。今开封相国寺规模犹在，而屡经废兴，已非旧观，所谓十绝之说，愈渺不可求乎？

023《杨龟山先生集》卷十二语录有云："谓学校以分数多少校士人文章，使之胸中日日只在利害上，如此作人，要何用？"言出于千载之上，而真可谓为今日发也。

024　宋人喜以老为名字，清人笔记尝言之，不足怪也。曾巩女名庆老、兴老，则颇怪异。观黄山谷《名春老说》："元符改元之明年，岁在单阏，十二月二十二日，实立春后五日，温江杨仲颖夜得男，乞名于涪翁。涪翁名之曰春老。"以初生婴儿而名之曰老，亦奇矣。然观其说曰："盖其生直执徐之正月，东风解冻矣；又仲颖太夫人在堂，康强而抱孙，故并二义而名之。（中略）祝此儿怀文抱质，俾尔大母眉寿。"则此儿名老者，意主太夫人而言，非谓婴儿矣。

025　王敬之《小言集·枕善居诗》有《刘龙洲过墓碑拓本》，题下自注："墓在昆山县马鞍山，碑文元杨维桢作。"诗中又注云："墓为僧塔所占，见碑文。近世某达官属某县佐觅此碑拓本，某误会，载碑致省垣。既而载回，委诸山麓，幕游其地者醵钱重立墓侧。"今则不知存否。先贤庐墓碑石之存亡，每系于骙人愚夫之手，可发一叹。

026　元之灭宋，清之代明，以珍重上国文物，故宋、明两朝史籍独完。元灭宋日，诏翰林学士李槃与编修王构同至杭州，王构首言三馆图籍，太常、天章礼器舆仗仪注，当悉辇归于大都。董文炳从其言，宋实录、正史得入藏国史院，王构之功也。

027　虞集与袁桷论文取饮食之喻，可见川、浙烹调宗旨之异，其语曰："川人之为庖也，粗块而大脔，浓醯而厚酱，非不果然属餍也，而饮食之味微矣。浙中之庖者则不然。凡水陆之产，择其柔甘，调其湆齐，澄之有方，而洁之不已，视之泠然水也，而五味之和各得其所，羽毛鳞介之珍不易其性。"此即川菜主浓重与浙菜主清淡之异也，而元时已然。见赵汸《东山存稿》卷三《潜溪后集序》。

028 昔朱元璋初定天下，宋濂侍谈，论及赏赉，曰："天下以人心为本，苟得人心，帑虽竭，无伤也。人心不固，虽有金帛，何补于国耶？"太祖诏丞相李善长归江西军中所掠牛于民，无牛者官给之，勿取其租。丞相退，太祖问宋濂当否，对曰："民富则君不至独贫，民贫则君何能独富？捐利于民，实兴邦之要道也。"（郑楷撰行状）中国历来崇古，以古人为不可及，观此则吾先贤所见诚不可及也。

029 数年前游盱眙明祖陵，园寝皆新，石俑外无故物。偶见河堤边合抱粗树桩成列，伐斫之痕不甚古，意其戕于"文革"中。经询当地陪同之某校长，乃三数年前所伐，予挢舌不能下。问何为伐之，对曰欲重新规划。予度其木必当年建陵日所栽，六百年于兹。顾陵园久废，无复故物，惟此古树四围，历沧桑而独完。执事不知宝重而必伐之以扩张其地，修假古董而毁真古树。吁，其愚亦不可及矣！某校长乃言，如今想来亦觉可惜。嘻，三年前尚不知可惜乎！以彼通文墨之人，尚且昏昧如此，则目下以保护、开发名义所毁灭之古迹，更不知凡几！诵吾乡先贤陈毅《吊六朝松》句云："剧怜儿辈不及见，真似古人难再生。"不禁感慨系之！《随园诗话》卷一载："江西某太守，将伐古树。有客题诗于树云：'遥知此去栋梁材，无复清阴覆绿苔。只恐月明秋夜冷，误他千岁鹤归来。'太守读之，怆然有感，乃停斧不伐。"如今虽不乏建言、题诗之客，然安得有此太守乎？

030 前人论文学，台阁、馆阁常混用，其义亦似可通。然二者之别，固较然可知也。夫曰台阁者，对山林而言；曰馆阁者，对郎署而言。明初所谓台阁体,《四库全书总目》卷一七〇杨荣《杨文敏集》提要云:“荣当明全盛之日,历事四朝,恩礼始终无间,儒生遭遇,可谓至荣。故发为文章,具有富贵福泽之气,应制诸作,渢渢雅音。其他诗文亦皆雍容平易,肖其为人,虽无深湛幽渺之思,纵横驰骤之才,足以震耀一世,而逶迤有度,醇实无疵,台阁之文所由与山林枯槁者异也。”是知彼台阁体云者,正对山林而言也。又卷一七三《文端集》提要称张英诗“台阁、山林二体,古难兼擅,英乃兼而有之”,益可证矣。而馆阁者,乃合文馆史馆与中书、门下二省言也。唐例两省相呼曰阁老(李肇《国史补》卷下),阁之义取此。明清时则多指翰林与内阁中书言也,要皆指文学侍从之臣,与六部剧曹固异流矣。

031　古称隐逸之士,明代独有山人之名,其人虽无功名,而钻营名利,有甚士类。究其所由,则王夫之《搔首问》有言:“昭代无隐逸,不知后有修史者,以何人位置于此?盖缘经义取士,庠序法沉,科目人众,从童子授读时,早已将圣贤学问作利达之资,贤者且待利见以表著其功名志节。不然,则一青衿抑可藉以为利,况登仕版乎!父兄以教,子弟以学,沉湎终身,谁复知有独善其身者?下之风尚如此,而安车蒲轮之典旷废不行。且有寰中士大夫不为君用充军之例,且其销铄至于沦亡也。就中如陈布衣、吴聘君、陈白沙,名虽上闻,而以理学著,不欲居隐逸之科。他如谢茂秦、孙太初、王百谷、沈嘉则、徐文长、周公瑕、赵凡夫、陈仲醇,文艺自矜,志行不立,遨游王公贵人之门,其去陈昂、宋登春之猥贱也无几,总以落魄故转此一局以谋温饱,不足数也。”

032　归有光撰《贞女论》,以女子未婚守节为过礼。其言曰:“女未嫁人,而或为其夫死,又有终身不改适者,非礼也。”至清而士人多榷论之,见解各异,散见历朝文集。苟有心搜集之,殆足以成一巨编也。予初见不以为意，及屡见不鲜而欲收存，则不复省记矣。后所见惟汪中一文左袒归说，最为有力。潘德舆《养一斋集》卷十七《贞女对》、张文虎《书清芬集后》(《舒艺室杂著》甲编卷下)皆力驳之。然室女未嫁而守节，于情终属过甚。甘熙《白下琐言》卷九载："梅伯言农部之次女许字同里江氏子，将嫁而婿殇，女誓志守贞，从之，遂送诸其家。甫入室，女遽引剪刀自裁，幸家人急救，未断其喉。伯言往视，在室外谕之曰："汝于生平未觌面之夫，欲以身殉，烈则烈矣，然生汝抚汝尚有六旬外之老父在，独不念乎?"言毕，含泪而出，女自是遂止，其情亦惨甚矣。"惜不能起非之者于地下而使知此情也。

033 阅陈眉公《小窗幽记》，不如《幽梦影》倜傥自喜，而多老于世故之言，记数则于此。曰："不近人情，举世皆畏途；不察物情，一生俱梦境。"曰："怨因德彰，故使人德我，不若德怨之两忘；仇因恩立，故使人知恩，不若恩仇之俱泯。"曰："天薄我福，吾厚吾德以讶之；天劳我形，吾逸吾心以补之；天厄我遇，吾亨吾道以通之。"曰："议事者身在事外，宜悉利害之情；任事者身居事中，当忘利害之虑。"曰："留七分正经以度生，留三分痴呆以防死。"曰："情因年少，酒因境多。"曰："为文而欲一世之人好，吾悲其为文；为人而欲一世之人好，吾悲其为人。"曰："放不出憎人面孔，落在酒杯；丢不下怜世心肠，寄之诗句。"曰："莫行心上过不去事，莫存事上行不去心。"

034 明末胡世安《秀岩集》卷二十五《唐集生癸韫草序》："训诂之学不可通于经济，此不明经术经世务者之解者也。"生于明末而有此等见识，惜不使乾嘉间诸公闻之，又不为今日治乾嘉之学者所解耳。

035　明清易代之际逃于僧者，予于前集已考列若干，今复得数事。太仓王瀚，吴梅村同年诸生，入清后遁于浮屠，释名戒显，有《现果随录》。张利民，字能因，明崇祯庚辰进士，官至户科给事中，晚披缁入山，自称田中和尚，见《静志居诗话》卷十九。陶汝鼐，字仲调，号密庵。曾仕南明，入清后祝发沩山，号忍头陀。见邓之诚《清诗纪事初编》卷二。

036　清初之遁入空门者，非逃禅乃避薙发也，故于佛门戒规亦不尽谨持。金堡《遍行堂集》卷十五《酬桐城钱饮光田间集见怀原韵》有句云："未能食菜还如虎，但解吟诗可是僧？"自注："虎得一人欲食之，其人哀求云：'一家待我以活，王食我，是食我一家矣。家有一猪，愿取以代。'虎许之，随其人抵家。商之妇，妇曰：'一家靠汝，汝靠此猪。若食此猪，与食一家无异。后园有菜，可令虎食之。'其人以语虎，虎曰：'汝也说得是，只汝看我嘴脸，可是吃得菜底么？'饮光不能茹素，举此调之。"此可见一时之风气。

037　徐增《九诰堂文集·介社序》："夫社事之盛，盖几二十年矣。今上御极之初，诛削奸党，扶植正类，行风雷之决断，复日月之光明，而文章浩然之气始明于天下。于是金阊、娄东、莱阳、金沙、江右诸子登坛誓众，以尊经学古为天下倡，一洗时习之陋。而兴其社者，荣于科目，社牍之选，重于房书。家弦户诵，奉为蓍蔡。然诸子不以文重而以人重，自有社以来，未有盛于斯时者也。嗣是而降，士子有志于时者，莫不立社以附于声气，或不必有切磋之益，不过取声誉，资游道耳。甚至枘凿而不相入，彼此倾陷，则社事之弊，又可胜道哉？然则引朋命社，吾未敢概以为当也。"文作于明亡之甲申年，可见时人对明末社事之反思。

038　身体发肤受之父母，不可毁损，是为汉人拒薙发之伦理依据。王夫之《思问录・内篇》云："'形色，天性也。'故身体发肤不敢毁伤，毁则灭性以戕天矣。"此则别有说矣。

039　蒋芷侪《都门识小录》载："吴梅村尝于席上观演《烂柯山》，伶人于科白时，大声对梅村曰：'姓朱底有甚亏负于你？'梅村为之面赤。兵部尚书吴某，曾迎降李自成，后又仕清，官浙中，偶赴西湖宴，伶人演《铁冠图》，手执朝笏，匍匐匿道旁大呼曰：'臣兵部尚书吴年齿(无廉耻)迎接圣驾！'某惭沮，不终席而去。"顾其时清议乃在尔辈，亦可见世风之厚也。

040　清初浙东陷后，前明举人皆出应清朝会试，人谓之还魂举人，见黄宗羲《思旧录》。

041《爱日吟庐书画续录》卷四著录曹溶一尺牍云："生世不辰，目击兵惨，俛仰大义，苟活为惭。甥曩所亿万被辱而不自引决者，图出奇以自奋，少有效于先朝也。岂谓振旅天来，空洒秦庭之血，云仍零逝，南北同灰。身非子山，言哀何补？耿耿之志，惧不见原，是以怀念尊行，不敢遽通候问者，职此之故。顷迎家父于河浒，出手谕读之，意切词温，涕泗交下。文山靖节，今方有人，景仰高山，不觉自远。然甥窃有商者，清朝得国，与完颜、蒙古不同，灭贼雪仇，称名甚正。士马雄富，大业垂成。只以习俗异宜，民未称便。扶救之策，端藉海内有心人，因其全势，以起涂炭，倘骄言林薮，坐视安危，基本不坚，身家何托？使东南百姓再见干戈，伊谁之咎？故今日之事，欲图自保，必先济人。济人者，不尚虚名而弃实业，不舍成局而讲方来，说在柳子论阿衡之就夏也。老母舅直方忠洁，以大儒之学，体王佐之才，欲逸菰庐，谁相许者？甥不肖已缮数行，恳按台特疏荐举，所望权纬变之达节，捐屈蟠之泥论。金风泛爽，徐动征轮。金石大猷，翘足以待。马培老近况何似，同此布怀，幸为叱致。陆岫老、倪伯老或闻避迹不出，近崇严切，恐有推求。甥每致两台辙言宽大，以存国体调剂之妙，老母舅早为之所，无使事发而难收也。吾乡初定，厉政甚多，近有正官，或可改辙。老母舅凡可以教溶者，幸无靳药石言。草率布忱，不敢饰说，临楮悚息之至。石翁老母舅大人前，愚甥溶顿首上，五月廿六日慎。”葛金烺跋：“若倦圃札则在有清入关之后，南都逊位之时，是时江南粗定，岭表犹存反侧之徒，借端启衅。而倦圃英锐昂藏，乘时一奋，不为召忽，即为管仲，故其辞风涌澜翻，以耸动其舅也。”予谓此札尤可贵者，乃亲族间私语，非官样文章，足见当时士大夫降清者一种心态，可据以理解此辈出处之迹也。

042　王夫之《诗广传》卷二：“河北之割据也，百年之衣冠礼乐沦丧无余，而后燕云十六州戴契丹而不耻。故拂情蔑礼，人始见而惊之矣，继而不得已而因之，因之既久而顺以忘也。悲夫，吾惧日月之逾迈而天下顺之，渐渍之久，求中心之蕴结者，殆无其人与！蕴结者，天地之孤气也。君子可生可死而不可忘，慎守此也。”此忧文化认同因习染之久而变，所谓“却望并州是故乡”者是已。明清易代之际，士以薙发而痛心疾首，迨及清亡，则王国维等以剪辫子为奇耻大辱。甚矣习染之入人深也！

043　孙奇逢《语录》有云：“天下无不可为君子之人，而有不能为君子之势。”当今之世，真有不能为君子之势也。

044　孙奇逢《语录》复云：“人生最系恋者过去，最冀望者未来，最悠忽者见在。夫过去已成逝水，勿容系也；未来茫如捕风，无可冀也。独此见在之顷，或穷或通，时行时止，自有当然之道、应尽之心，乃悠悠忽忽，姑待之异日，诿责于他人，岁月虚掷，壮怀空老，良可浩叹。”过去、未来、现在之说，古今中外之人恒多言之者，其意大同小异，不如夏峰之言之精而确不可易也。

045 薛所蕴《澹友轩集》卷四《送汪介人南旋应省试序》：“天下多庸人，而奇人不数见，惟多庸人，故庸与庸比，而有一奇人者出，岸然自异，乃因共指之为狂为怪。”又叶燮《已畦琐语》云：“人有一番大作用及稍有节概者，必有一种磊磊落落、不可一世之意，决不肯随声附和，唯唯诺诺。若人云亦云者，庸人而已。亦有不置可否，漫无评论，似甚深沉，实亦不足与有为者也。”持此以观周边之人，则知此语之确。

046 阅管庭芬日记，咸丰十年五月初四：“时录广平申和孟先生涵光《荆园小语》一卷已竣，十八叶，并识云：‘此申和孟先生晚年训淑子弟之书，故言皆切近而易遵守，非若世之高谈性命，以道学自居，所发苛论无一可佩诸绅，徒为有识者评诮耳。顷手录一通，俟烽烟靖扫后，为孙辈讲解焉。’”清人语录留传虽多，然流行于世为人诵习者殊尠，申涵光《荆园小语》其一也。

047 魏禧《日录》曰：“事后论人，局外论人，是学者大病。事后论人，每将知人说得极愚；局外论人，每将难事说得极易。二者皆从不忠不恕生出。”此言极可玩味。非唯吴梅村、龚鼎孳辈之事清，即秦桧、奕訢辈之主和议，汪精卫、周作人辈之沦为汉奸，固当察其时势而原其心、究其出处而谛审其迹也。

048 今士之所以不及古人者，皆因无恒产而无独立之经济地位，故无以自立耳。张杨园尝举元许衡“学者须治生”语，以为能治生，则无求于人；无求于人，然后士品立，此最今日士林第一著子。人唯有所不为,然后可以有为;不能无求于人,欲其有所不为,难矣夫。

049　唐封演《封氏闻见记》卷一载州县博士“无吏职,惟主教授,多以醇儒处之,衣冠俊乂,耻居此任”。以唐世风气,士重才艺而轻帖括,俊乂之士耻居教职,固其宜矣。而清代尚经学,老师宿儒多任学官,其教职亦不为士所重,则颇难索解。潘德舆《养一斋集》卷十九《送邱勤子序》云:“勤子年五十余为同省校官,非老病非远谪,奚戚为?曰:不然。校官乃有职守罕迁擢而贫者也,三者皆于归计不便,则虽六七百里之别,即数年十数年之别。以数年十数年之别,而施之齿将六十之人,而予又早衰而多病,甚戚,人情乎?”此言教职罕迁擢而贫,则清代学官境遇之窘不难想见。

050　冯班《钝吟杂录》卷一家诫上:“孟母、敬姜,千古难得。妇人教子,未有不败坏者也。父欲教子者,必不可使母搀一字。”然古昔先贤,多荫母教,孟母择邻、岳母刺字,乃其最著者也。袁枚《随园诗话》卷二云:“从古文人得功于母教者多,欧、苏其尤著者也。次山(王峻)题钱古亭《夜纺授经图》曰:‘辛勤篝火夜灯明,绕膝书声和纺声。手执女工听句读,须知慈母是先生。’”阅归有光《先妣事略》、法式善《先妣韩太淑人行状》、郑珍《母教录》,则知其得母教之养也厚。林传甲《筹笔轩读书日记》开卷即云:“前代闻人多资母教,今之颂贤母者类云画荻和丸,独张杨园之母曰:‘孔孟两家都是无父儿,只肯学好人,便成大圣大贤。’愚以为天下无父儿皆当书诸绅。”自注:“朱松卒,文公年十四,亦孤子矣。”又云:“妇人相夫,传名最难;教子,传名尚易。盖妻贤不便为外人道,母贤则一言及,人皆肃然起敬焉。父在,母教尚未易见,父没而后母教尤显。”林氏本人殆亦育于母者。正月十七日记旧藏金人缄口图，母题曰：“天有卷舌星，地有凿齿国。尔在天地间，缄口人不测。”《日记》前列“奎垣学校出版书目”，有《林下诗存》一册，即其母所作诗也。

051《钝吟杂录》卷二家诫下云：“君子有容人之量，所以可重。然有人焉，不可以情求，不可以理喻，不可以势御，更不可利结。此人之难容者也，斯人也，所为如此，不有人祸，必有天殃，且宜待其自及，勿与争也。”人生世间，遇一等不可救药之人，讽味冯氏此言可矣。

052 文人多好说鬼，蒲柳泉、袁子才、纪晓岚之属无论矣。其见于载记者，谢肇淛《麈馀》：“宾友过从，下榻相对，时征僻事，各记新闻，不能言者，强之说鬼。”如林云铭与王渔洋，林云铭《挹奎楼选稿》卷九《上王阮亭内翰》云：“曩共事南国，庚子闱中，握手论文，夜分戏述鬼神事，咄咄相恐怖。”顺治十七年秋闱中事也。如王嗣槐与叶燮，王嗣槐《桂山堂文选》卷一《叶星期文序》载：“比年与星期同客莱阳宋观察幕中，晨夕论难，忘废寝食。上溯黄农，下讨百氏，旁及五行鬼神之情状。”卷三尚有《与叶星期论鬼书》《再与叶星期论鬼书》。如边连宝，其《随园诗集》卷四有《说鬼行》：“恒阳署舍一事无，张灯说鬼聊相娱。”如程晋芳，李调元有《和铁冶亭保听程鱼门晋芳说鬼元韵》。如王友亮，其《双佩斋诗集》卷四有《说鬼行》《后说鬼行》，卷五有《捉鬼行为汪子启明作》。如罗聘，熊琏《澹仙诗话》卷一称其“生平喜谈鬼，眼有碧光，能于白日见之”，又记江干《听两峰说鬼诗》云：“广陵罗两峰，说鬼穷幽寂。玉麈东西挥，虬髯森如戟。秋灯不肯青，秋树无聊碧。疏雨上空堂，门外天如墨。恍惚被恶风，吹堕罗刹国。有鬼杂沓来，延缘周四壁。譬之梁上鼠，夜出昼伏匿。譬之山中狐，面柔心残贼。我岂不聪明，左右被回惑。六尺好匡床，毛躁眠不得。两峰去而归，危哉江片石。”如张问陶，《船山诗草》卷四有《朴园斋中即事》：“谈禅说鬼忘羁旅，一穗春灯隔座红。”桂馥诗集中亦有《与船山说鬼》诗可证。《绿野仙踪》作者李百川，据自序亦知平时“最爱谈鬼”，尝拟作《百鬼记》而不果。

053　阅管庭芬日记，咸丰十年九月初八日，录金农《所见古书述》册子，谓冬心于藏书一道尚属门外汉，所见亦甚寥寥，惟云睦亲坊陈思为咸淳三年解元，则目录家皆未及。

054　今人论清代科举，每据《清史稿》卷一〇八所载，举乾隆三年兵部侍郎舒赫德奏“科举之制，凭文而取，按格而官，已非良法。况积弊日深，侥幸日众。古人询事考言，其所言者，即其居官所当为之职事也。时文徒空言，不适于用，墨卷房行，辗转抄袭，肤词诡说，蔓衍支离，苟可以取科第而止。士子各占一经，每经拟题，多者百馀，少者数十。古人毕生治之而不足，今则数月为之而有馀。表、判可预拟而得，答策随题敷衍，无所发明。实不足以得人。应将考试条款改移更张，别思所以遴拔真才实学之道”云云。然据《清高宗实录》卷二二二（第 11 册第 869 页），此实为舒赫德乾隆九年八月丁巳日所奏“科举之制，徒尚空言，不适实用，墨卷房行，转相抄袭。经义各占一经，拟题应试。表、判、策问亦皆豫拟成文，随题敷衍。请探本清源，别求遴选真才之道”，虽节录奏语详略不同，其为一事可知。《清史稿》不审缘何竟误，今人转相沿袭，遂致成虎。

055　周春《耄余诗话》卷二云：“四库全书载近时人著述甚少，通计不过十余人，而余甲戌同榜得三人焉，顾古湫镇、姜白岩炳章、范蘅洲家相，皆晓岚先生力也。”甲戌为乾隆十九年，纪昀中此科进士。可见四库采书中纪晓岚亦不免徇同年之情也。今四库所收姜炳璋著作，有《诗序广义》二十四卷总论一卷、《读左补义》五十卷。《四库全书总目》卷十七载，炳璋字石贞，号白严，象山人。乾隆十九年甲戌进士，官石泉县知县。

056《四库提要》于庸才竽滥者皆一一论之，而独于黄宗羲、申涵光等遗民，仅寥寥一二语述其诗文卷数，他不置论，此中消息甚耐人玩味。

057 袁枚尝言士少则天下治，此亦惊人之论也。马先登《勿待轩文集存稿》卷八《贾者雷湛若墓志铭》云："齐民有四，士居其首，商列诸末。论者于是概薄贾为贱业。然贾何足贱人？管鲍同商于南阳，见五星聚于虚危之分，知齐将中兴，遂共戮力投齐，卒成伯业。此其人于士何如？近人袁简斋有言，士少则天下治，盖深有慨于世之什士非士者，冠章甫，衣缝掖，阳托尚志之说，实阴挟其浮诡之学，以博取人间富若贵，于是士愈多而品愈坏，尚不如农务登谷，工能制器，商通有无，化居以事其上，既能自养，兼以养人。且足绝其子弟侥倖之心，而使天下逸游无事之民皆争相勉为一手一足之烈，然则居今日而概薄商贾之业者，非通论也。"马氏从朝邑名儒李元春讲理学，而有此见识。

058 人皆知清朝多文字狱，龚定庵"避席畏闻文字狱，著书多为稻粱谋"一联，益证成其实。然观文字狱档诸案，多属官绅间互相倾轧，邻里挟私忿诬告，殊非朝廷所兴之狱。其果能营造恐怖气氛与否，尚未可必。张问陶《秋日》诗云："心空妄见凭真气，诗敢危言托圣朝。"自不无颂美之嫌，然不以诗文罪人，似乾隆间尚有其风。洪亮吉自伊犁释归，曾燠题其《荷戈》《赐环》二集曰："君得为诗是国恩，长歌万里入关门。请看绍圣元符际，苏轼文章戒不存。"此容有为北江解嘲之意，然亦未始非实情也。

059　金陵栖霞山又名摄山，虽由来甚古，然至清乾隆间尚称幽僻，游者绝稀，仅扬州商人构静室数间，春秋一到而已。自尹继善巡抚江苏，请高宗巡幸，从地底剔出幽居庵、紫峰阁诸奇峰，皆刷沙去土，至三四丈之深。又嫌摄山水少，于栖霞寺门外开两湖，题曰彩虹、明镜，乃增荣益观，故张问陶有“经纶余事辟名山”(《尹文端公游摄山图用袁子才前辈与公倡和元韵》)之句。今已为南京市郊名胜，游人如织矣。

060　前人笔记、诗话多载乩仙之诗，意其类皆小有文墨而才思敏捷者也。予尝于市见有以人姓名做藏头诗者，虽牵强欠工，然信口即来，亦殊非易易。乾隆间有仙降乩巩县刘氏，自称雁门田颖，诗文字画皆可观，士绅咸敬信之。盖田颖盛唐时人也，有《张希古墓志》石在西安碑林，毕沅移置于苏州灵岩山馆，时无知者。一日颖降乩节署，甫至即言此事，谢其护持之功，主宾共诧神奇。幕客严道甫乃请曰：“记墓志中云‘左卫马邑郡尚德府折冲都尉张君’。考唐府兵皆隶诸卫，左右卫领六十府。志云尚德府为左卫所领，固也；但《唐书·地理志》马邑郡所属无尚德府，未知墓志何据？”仙停乩半晌，曰：“当日下笔时，仅据行状开载，至唐《地理志》为欧九所修，当俟面晤时问明，再奉复耳。”自是节署相请，乩不复降；即他所相请，有道甫在，乩亦不复降。其技穷可知。

061　袁枚《随园诗话》卷七载，同年叶酉，桐城人，由翰林出任钟山书院山长。生平专心经学，而尤长于《春秋》，自称啖助、赵匡，不足多也。注《诗·郑风·子衿》“佻兮达兮”一章为两男子相悦之诗，人多笑之。今案原诗三章，云：“青青子衿，悠悠我心。纵我不往，子宁不嗣音！”“青青子佩，悠悠我思。纵我不往，子宁不来！”“佻兮达兮，在城阙兮。一日不见，如三月兮！”此究系男女相悦之辞，抑或两男子相悦之辞，固未可必。然由此足见乾隆间学风之通达，即治经学亦甚自由也。

062 嘉庆七年赵翼有《风气》诗，中所云“物价市三倍，人情鬼一车。城多新样髻，窖有不时蔬。昆曲更弦索，京靴走里墟。戏场千步埒，神会八搁舆。卖菜佣求益，牧猪奴善摴。饮坊喧夜肆，游舫凡春渠。翡翠镶花钿，玻璃嵌绮疏。厨羹穷雉兔，灯事舞龙鱼”，种种风习时趋，皆与今日相似。而“官箴严篚篚，吏窟横苞苴”一联，尤切今日之现状也。味其“身计倾卮漏，时趋竭泽渔”之语，能不为之太息。

063 从来论王安石者夥矣，读蒋士铨《忠雅堂诗集》中《读荆公集》二首，甚觉平情。其一云：“事业施行与志违，当时得失咎何归？更张治国求强富，错误随人著刺讥。立法至今难尽改，存心复古岂全非？终身刻苦无知己，文字谁参意旨微？”四联结以三问，无限感慨皆在不言中。又有《题荆公集后》三绝，其三云：“千钧笔力气嶙峋，一代文章侍从臣。却怪当时枚卜错，从来相业恕庸人。”末句讽世最深。

064 金陵江南贡院，即今夫子庙所在。清中叶乡试之岁，与试者多达一万几千人，每点名拥挤异常。嘉庆十五年庚午、十八年癸酉两科均因挤踏毙命数人，见许焕《止止楼随笔》卷十。则多年前夫子庙元宵夜观灯踩踏死人事件不足为奇矣。

065 焦循述先公家训，尝举《文中子》之说“止谤之要曰无辩”，此言最是。盖世之知我者不待辩，不知我者不足与辩。人非圣贤，孰能无过？徐悲鸿有联曰：“岂能尽如人意，但求无愧我心。”如斯可矣。

066　张文虎《舒艺室杂著》甲编卷下《顾尚之别传》记顾氏论中西算学，有云："积世积测积人积智，历算之学，后胜于前，微特中国，西人亦犹是也。旧法者，新法之所从出，而要不离旧法之范围，且安知不细绎焉而别有一新法在乎？故凡以为已得新法而旧法可唾弃者，非也。中西之法可互相证而不可互相废，故凡安其所习而党同伐异者亦非也。"顾尚之名观光，字宾王，金山人，精于医学、历算，撰算学书多种。予谓此言非仅言算学，凡言学术者皆不离其旨也。张文虎亦精于历算，其往来之友若李尚兰、杨岘等皆一时算学名家，文集多载晚清算学事迹，可资考究近代数学史。

067　梁恭辰《北东园续录》卷四"传奇削禄"条载，朱蕉圃(海)喜游戏翰墨，著有《钗燕园传奇》，颇传于世。彭希涑斥之曰："此桑间濮上之词，最足坏人心术，虽系假托名姓，然宇宙之广，必有相同。诬人闺阃之愆，万不可逭。吾乡尤西堂太史侗《杂俎》中仅载《钧天乐》《吊琵琶》《黑白卫》《登科记》，尚有数种艳情丽事，匪夷所思。曾因才鬼降乩，告以冥中削禄。以西堂太史之根器才望，犹未免于冷宦不迁，子孙不振。吾曹可不知所儆醒哉！"后朱竟潦倒终其身。卷三又载："有朱姓者，以鬻书家渐起，后忽自刻小曲售之。予谓之曰：'尔鬻书，因与我辈往还。若售此，则与负担厮役往还矣。后毋如是。'朱曰：'我贪好价耳。'"此可见士大夫观念与消费市场之背离与对立。

068　严可均撰《沈屺望传》，叙沈祖惠事迹不足五百字，而全录其《西征赋》一万五千六百四十余字，称其"赅洽闳深，上掩潘岳"，此用班固《汉书》司马相如、扬雄传之体也。

069　李少白《十六契斋诗钞》卷三《十六契斋咏》分题作：诗

为妙友，书为博友，琴为韵友，酒为仙友，画为寄友，月为清友，云为闲友，山为静友，水为淡友，石为奇友，花为情友，竹为雅友，树为陪友，鸟为趣友，蝶为芳友。此亦甚雅而趣，未见前人道。

070 旧语云："月到梧桐上，风来杨柳边。"大丈夫不可无此襟怀；"海阔从鱼跃，天空任鸟飞"，大丈夫不可无此度量；"振衣千仞冈，濯足万里流"，大丈夫不可无此气概；"珠藏川自媚，玉蕴山含辉"，大丈夫不可无此蕴藉。吴桂森续之曰"玄酒味方淡，大音声自希"，大丈夫不可无此见解；"日月笼中鸟，乾坤水上沤"，大丈夫不可无此达观；"秋月扬明辉，冬岭秀孤松"，大丈夫不可无此风味；"两仪常在手，万化不关心"，大丈夫不可无此作用。

071 潘德舆《养一斋集》卷九《饮真州十笏庵柬到渠并示吴生》其二"酒酣更上拂云亭"句自注："庵西文墩乃宋人东园拂云亭故址。"今则不唯拂云亭，即十笏庵亦不可考其址。东园即欧阳修《真州东园记》"吾泛以画舫之舟"所在，今属仪征市东郊新城镇地，近年辟有东园，疑即其地也。

072 道咸以前，外官馈送京官，夏则有冰敬，冬则有炭敬，出京则有别敬。同年同乡于别敬之外，则有团拜项，谓每岁同年同乡有一次团拜也。至光宣之际，公行贿赂，专重权贵，末秩闲曹遂难沾溉。而所馈亦专主炭敬。炭敬即馈岁之意，函中不言数目，只以梅花诗八韵十韵或数十韵代之，若四十则曰四十贤人，三百则曰毛诗一部，亦甚儒雅。有人送涛贝勒千金，信面书"千佛名经"四字。涛不知所谓，举以示人，拆开始知为千两银票也。见何刚德《春明梦录》卷下。

073　何刚德《春明梦录》卷上云："乡会试及朝殿各试卷，归礼部设库保存，阅十科焚毁一次。余在京时，适届焚卷之期。时郭春榆在礼部掌印，托其将原卷取回。同乡熟人之卷，亦取出互阅，获隽文字，浓圈密点，各有可观。"今传世试卷之少，盖以烧毁之制度如此。中国社会科学院文学所独藏清殿、会试卷百余种，亦甚可珍矣。

074　治近代文史者，皆以鸦片战争为"中国历史上一块画时期的界石"(吴文祺语)，实则鸦片战争于中国社会之影响须待久后方知，当时仅沿海作者诗中有所涉笔，内地或未知也。真正震撼清朝社会者，予必谓咸丰初爆发之太平天国战争。席世能《醒世日记》云："粤匪扰乱，几遍尘寰。"盖多年战乱如唐之安史之乱，非仅毁一代太平盛世归于艰虞，亦使传统礼乐社会及思想基础扫荡殆尽。诚如曾国藩《讨粤匪檄》所言，"举中国数千年礼义人伦诗书典则，一旦扫地荡尽。此岂独我大清之变，乃开辟以来名教之奇变，我孔子、孟子之所痛哭于九原！"

075　刘毓崧《通义堂文集》卷七《鲍声甫西湖感旧图序》论杭州陷于太平军之原因，有曰："及同治甲子克复江宁，擒获贼帅伪忠王李秀成，讯鞫累日，亲书供词数万言，其叙辛酉再陷杭州尚多铺张之语，而叙庚申初陷杭州，绝无矜诩之词。自谓所部止六七千人，前锋止一千二百余人，其得城出自意料之外，故一则曰非人力，再则曰并非人力所为，且申之曰，非立心去打杭州。然后知钱塘之猝失，洵非由于内应。"

076　经太平天国兵乱，东南故家藏书尽燬，范氏天一阁、蒋氏别下斋之劫，皆见于管庭芬日记所记。同治四年七月，管庭芬偕汪子仪过振绮堂，见乱后所存残破书籍，堆积两屋，宋元本皆杂次其间，甚难董理，为之唏嘘不已。王景彝《琳斋诗稿》卷二《野望》自注："吊黄鹤楼也。不但楼毁于火，并亭台观寺无一存者。"故谓太平天国为近代文化之一大劫，诚非诬也。

077　俞国林得南皮张文襄公致李筱泉、彭芍庭辞《湖北通志》总纂札六叶，内陈其辞谢理由，言"其不可有五"而卒溢其二，遂成嵇叔夜之七不堪。甚矣，其辞之亟而意之决也。考文襄平生，由翰林出任封疆大吏，歔历中外，位至宰辅，政务鞅掌，而始终留意学术，不废书卷。以经营湖广多年之故侯，而不欲署通志总纂之名，其自奉之谨，与今在位者汲汲于叨主编之名者，固有间矣。《湖北通志》创于章实斋，以人事之苍黄，而仅传残稿数卷。张文襄荐门人樊樊山主修《湖北通志》，亦未果，后其书成于张仲炘、杨承禧、吕调元、刘承恩诸人之手，通行之民国刊本是也。然则文襄此札，亦足存《湖北通志》一段掌故，非仅名公墨迹为可宝也已。

078　郭则沄《旧德述闻》载，光绪季年，科举既废，幼培公乃就文庙设明伦学堂，以闽语与通行官音迥异，独以教授国语自任。"古来歌词如《琵琶行》《连昌宫词》等类以及白眉、黄眉故事，皆以俗语译之，俾诸生易晓，隐然开白话文之先河，后来语体通行，罕有知自公发之者"。按：白话文之通行，非一人之力，更非一地之事，此溯源于其先人办学于乡里，见亦稍隘，然究可作一史料用也。

079　何刚德《春明梦录》卷下载："满人在京，可分为三等：一则一二品大员，年高位尊，各自持重，礼节周旋，一味和蔼。虽有闹意见者，间或以冷语侵人，而绝无乖戾之态。平心而论，较汉人尚多平易近情。一则卿寺堂官，及出色司员，稍有才干，便不免意气自矜;然一涉文墨,未有不甘心退让者。至寻常交际,酒肉征逐,若遇有汉人在座,转不免稍涉拘谨。一则平常司官、笔帖式,个个乡愿,无争无忤而已。窃揣满人心意,亦知平常占尽便宜,人才又不能与汉人较,故见汉人颇讲礼让。而汉人之在京者,大半客居,但见其可交可亲,转有视若地主之意。此余在京十九年,饮食周旋,所日相接触者,固历历在目也。"此言清后期满汉官僚相处之常情最为亲切。

080　植物入侵,今以为国之大防。其见于记载者,《张棡日记》记宣统二年五月温州府出告示禁洋荷花事,又记一老人云:"一都、七都诸村已动工打捞,但此物飘忽无定,若非南北齐捞,未免劳而无益,况古语流传'荷花板障,令人荷死',若不早除,其必成板障之害乎?"谓听其言颇有理。民国五年六月又记舟中见洋荷花塞河,有诗咏其事,有"异种未登花卉谱,繁英偏斗紫红鲜。居然滋蔓除难尽,累得行舟滞不前"之句。

081　王松《台阳诗话》卷下云:"近十年间,士之负笈航海、游学于东西洋者,日不乏人。译书层出,竞先遗饷。而又以东京为输出新知识之孔道,其当转输之大任者,则宜首推横滨《新民报社》。余见其论说所用新名词,如'结果'、'起点'、'程度'、'目的'、'间接'、'直接'等字眼,皆取和文而用为汉文也。风气所推,各处报馆又从而仿行之,激扬之,奇词异语,遂放出今日文学上之大光明,而称为廿世纪变迁之大势,洋洋乎沛然莫之能御矣。"此书刊于光绪三十一年,由清季台湾之视点观当日新名词之衍生途径,最为亲切,固治晚近文化史者所应知者也。

082　尝于辽宁省图书馆见赵实秋、王晓亭辑《选集启蒙对类指掌》,民国间江南城李光明庄刊本。后又见佚名《诗品注释》,亦金陵李光明家刊本。四部丛刊本刘向《列女传》,系据长沙叶氏观古堂藏明刊本影印,前有朱印广告,言“江南城聚宝门三山街大功坊郭家巷内秦状元巷中李光明庄,自梓童蒙各种读本,拣选重料纸张装订。又分铺状元境,状元境口状元阁”,则李光明庄乃由明延及清末之老书坊也。

083 杨青《慈荫山房笔记》载:有日人古董商名天生者,寓温州,破篮古佛皆收之,尤以古瓶古炉为意。一日以青蚨七百购一篾制破菜篮,五百购一破箬笠,大墨银伍元购一木雕罗汉。当地遂哄传大骨董家至,争以稀烂古物饷之,而天生又不之顾,专托寻古瓷瓶、古炉矣,日中其门如市。遂任凭取择,或大如五斗缸,扁如小栲栳,俱以贱价得之。此善用燕昭千金市骨之法者也。

084 山阳许焕撰《止止楼随笔》有云:“杭州小青楼歌女,名竟芳,字可人,时呼为可姐。能诗善画,遇吾辈好谈文字。乙卯予入杭,偕数友过访,因留饮焉。席间论及好色人之(原二字误乙)所欲,可姐忽问曰:‘好色人之所欲,此人字是男人矣。饮食男女,人之大欲存焉,人字是兼男女而言矣。不识恻隐之心,人皆有之数人字,可有女人在内?’座中无以应。予沉思半晌,因告之曰:‘此数语是为男子说法。若有恻隐之心与否,只问你自家便知。’可姐曰:‘我因下文又曰无恻隐之心非人也,若人字内无女人,我等做女流的,直不算人了。’一友曰:‘尔能如此存心,纵孟夫子不许你在此人字内,我偏许你在此人字内。’一座辗然。”予谓可姐此言可作晚清女权主义言论读也。

085 清季钱振锽姊希,所撰《云在轩随笔》,殊有才情见识。自云生为女子有二憾:“余每恨托生不善而为女子,有科名不能求，有山水不能游，与罪囚何异耶？”又云：“余从师读书，共有二年，后因家慈多病，诸弟幼小，余故无暇读书，然每闻人读书之声，心如有失。”又云：“余每闻人游西湖，登名山，则羡之不已，恨我非男子，天下之胜地自知无分。余去岁有诗云：‘西湖明月潇湘雨，未卜今生见得无？’笔至此，凄然难下。”尝发愿，愿千秋万岁后有才之女皆为男子，无如己为女子，又言武王曰“予有乱臣十人，中间参一妇人”即是圣王大道；又言余观天地之生人，何尝有尊男卑女之心，阴阳皆一理耳，乃自古帝王但取男子为卿相，而女不与焉；又谓女子知礼义者多，男子知礼义者少；皆女权主义之先声，而夙未受注意。

086　近代孙雄著书虽多，然其学无论当时今日，皆不为人所重。予读其《师郑堂集》卷四《拟重修四库全书条例》，以清儒学术之消长，而议四库部帙之可增删分合者，殊为妥帖。顾论及“天算旧有西法，西洋人欧几里得所撰《几何原理》亦收入子部天算类，近日泰西学士精于测量撰述者，如胡威力、艾约瑟、拉白拉瑟、伟烈亚力诸人益接踵而出，其所著《数学启蒙》等书，亦宜分别搜采，以昭圣世同文之盛”，见解不可谓不通达。唯四库书之纂，乃国人撰述之汇纂，用明学术源流，非图书馆之藏目。通收外人之书，殊有乖义例。

087　又谓本朝金石为专门之学，丛书刊刻至夥，《文选》学别张徽帜，皆当于史部、子部、集部各别立一类；集部不必分总集、别集二类，而可以诗文集立名，下分古文家集、骈文家集、考据家集、理学家集、诗集五目，则纲举目张，学者不难按图索骥。是皆不无见地。然谓记录杂事之书，凡杂史、杂考、杂说、小说四者最易相淆，前人著录亦多混为一谈，不加剖析，“今宜以述朝政军国者入杂史；考证经史子集者入杂考；若随意录载，或述近闻、或搜古义,仅资见闻,罕关政事者入杂说;其有参以里巷闲谈、词章琐典者入小说,则庶几缕析条分矣”。是则囿于传统观念,乃不如《新唐书·艺文志》小说类概念之为清晰。

088 清末钱麟书《潜皖偶录》卷十已言:“西人谓治中国当自治厕始,言虽近戏,亦有至理。盖人心风俗,观一厕而文明野蛮已可概见。”乃至百年后始有施行,则中国社会文明进步之迟速亦可见矣。

089 钱书同卷复载:“洋人学京话,每先看《红楼梦》小说,以其语多本京也。外人学话不惮取法于下如是,况我有堂堂国典而可弗从事乎?”予在香港讲学,时见有学生张标语抗议学普通话,见此当有以思之。洋人学中文犹知学标准语,国人而不谙标准语,必以方言自限,隘矣。

090 文廷式《纯常子枝语》卷二载乃父论时事语,谓:“中外之异在于立国之本,本既不同而徒效法其末,必无益也。如兵制未精而购枪炮,枪炮利而练军愈弱矣;商务未讲而设电线,电线成而商民愈困矣。求士甚亟而未尝教士,赋农甚重而未尝恤农,徒区区于文法之烦,而未有坚忍沉毅之志,外夷有以知吾虚实矣。然而非一朝一夕之故也。”此言至今犹切于现实,足可深省。

091 读林传甲《筹笔轩读书日记》,有云:“亚洲他日规模,西比利亚必叛俄,自成一国。印度必能继之。暹罗必兼有缅甸、越南,日本必兼有吕宋、土尔基。藩部亦将自立。中国政教修明,守在四夷,如封建例,满汉其畿内也,亚洲则诸侯也。东而美澳,西而欧斐,其蛮荒也。”是即中国传统之天下观也,然发于光绪二十六年,出于一长于舆地之学人之口,亦不可不谓之迂腐昏聩矣。

092　今人言中西文化、文学比较者，动辄中国如何如何，西方如何如何，中国与西方果可对应比较耶？实可疑也。予谓必举其可资比较者，则饮食其庶几乎。以吾国一省之菜系，对应西方一国之菜品，殆绰有余裕。

卷四　艺林伐山

001《左传·昭公五年》晏子曰："先王之济五味，和五声也，以平其心，成其德政也。声亦如味，一气，二体，三类，四物，五声，六律，七音，八风，九歌，以相成也。清浊，大小，短长，疾徐，哀乐，刚柔，迟速，高下，出入，周疏，以相济也。"杜预注"二体"曰："舞者有文武。"按此所列皆与音乐发声有关，"一气"以下言音调与音质，"清浊"以下言音色与音量，二体不应独配舞之文武两类，颇疑乃指清浊。曹丕《典论·论文》固言"气之清浊有体"也。

002　予昔论《左传》与《战国策》说辞之异，举数端而析之。后读明冯时可《雨航杂录》，卷上有云："春秋之文，告言伦脊而渐渍人心志；战国之说，辞气纵横而耸动人耳目，然去圣王之典训远矣。"予所论之大旨，略已见于此。信乎古人之书足重，而明人亦不得以不学二字概之也。又朱筠河文集其子锡庚序，言"纵横家者流，以言相感，比事类推，长于讽喻"，"比事类推"四字即予所论战国策士说词之习用类比推理也，补记于此。

003《礼记·曲礼下》："问国君之富，数地以对，山泽之所出。"孔颖达《正义》曰："地，土地广狭也；山泽所出，鱼盐、蜃蛤、金银、锡石之属也。"明乎此，则知战国纵横之家炫夸一国之土地广袤、物产富庶，必东南西北不惮琐细而缕举之，盖有由来矣。

而汉赋之设为问答之辞，极尽铺张之事者，则又承纵横家说辞之余风也。

004 曹丕《典论》："'或问屈原、相如之赋孰愈。'曰：'优游案衍，屈原之尚也；穷侈极妙，相如之长也。然原据托譬喻，其意周旋，绰有余度矣。长卿、子云，意未能及已。"按：班固《离骚序》云："然其文弘博丽雅，为辞赋宗。后世莫不斟酌其英华，总象其从容。自宋玉、唐勒、景差之徒，汉兴，枚乘、司马相如、刘向、扬雄，骋极文辞，好而悲之，自谓不能及也。"比而观之，曹丕之语虽本自班固之"从容""骋极文辞"，然崇尚托喻言志，婉曲达意，已微见转向有余不尽之趣矣。

005《史记·陆贾列传》载高帝谓陆生曰："试为我著秦所以失天下，吾所以得之者何，及古成败之国。"陆生乃粗述存亡之征，凡著十二篇，每奏一篇，高帝未尝不称善，左右呼万岁，号其书曰《新语》。按：汉魏以降子书之再兴，诚与反思秦亡之故有关，由高帝此语益可考见其迹也。

006 自传始于陶渊明《五柳先生传》，后白居易有《醉吟先生传》，学者或以为赝作。宋人所作自传，有邵雍《无名公传》。明人作自传者，有宋濂《白牛生传》，见《潜溪前集》卷七；归有光《普头陀传》，见《有学集》卷十九《归玄恭恒轩集序》。查旦晚号海上迂人，作《海上迂人传》，有《始读轩遗集》。李芥须晚筑室东皋，有《东皋子传》，见潘江《木厓文集》卷一《李芥须七十序》。方太古作《一壶生传》，见《列朝诗集小传》丙集。钱谦益父世扬作《謦隅子自传》，见《初学集》卷七十四《请诰命事略》。清人之自传，有李德远病革自草《贫士传》，见《初学集》卷六十六《李德远墓表》。薛更生作《薛公自传》，见《牧斋有学集》卷三十一《薛更生墓志铭》。闺秀张令仪自撰《蠹窗小传》,见其《蠹窗文集》。宗元鼎自作《卖花老人传》,见查为仁《莲坡诗话》。史周沅《留与集》卷首有《阳羡书生传》,张自烈《芑山文集》有《芑山自传》,吴绮晚年失聪,作《听翁自传》,见《林蕙堂全集》卷首。柴绍炳作《省轩居士自述略》,见《柴省轩文钞》卷十二。李树恭《用晦草堂骈文》有《用晦先生自传》。许宝善《硁硁子传》,见乾隆刊本《自怡轩诗》卷首。吴栻有《梦吾子传》,见《云庵杂志》。敦诚《闲慵子传》,见《四松堂集》卷三。李元春《桐阁主人传》,见马先登《勿待轩诗集存稿》卷一《读桐阁主人传》序。高澍然《集寥子传》,见《抑快轩文集》乙编卷二十六。杨岘《紫蒇翁传》,载《迟鸿轩文集》。王永江《铁龛自传》一卷,收入大连图书馆藏王永江手稿十七种。林纾《石颠山人传》,见《畏庐三集》。其见于记载者,则曹正则《罍耻民传》,见吴骞《拜经楼诗话》卷三。

007　自撰墓志铭,起于李行之,见《北史》本传。唐人有王绩、严挺之、柳子华、白居易、辛秘、李栖筠、杜牧,朱翌《猗觉寮杂记》卷下尝论之。其未及者尚有裴度、刘处静、颜荛,近年出土有卢载、韩昶、刘伯刍、薛丹等多通。宋有王应麟,元代有王逢、顾阿瑛,见《列朝诗集小传》。明代郭完、苏大、杨循吉,见《列朝诗集小传》。清则有陈衎,见《列朝诗集小传》丁集下、王道徵《兰修庵避暑钞》卷二。吕时臣,见《静志居诗话》卷十四;屠本畯、宁祖武,见同书卷十七。盛于斯,见《休庵影语》所附;张大复子桐自为志文,见《初学集》卷五十四《张元长墓志铭》。王含光自撰《自志铭》,见《谷口集》;薛寀择日而瞑,自撰志铭二百言,见朱溶《忠义录》卷八;黄周星自撰墓志,作《解脱吟》十二章,与妻孥诀,取酒纵吟,自沉于水,见《静志居诗话》卷二十一。王临亨自草墓志,与家人诀别,见《初学集》卷六十六《琅琊王府君墓表》。徐波自撰《顽庵生圹志》，见沈德潜《徐元叹先生传》。谢文洊，见《程山讲义》所附。谢济世《咄咄子墓表》，见《悦来堂文集》卷六。高凤翰，见李修易《小蓬莱阁画鉴》卷八。余集《秋室居士自撰志铭》，见《秋室学古录》卷六。海宁崔熙春自撰生圹志，见蒋学坚《怀亭诗话》卷三。张调元有《京澳主人墓志铭》，见其《佩渠文集》后集。

008 英国阿尔达斯·赫胥黎小说《旋律与对位》，取法于音乐中旋律与对位之关系。德国小说家托马斯·曼欲读者读其《魔山》必两遍而后可，盖谓其小说受瓦格纳影响，以音乐基调体现于小说中，故小说而具音乐性质，必如听音乐之专注方得其意。拉威尔《钢琴三重奏》第二乐章 Pantoum 系仿 pantun 诗体写成，潘顿诗体每节四行，前节二、四行须于下节一、三行重复。拉威尔音乐则以两个旋律主题代其二句，取结构相似耳。此乐与诗通也。予谓唐诗中亦有与西洋音乐曲式相通者，如张若虚《春江花月夜》，奏鸣曲也；李白《蜀道难》，回旋曲也；岑参《白雪歌送武判官归京》，变奏曲也。

009 太白手书世传仅《题上阳台》一帖。宋张邦基《墨庄漫录》卷一载苏氏家有太白书《天马歌》，明末胡世安《秀岩集》卷三十有《跋李太白手迹》云："史称白有逸才，志气宏放，飘然有超世之心。此其自书《襄阳歌》《将进酒》二篇，云蒸霞变，脱尽笔墨蹊径，想见金銮殿草和蛮书，御手调羹及沉香亭贵妃捧砚进《清平调》辞时狂态也。"据此则明代尚传有太白自书诗二篇也。孔尚任《享金簿》著录有《李太白自书诗卷》，称"字法超放，若游龙翔凤，目所罕见"。诗后识云："天宝二年春三月八日侍从宜春苑奉诏赋龙池柳色初青、听新莺百啭歌。陇西李白。"纸墨蛀碎，御宝及前人印记仿佛可识，有元许衡，明解缙、凌晏如跋，然真赝不可问矣。

010　自韩愈有《毛颖传》，后人效之，以拟人笔法作赋物之滑稽文。秦观《清和先生传》，酒也；宋濂《宋学士文粹辑补·咨目童文》，瞳孔也；《徐熥集》卷十七《绛囊生传》，荔枝也；刘应秋《一砚斋集》有《苍头夏蝇传》，申涵光《聪山文集》所收《毛颖君后传》，毛笔也；余怀《茶史》所收《沙苑侯传》，紫砂壶也；胡世安《秀岩集》卷二十五有《玉并柱史传》，则箸也。方象瑛《健松斋集》卷十三《金衣公子传》，黄莺也。柴绍炳《柴省轩文钞》卷十二《孔方君传》、方熊《绣屏风馆文集》卷三《孔方传》、《周衣德集》卷二《孔方兄传》，钱也。胡天游《司衡君传》，秤也，见《石笥山房文集》卷五；袁枚《小仓山房文集》卷七《石大夫传》，砚也。陶澍集中有《楮先生传》，纸也。陈定国《荔谱》附《琼珠小传》，荔枝也。言声均《味闲斋蠹余残稿》卷下有《此君传》，钱也；许善长《谈麈》卷二所载熊有筠《麴秀才传》，酒也；陈劢《运甓斋文稿续编》卷六《桑寄生传》，中药广寄生也；《楮生传》，亦纸也。姚光《复庐文稿》有《即墨侯传》，砚也。明胡文焕《胡氏粹编》中《谐史粹编》一编辑此类文章甚夥。

011　柳宗元《马退山茅亭记》云："美不自美，因人而彰。"元胡祗遹《紫山大全集》卷十一《韩氏南园远风台记》："物之美恶非能感人，而人自感于物。人自感于物，耳目之日见闻者与草木之无情者适与意会，则可喜可乐之情油然而生焉。故金石丝簧之和而不能生迁客逐臣之乐；蛩吟蚓啸凄凉秋雨之悲而不能动富贵得意之悲。"前言美不能脱离人而存在，后言人之美感不系于物而系于心境，是皆主物无客观之审美属性也，与阮籍之《声无哀乐论》同调。是即中国古典美学之主流见解。

012《邵氏闻见后录》卷十四云:“柳子厚《书段太尉逸事》:‘解佩刀,选老躄者一人持马,至郭晞门下,甲者出,太尉笑且入曰,吾戴吾头来矣。’宋景文修《唐书》曰‘吾戴头来矣’,去一吾字便不成语。吾戴头来者,果何人之头耶?”按:戴,顶也。吾戴头所属清楚,以汉语习惯,吾字固可省略,何不成语之有?若英文则不成语矣。吾之不可省者,在语气不在语法。着一吾字更强调而有力,且古人言语原本如此,史家不当循己好而剪裁之也。

013 欧阳修论书喜李西台(建中),而《集古录》未录张从申。时兵部秦玠、祠部李宗易皆学于李西台而号有师法,欧阳官亳州时,问秦李西台渊源何出,曰:“张从申也,见之否邪?”示张书,欧公曰:“西台不及也。”是知论学论艺,必多观多见,源流既明则高下得失自知。

014 东坡书迹传世多而画作少,阅钱载《萚石斋诗集》,卷二十五有《苏文忠公画猫歌》,题下小序云:“画于元丰四年六月九日,自题云:‘相传危危日画猫,可以辟鼠。’兹盖危危日画也。又绵竹羽客杨世昌题云:‘东坡居士向曾见其画狗,今又见其画猫,岂唐人有一生作诗乃得力于猫狗耶?”杨世昌为西蜀道士,明年与东坡同游赤壁,即《赤壁赋》中所言有客吹洞箫者。此画真赝未详,果为真迹,亦足为画史谈资。

015 黄山谷谓杜诗“无一字无来历”,明人诗学杜,重模拟,讲来历,论书亦然。丰坊云:“学书,必多学古人法帖,一点一画皆记其来历,然后下笔无俗字。”赵宧光《寒山帚谈》云:“字之横直波折,必有来历。书家漫然写去,未始不快,虽然,终是糊人耳目。”近代马一浮亦主此说,云:“说理须是无一句无来历,作诗须是无一字无来历,学书须是无一笔无来历,方能入雅。”

016《朱子语类》卷十一云："今人读书，只要科举用；已及第，则为杂文用；其高者，则为古文用，皆作外面看。"此以杂文与古文对举，意其杂文指日常应用文，古文专指书论记序等也。

017　陆游祭朱子文："某有损百身起九原之心，有倾长河注东海之泪，路修齿耄，神往形留，公殁不亡，尚其来飨。"陈伊水寄吴小曼札："登元礼之堂，识荆州之面，团圞光霁中，顿令尘襟俱涤，欣慰何可言。归来别绪，满载江船，觉杜陵秋树，真为我辈咏也。"皆语简情深，言近旨永，令人三复而不尽其味。放翁"神往形留"化用曹子建《洛神赋》"足往神留"语，尤为精彩。刘玉祭王阳明文："呜呼公之才拔乎其萃，呜呼公之学出乎其类，呜呼公之功畴克似之，呜呼公之寿竟止于斯！"亦言简意赅，能道得阳明才学事功者。

018　袁桷《清容居士集》卷十二《小院四月十二日牡丹始开乃单台花也余将上开平作诗示瑾》"江南画不数重台"句自注："徐熙牡丹，无重瓣者，至崇嗣始有之。"此可资画史谈助。单台即单瓣，重台为多瓣。又俗谓婢之下者，亦见自注。此暗用为双关语。

019　元代乔吉论曲词之结构，有"凤头猪肚豹尾"之说，"大概起要美丽，中要浩荡，结要响亮"，载于陶宗仪《南村辍耕录》，人皆知之。而元王恽曾述王思廉论文曰："入手当如虎首，中如豕腹，终如虿尾。首取其猛，腹取其楦欀，尾取其螫而毒也。"见《秋涧集》。与乔说相类，而鲜为人道。

020　黄公望《秋山图》号称平生第一名迹。李修易《小蓬莱阁画鉴》卷二：大痴《秋山图》，藏润州张氏，为黄画第一。非《浮岚》《砂碛》诸图堪为伯仲。其图用青绿设色，写丛林红叶，翕赧如火，甚奇丽。陡起正峰，纯是翠黛，用高彦敬横点积出，白云笼其下，以粉汁染之。彩翠欲飞，极洞心骇目之观。惟董文敏、王奉常曾经过眼，湘碧、耕烟二公闻风向往而已。事载恽正叔《秋山图始末记》甚详，奉常每说斯图，恍若悬一画于人目前，丝毫不爽。日本芥川龙之介尝取其事撰为小说，文字多神秘气息。

021　明陈霆《两山墨谈》卷九云："草书入我朝，当以东海张汝弼为第一。盖其操纵开阖，投笔所向，无不如意，且恣态横发，不复袭前人畦畛。疑张颠以后独造三昧，世所谓惊蛇纠蚓，未足喻也。当时丐书者塞户，几于铁门限声誉。而远夷求募，至以十金购书一纸，今没世未久，搜访真迹，不可多得矣。然以其多出新意，故识者有古法变坏之言。暇日考玩，所见亦颇合。乃知晦翁谓本朝书法，至苏黄米蔡而一坏，殆非过论也。"今言书者几不知其人，信夫艺术难有定价，可邀一时之誉而未必得百世之名也。

022　明七子"文必秦汉，诗必盛唐"之说，非不取法乎上，然门槛过高，或难以入，或性不近，故后人降而随性之所近而学之。明景泰三年罗纮撰《卧云居士墓志铭》载张子颐尝曰："先秦古而浑，不能入；西汉古而鉴，不可为。"乃采六大家入选之诗之文，明洁宗乎韩，冲澹宗乎陶，一唱三叹宗乎欧(《张氏族谱》)，即此意也。

023　孙鑛《月峰先生集》论文之语甚多，而见解亦平正有得，顾惟钱锺书颇尝引及，而治古文论者鲜及之。卷九《与余君房论文书》自称论文字惟以工辞为准："辞正是文章本色。议论而辞不工则是语录，叙事而辞不工则是小说。如元晦语录，论事情每极痛快，使人踊跃，然不可入文章家者，正缘辞不工耳。”辨析甚精。其论《诗经》曰：“古今人情一也，如《四牡》《采薇》《出车》诸篇，似皆使臣役夫自述其情，国家采之，与使臣戍役行时歌以送之耳。若即认为上之人劳遣使臣戍役所作，恐未然，讽咏语意自可见。《出车》称南仲，岂每次皆此将耶？尤明白易晓。又风雅似皆出文人之手，亦未必即系使臣役夫所作。他如《雄雉》《谷风》等篇，亦决非妇人所能为。今何人诗集中无征戍闺思等乐府耶？用此意观诗，味趣似长。”亦甚通达。至论本朝诗云：“我朝诗成宏以前大约沿宋元气习，虽格卑语近，然道情事亦真率可喜，自空同倡为盛唐、汉魏之说，大历以下悉捐弃，天下靡然从之，此最是正路，无可议者。然天下事，但入正路即难，即作人亦如此，久之觉束缚不堪，则逃而之初唐，已又进之六朝。在嘉靖中最盛。然此路终隘而不宏，近遂有舍去近体，但祖汉魏之论。然有言之者，鲜行之者，则以此一路枯淡，且说物情不尽耳。近十余年来，遂开乱道一派。昨某某皆此派也。然此派亦有二支：一长吉、玉川，一子瞻、鲁直。某近李卢，某近苏黄，然某犹有可喜，以其近于自然；某则太矫揉耳。文派至乱道则极不可返，尔来作人亦多此派。此实关系世道，良足叹慨。然弇州晚年诸作，实已透漏乱道端倪，盖气数人情至此，不得不然，亦非二三人之过也。”

024　李佳《左庵一得初录》载董其昌书小楷卷有云：“书家以豪逸有气、能自结撰为极则。”二语道尽书家能事。

025　缪曰藻（？—1761）《寓意录》四卷，记平生所藏所见书画名迹，尤留意于吴门画派诸家，著录其书画极富。徐渭仁跋称其收藏之富，不逮退谷；鉴赏之精，远过竹窗。此稿原为吴荷屋所得，艺海楼主人顾湘舟以石涛画卷坚词请易之。道光二十年，上海徐渭仁借得顾氏艺海楼藏本，刊于寒木春华馆。卷四载王雅宜一跋云："丁亥春仲集九畴斋中观舞，命书《舞赋》，书后有余纸，复书旧作四绝，专录，殊不足与平子并列也。雅宜山人王宠识。(小草书)真定梁氏藏仇英《瑶台清舞图》。"

026 钱谦益《牧斋有学集》卷二十《李叔则雾堂集序》："河滨李子叔则，不远数千里，邮寄所著《雾堂集》，以唐刻石经为贽，而请序于余。"此唐石经即李叔则求序之润笔，而牧斋著于篇首，未尝无暗示润格之微意存焉。王渔洋集中多载人以善本古书来求序、志铭者，意亦仿此。

027 祝英台故事流传最广，浙江、江苏、广西、河北、广东、河南、贵州各传说不同，至其读书之处亦多异说。徐喈凤《绿荫轩词》有《祝英台近》一阕咏本事，题曰："碧藓庵后有时刻祝英台读书处六字。"此在宜兴者也。

028 史周沅《留与集》卷一有《与周湘舞书》云："春间把袂，无日忘之；两月以来，时悬梦寐。忆前别时，兄于道旁，伫立不忍归，弟于舟中，默望无语。此际情景，唯有落花飞絮可作质证，归燕啼莺可与告诉耳。"诵此文，见老杜"岸花飞送客，樯燕语留人"之善道人意矣。史周沅，阳羡庠生，乡里以狂目之，而文章慷慨勃郁，磊落动人。予诵其与妹倩周郁文(字湘舞)诸书而至泪盈，惜世无知其人者为表出之也。

029《文心雕龙·序志》："擘肌分理，唯务折衷。"擘肌分理四字出张衡《西京赋》。而钱谦益《有学集》卷十四《汲古阁毛氏新刻十七史序》云："古者六经之学，专门名家，各守师说。圣贤之微言大义，纲举目张，肌劈理解，权衡尺度，凿凿乎指定于胸中。”考钱谦益所用“肌”字组合,多用“肌劈”“劈肌”,而未用“擘肌”。如《初学集》卷六六《故工科右给事中临安王君墓表》:“君天才颖发,言语妙天下,所弹治皆劈肌中理,人无以自解免。”《有学集》卷十六《新刻震川先生文集序》:“如秦越人疹病,洞见肺腑之症结,解而辟之,劈肌中理,无所遁隐。”卷二九《福建道监察御史赠通议大夫太仆寺卿谥忠毅李公墓志铭》:“辨奸指佞,劈肌中理,奸邪如王永光,九首百足,沓口歧舌,终不能自解免而去。”卷三十《光禄大夫赠少保兼太子太保吏部尚书谥文通铁山王公墓志铭》:“其言皆刺心刻骨,劈肌中理。”卷三四《都察院左都御史赠特进光禄大夫柱国太保吏部尚书谥忠文李公神道碑》:“公所弹劾,劈肌分理,洞见症结,党人尤畏而疾之。”所编《列朝诗集》丁集卷八刘凤小传:“尝试为之解驳疏通,一再寻绎,肌劈理解,已而索然不见其所有矣。”亦未解其故。

030《尺牍新语》第三册宋珏《与友人论文》云:“文有虚神,然当从实处入,不当从虚处入。尊作满眼觑著虚处,所以遮却实处半边。还当从实上用力耳。凡凌虚仙子俱于实地修行得之,可悟为文之法也。”说甚精微。明清之际尺牍多论诗文,苟能搜辑之汇为一编,则沾溉学术多矣。

031　清初石庞有回文《雪赋》《春赋》二首,为自古所无之格。又有《游春赋》,效汉柏梁台诗“枇杷橘栗桃李梅”、宋陈师道“椒桧楠栌枫柞樟”之句,每句用一部偏旁之字,亦前所未有之例。

032　陈祚明《采菽堂古诗选》诸评语,见识精到,夙为后人所引重,顾予独爱其文字之美。评谢灵运《从斤竹涧越岭溪行》云:“夫真赏者惟日不足,闻猿警曙,睇谷待晨,稍能辨色,便复策杖。宿云未收，零露方滴，人方梦中，吾已岩际。具此情者，卧应惜夜之掷赏，起必攀晨而欣觏。匪云无厌，情不能已也。夫胜景以清幽为最，佳致以独赏为遥。清幽取其初，独赏爱其静。始晓宇开，群动未作，晨星犹在，曙色渐来。独树之前，一帘之望，徙倚静观，犹足自得。况有谷有岩，拂云披露，嗷猿声里，香气花中，孤高幽寻，惟有一我，乐也奈何！隈爱逶迤，岘探迢递，涧吾知其厉急，栈吾知其陵缅。以至萍觉深沉，菰临清浅，泉取其飞，叶耽其卷。盖随境所接，匪直见曲，匪滞见动，岂境独异哉？常人胸无深致，旷观鲁莽；幽人情深相寻，寓目必细。故洲渚以回复为佳，川流以潆转见态。吾所得之景，别有异景。游乎动静之间，审乎往来之介。康乐写景必写虚，得斯旨也。超世之识，所领既邃，孰能同之？”此岂非一篇游赏论乎？

033 王渔洋文集虽富，而后之抡文者或不之顾，姚椿《国朝文录》，今人祝秀侠、袁帅南《清文汇》均不登只字，唯晚清王文濡辑《国朝文汇》甲集卷十一选渔洋文十篇，乃《嘉定四先生集序》《林翁茂之挂剑集序》《登燕子矶记》《双忠祠记》《明兴安州知州复滨金公传》《孝靖颜先生传》《刘孔和王遵坦传》《任民育杨定国传》《霜皋先生墓志铭》《临淄县知县函东杨公墓志铭》，盖后人乃重其志传之文也。

034 洪昇《长生殿》撰就，山西平阳亢氏，命家伶搬演。初演一切器用费镪四十余万两，他举称是。传亢氏先世得李自成所遗辎重起家，家园大十里，树石池台，幽深如画。中设宝座，盖康熙中圣祖尝临幸。尤侗亦尝客其家，撰《李白登科》杂剧。见梁恭辰《北东园笔录初编》卷三，殆本自王友亮《双佩斋文集》卷三《记季亢二家事》。

035　自老杜开论诗绝句之风，后人效之不绝，郭绍虞、钱仲联、王蘧常三先生乃有《万首论诗绝句》之辑。至清人更习以七绝组诗论艺，举凡词曲、书画、金石乃至经史、制艺，不限于论诗也。予所见者，如范士熊辑《国朝南亭诗钞》卷十有魏守经《仿元遗山论诗绝句论国朝人制义二十六首》，郑方坤《蔗尾诗集·木石居后稿》有《论词绝句三十六首》，厉鹗《樊榭山房集》卷七有《论词绝句十二首》，续集卷三有《和沈房仲论印十二首》，姚鼐《惜抱轩诗集》卷七有《论墨绝句》九首，卷八有《论书绝句》五首，王芑孙《渊雅堂全集》编年诗稿卷十二有《论书绝句》十二首，舒位《瓶水斋诗集》卷十四有《论曲绝句十四首并示子筠孝廉》，姚燮《复庄诗问》卷二有《论古画梅家得二十四章》、卷八有《论词九绝句示杜煦汪全泰两丈》，邬宝珍《智因阁诗集》有《论国朝人骈体文绝句十八首》，谭莹《乐志堂诗略》卷二有《论粤东金石绝句》十八首，《论词绝句》一百首（录三十五首），余云焕《说云诗钞》卷一有《论词绝句》三首。又，张筱峰有《绿雪馆论词绝句》，见蒋学坚《怀亭诗话》卷四。

036　孙枝蔚《溉堂前集》卷七《呈徐莘叟太史》序言及“润州郭外有卖酒者，设女剧诱客。时值五月，看场颇宽，列坐千人，庖厨器用，亦复不恶。计一日内可收钱十万，盖酒家前此所未有也”。此可见清初演剧场面之大。

037　明清之际，举世好戏曲小说，盖非独文人而然，商贾薄有文墨者亦其主要消费者也。光绪丙申刊本席世能《醒世日记》卷上载：“华亭李天荣赋性聪慧，业布庄，早市毕辄阅淫词秽史，善音律，集少年子弟演唱淫秽故事，闻者若堵墙。”席氏以家贫弃儒就贾，不废文墨。《醒世日记》记阴骘果报事，多牵涉商贸故事，可考见道光后苏皖一带民间商贸之迹。间亦偶存文学故事，如卷上载:“宝山顾生幼年英敏,性倜傥,府县试必列前茅。课余辄喜读《红楼梦》,每谓多情如林黛玉,成兹眷属,奚啻状元及第?年十八,赴昆山院试。院之左近房户逢考期悉以善价出赁,会有林姓女,幼娴文墨,亦喜读《红楼梦》,诵琅琅达户外,貌复秀丽,里人有林黛玉之称,年与顾若,早岁失恃,父相攸綦严,故尚待字闺中。顾闻而谋赁其屋,一见心醉,以红楼词挑之,女亦不拒,相缱绻焉。”

038 清代经师而工骈文者不一,盖以娴于小学声韵而善俪辞,理有固然者。而小学家复擅戏曲,如王筠撰《全福记》廿八齣,卢见曾撰《玉尺楼传奇》二卷,桂馥撰《后四声猿散套》,且并为山东人氏,抑又何说乎?

039 牛运震以古文名世,所作序文尤夥。《袁舍人雨樵诗集序》有云:“夫诗之难言久矣,序尤不易作。且所贵乎序者,不谓其能言作者之意而载诗以行邪?”按:牛氏《空山堂文集》寿序单列,其他诗文书集序,大题皆作“序”。窃谓后世所以有寿序、赠序之名,所以别“序”也。及寿序、赠序益繁,附庸蔚为大国,今人乃不得不另创“书序”之名以范围之。

040 清人工为碑版文字者,予所见为钱牧斋、全谢山、牛运震,前二人集中碑传文荟萃一代名公,世皆知之。牛氏《空山堂文集》中碑传文亦甚夥,赵怀玉序载其自言“为文三十余年,作墓表志传未受人一字窜易”。卷二《寄鞠谦牧札》云:“志铭当是史传之遗,须勘合有汉班、马二书,出入而上下之,要以高简古穆,结构自然为宗,体格方进而益上,否则不足以传,即传亦不足以久。”观此其得力处可知。牛氏著述甚富,在当世亦有盛名,而二百年后已鲜为人所知,不可慨夫!

041　张廷银《族谱所见文学批评资料整理研究》辑族谱中诗文评资料为一编，最为有心。其中最足重者为《刘氏宗谱》所载乾隆间包敏《与刘鉴南书》一篇，自述学文心得，归结于节奏、义理、机神，而总断之以知窍，亹亹二千余言。言其勤苦，使人动容；言其所得，可开心智。所论虽为制义而发，言古文者实亦足隅反也。

042　袁枚《随园诗话》卷四："丙戌年，庆树斋、雨林两公子过苏州。余招饮唐氏棣华书屋，一时都知、录事佳者云集。三人各有所属。（中略）雨林所昵，以事到官，有困于株木之惨。雨林和余《懊恼词》云：'无奈别春何，诗筒驴背驮。花开仍散影，水小亦生波。顿改繁华梦，惟余《懊恼歌》。金钗虽十二，难解此情多。'"丙戌为乾隆三十一年，雨林和袁枚《懊恼词》中"金钗虽十二"疑用《红楼梦》故事。今存《红楼梦》刊本为乾隆十九年甲戌、二十五庚辰本，数年间已流传于文人间。

043　人皆知尤侗以八股文演戏曲之辞，不知亦有以八股演《红楼梦》者。晋江许祖澇《聊中隐斋遗稿》卷下《红楼梦时文序》称"余读黄子《红楼梦时文》既卒业，作而曰：'孅矣哉，其刘彦和所谓隐括雅俗者乎！'"又曰"以归胡义法，写温李风怀"，"跻杂家于《语》《孟》，饰下里为阳阿"，"数枚生之作，其可读者廿篇"，其大概可见。据门人龚显曾跋，许祖澇所游从友人有黄喈南、黄济川二人，《红楼梦时文》作者必二黄之一也。

044　道光间李星沅刊本《湘潭郭氏闺秀集》，郭漱玉《绣珠轩诗》有《红楼梦题词》三首云："瑶草金钗订旧盟，何须石上问三生。杜兰香是仙家女，一谪人间便有情。""东风不卷绣簾斜，两袖啼痕湿碧纱。抱得痴情抛不断，绿阴深处葬桃花。""一枕红楼月二更，消磨黛影与钗声。早知身世原如梦，悔把相思误此生。”此可见《红楼梦》流行于闺秀阅读中之一斑。

045 朱景昭《无梦轩遗书》卷七《论文刍说》有云：“古文排偶整比，藏于错综攲侧之中，《左》《国》以来，从无通体散行、意单势孤，亦能成文之理。但观古人所传，虽短章寥寥，皆具有奇偶相生、杀活互用之妙，乃至单词间见，亦有阴阳向背之势，不细心则不见耳。此事只争苟且不苟且耳，学文者切须留意。”此即古文家通常不拒斥骈文之理。

046 阮元《文言说》今人多称其主张骈文之功，而清人之见或未然。邓绎《藻川堂谭艺·三代篇》云：“阮氏云台尊训诂，为《校勘记》而抑古文辞诸家，贵耦贱奇，偏举《易》文言之耦韵以为之说，视梨洲之以长短繁简，强分唐以前后之文辞，尤为固陋，而举世不悟其非，故嘉、道以来文辞之能自树立者鲜矣。”以长时段之历史眼光观之，则《文言说》之意义固不在提倡骈文本身耳。予昔撰李审言《文选》学论文已略及之，日后当更详述之。

047 康发祥《伯山诗钞·由庚集》庚申年作《客岁江都范雨村制科至泰适天长崇桐林学博亦至因与王子勤观察吴让之茂才暨吴陶伯孝廉莲芬观察共集三峰园画师丁某为余七人绘三峰七老图装潢成卷图归子勤余作诗记之二首》，可补吴熙载事迹。

048 郭传璞《金峨山馆乙集·作诗当学杜子美赋》，赋体之历代学杜史论也，古今未见其俦。郭传璞鄞县人，姚燮弟子，曾刊金峨山馆丛书。集中又有《建安七子优劣论》《论李刚主王昆绳学术》《论王伯厚全谢山学术异同》，皆批郤导窾，洞中要领也。工骈文，尝辑《两浙骈文》一编。为其师作《徐柳泉先生五十寿序》一篇，亹亹四千言，论其平生学术艺能，亦古来罕见之作也。窃谓论晚清骈文，郭氏应为一家。

049　程光烈序夏炘《景紫堂文集》曰："自来文章之擅长者有三，有援经据史、精切不浮者，此长于考典之文也；有钩深索隐、明辩以晰者，此长于说理之文也；有神动天随、机趣弥溢者，此长于言情之文也。大抵三家分门树帜，能尽一长，罕克兼长。何则？人惟宗仰汉学，即往往讥说理之士高谈性命为空虚，而并不自知其所发于情者，且缘考典之多见多闻，爱古薄今，失于拘牵而未适；人惟则效宋贤，又往往嗤考典之儒徒恃简编为藻饰，而亦不自返其托于情者，益因说理之若离若合，词遁意晦，病于支蔓而未工。盖典礼诚判两途，斯考典之文与说理之文自区两诣。至言情之文，息深深而达亹亹，其中有典故孕焉，有理蕴存焉，尤不易牢笼包括矣。"此辨考据、说理、抒情三种文章之体征最为明晰，可略窥乾嘉以来文章之流别。

050　曹一士论古文，谓"古文之所以称古者，乃意义之古，非词句之古。有明潜溪、遵岩、荆川、震川，其文词之近时者甚多，不以此损其古意。于麟、元美，字句之古几于无一不肖，而终与古远"，甚有见地。然自古倡言复古者，实别为二途，为字句之古者，苏绰者是也；为意义之古者，韩愈是也。

051　吴昌硕画梅，自称以作篆之法写之。《缶庐别存》所收《沈公周书来索画梅》小序有云："近人画梅多师冬心、松壶，予与两家笔不同，近以作篆之法写之，师造化也。"刘承干刊本《缶庐集》卷二《石涛画》："新诗题处雁飞翔，重屋孤舟树树僵。毕竟禅心通篆学，几回低首拜清湘。"此盖见石涛画中亦有篆意，心有戚戚也。

052　王树枏《陶庐文集》于目录各篇下列诸家评语，从古未见其例。

053　汪恸尘《苦榴花馆杂记》载："京师风俗，辄与外省异，长幼士庶，尤具戏癖。名伶登场献艺，如谭叫天、梅兰芳、龚云甫、王凤卿、杨小楼、刘鸿声等，虽取值一两元，座满如故也。微商小贩，平日升斗不给，至是亦争慕而观，甚且有典衣往者，声歌之魔力如是。"愚谓此可与印度人卖血看电影相媲美，非如是不得有晚近京剧之大盛也。

卷五 解颐新语

001 晋桓温少与殷浩友善，殷尝作诗示温，温玩侮之，曰："汝慎勿犯我，犯我当出汝诗示人。"古今损人诗者，未见有甚于此矣。

002 贯休有诗曰："赤栴檀塔六七级，白菡萏花三四枝。禅客相逢只弹指，此心能有几人知？"石霜问："如何是此心？"贯休不能对。石霜云："汝问我答。"休即问之，霜云："能有几人知。"

003 宋李居仁年逾耳顺，须尽白。狎少年郑辉，辉时以李公呼之，于是尽摘其须，宛然牛山濯濯矣。辉见而阳惊曰："数日不见，风采顿异。"居仁整容喜曰："如何？"曰："昔日皤然一公，今日公然一婆矣。"

004 苏州叶桂字香岩，号天士；同里薛雪，字生白，号一瓢，皆以医名。两人始相善，继相憎。薛雪颜所居曰斫桂轩、扫叶山庄，叶桂亦作破瓢居、踏雪山房以报之，吴人传为谈柄。王友亮《记二医》载其事。

005 纪晓岚见新科状元刘玉树，刘言暂住芙蓉庵，晓岚笑不可抑，成一联："刘玉树小住芙蓉庵，潘金莲大闹葡萄架。"可见晓岚于《金瓶梅》小说之熟。见徐珂《清稗类钞·诙谐类》。

006 诸联《明斋小识》卷八载某生沉酣制义，晚来学诗，初识用韵平仄之法，自谓已得诗学三昧，有诗吟曰："吾人从事于诗途，岂可苟焉而已乎？然而正未易言也，学者其知所勉夫。"闻者捧腹，谓龙褒又一体也。近人闻宥《野鹤零墨》亦载之，不知本于何书。

007 某知县属鼠，值其本命年生辰，属下醵金铸一金鼠为寿，知县乐甚，乃曰："来年贱内亦值本命年，贱内属牛。"德国音乐家雷格尔演奏舒伯特《鳟鱼五重奏》后，一女粉丝送新鲜鳟鱼一条，雷格尔复函致谢，末言下场演出日期及曲目——海顿《公牛小步舞曲》。其事甚类。

008 东坡尝宴客，俳优者百般逗弄，东坡终不笑。一优突出，用棒痛打作伎者曰："内翰不笑，汝犹称良优乎？"对曰："非不笑也，不笑所以深笑之也。"坡遂大笑。盖优人用东坡《王者不治夷狄论》云："非不治也，不治乃所以深治之也。"此俳优非仅胸有文墨，能熟读坡公文章，且能临场用之，尤见机智非常。今之俳优中断无此等人物，徒见其竞以恶俗媚众，以无聊为有趣耳。

009 苏州才子李章，以口辩为生计，尝游湖州，人皆厌其乞索。曾诣富人曹监簿家，方剖鱼，闻章来，遽匿鱼而出对，章已入耳目。既坐，曹与论文，不及他事，冀其速去。谈及王安石《字说》，章因言："世俗讹谬用字，如本乡蘇州，篆文鱼在禾左，隶书鱼在禾右，不知何等小子，移过此鱼。"曹拊掌，留饭。

010 沈括博学多才，为世闻人，而惧内之甚，古来尠见。晚续娶张氏，悍虐之甚，括不能制，时被棰骂，捽须堕地，儿女号泣而拾之，须上沾有血肉，又相与号恸，张终不恕。前妻所生长子，为张逐出，括时往赒给，张知辄怒。且时步入府中诉括，家人辈徒跣从劝于道，致括秀州安置。投闲十余年，绍圣初复官，张忽病死。人皆为括贺，而竟恍惚不安，船过扬子江，竟欲投水，为左右挽持，得无恙，未几即卒。

011　有学究言："人能行《论语》一句，便是圣人。"有纨绔子弟笑曰："我已力行三句，恐未是圣人。"问哪三句，乃"食不厌精，脍不厌细，狐貉之厚以居"也。闻者大噱。

012　有举僧诗警句曰："笠重吴天雪，鞋香楚地花。"钱谦益笑曰："次句似赠妓诗。"见《春酒堂诗话》。有作《采菊东篱下》赋，警句曰："目纵横而四顾，手左右而双拿。"人谓大似偷儿入穴时光景。

013　或出谜曰："上拄天，下拄地，塞得乾坤不透气。"问人是甚物，其人答："我亦有个东西。头朝西，尾朝东，塞得乾坤不透风。"出谜者曰不知，其人曰："就是你那个，我放倒了。"

014　有主人以米数石延蒙师，与约读一别字罚米一升。至年终结馆，计所读别字扣之，仅存米二升。主人令童子取置案上，师大失望，叹道："是何言興(與)，是何言興(與)！"主人顾童子曰："连这二升一并拿进去！"

015　一秀才欲纳妾，妻曰："一夫则一妇耳，纳妾见于何典？"秀才曰："《孟子》云：齐人有一妻一妾。"妻曰："若然，我亦当再招一夫。"秀才曰："何也？"妻曰："岂不闻《大学》序云：河南程氏两夫。"盖朱子《大学章句序》有"于是河南程氏两夫子出"也。

016 宋人笔记所载郭功父老人十拗，谓“不记近事记得远事，不能近视能远视，哭无泪笑有泪，夜不睡日睡，不肯坐多好行，不肯食软要食硬，儿子不惜惜孙子，大事不问碎事絮，少饮酒多饮茶，暖不出寒即出。”周必大《二老堂诗话》复补“夜雨稀闻闻耳雨，春花微见见空华”二拗。

017《诚斋诗话》载，欧阳叔向尝为妻病作青词，有云：“大小二便，半月未通乎水火；晨昏两膳，一粒不过于咽喉。”其情固惨恻，而措语令人莞尔。

018 明代陈全以善噱名，偶误入禁地，为中贵人所执。中贵曰：“闻汝善取笑，可写一字，能令吾笑，即释汝。”陈写一“屁”字，中贵问何说，全曰：“放也由公公，不放也由公公。”中贵笑不能禁，乃释之。

019 吾国论诗最早考证国人诗中用外语译名者，为清初五公山人王余佑，此君有古独行之风，恒以谈兵说剑为事，精于技击，喜任侠，不循儒者绳墨。尝谓：“西洋呼月为老瓦，杜诗‘莫笑田家老瓦盆’，即月盆也。如《月琴》《月台》之类，取其形似。”《四库全书》于存目著录其《五公山人集》十四卷，提要按：“欧逻巴人至明万历间利玛窦始入中国，杜甫何自识其译语？”亦古来绝无仅有之人也。

020 金圣叹尝言，友人王斫山于九日重阳舟中，一女郎忽掉文曰：“何故此时则雀入大水化为蛤？”座中仓促未有以应，斫山信口答曰：“我亦不解汝家何故雀入大蛤，皆化为水也。”一时满舟喧然，至有翻酒濡首者。女郎之言本自《礼记·月令》，斫山参错其文字，故作误会而实以性事暗语相调侃。女郎憨痴，必懵懂不解,遂致满舟轰然笑倒。

021　清初有李姓者,恃才傲物,有不可一世之概。自书“自成一家”匾额悬于厅,为所怨告于官,谓与闯贼同族,有自书匾额可证,李竟坐诛灭。

022　姚元之《竹叶亭杂记》载:雍正间,札少宗伯保举人才,引孔明不识马谡事,世宗怒其不当以小说入奏,责四十仍枷示焉。乾隆初,某侍卫擢荆州将军,人贺之辄痛哭。怪问其故,对曰:“此地以关玛法尚守不住,今遣老夫,是欲杀老夫也。”闻者掩口。玛法,满语呼祖之称。《三国演义》入人之深,以致文人作诗用三国典故每据小说,前编已论之,不意满洲贵族亦熟其书如此,是可异也。

023　曲沃诗人秦紫峰与客观方竹,客戏云:“世有方竹无方人。”紫峰曰有,子贡。问何以知之,曰《论语》云:“子贡方人。”

024　或问边连宝曰:“男女床第之事,圣人与众人同乎?”对:“圣人与鸟兽同,众人则否。”问者大骇,连宝徐曰:“‘时哉时哉’。故‘有女怀春’,圣人不禁。”见边著《病余长语》卷一。按:以圣人言者,谓初民动物之性;以众人言者,后世文明之习。语噱而理合。

025　旧文人题匾额多寓戏谑。如为皮匠铺题“甲乙堂”,盖甲像皮锥,乙似皮刀。某为米行执斗致富,一文士为题斋联曰:“才高夸子建,笔妙说襄阳。”藏斗米字于内。袁浦一信脚为人南北走信取水而致富,求名士为题斋额,为题“涉趣”,告以出自陶公《归去来辞》,甚喜。有识者见之,谓是“走步取水”也,沮而易之。

026　胡宝麟闻人说种子奇方，曰："何须如此费事，此方自在《中庸章句》耳。"问之，曰："充积极其盛，发见当其可。"语虽戏谑而有至理存焉。

027　二人相对谈古，一云："自古道文人无行，信然。如司马君实，岂不是一大文人，如何却拐了卓文君去？"对曰："亏得天道不爽，后来恰好受了腐刑。"不但将司马光、司马相如、司马迁混为一谈，且认拐带妇女而受腐刑，尤有针芥相投之妙。

028　许焕幼患痘甚密，故面麻，所撰《止止楼随笔》卷七记在金陵某青楼有歌女唱曲戏之，其词曰："郎面好比虫食菜，石榴皮儿反将过来，粉壁上灯光照着铜炉盖，烂泥地偏偏遇着钉鞋踹，妖魔魔字分坐两开，冤家你前世欠下多少核桃花生荔枝葡萄债？"许谓词虽不雅而喜其切。

029　金陵徐氏一门风雅，夫人所著《北堂诗集》一时传播。女玉藻学诗于母，取法汉魏古诗，知音者希。母教以闺秀诗宜多习近体，易于知名。女曰："母求人知，儿不求人知。"母曰："是岂非女为君子儒，母为小人儒乎！"用《论语》语双关汤显祖"酒是先生馔，女为君子儒"之语，一时传为雅谈。

030《西厢》佳谜二："一点"，打四字，为"文章魁首"。"师旷、离娄之墓"，打五字一句，为"埋没着聪明"。

031　孙维祺性诙谐，宰河间日，一日谒上官，不袜而靴，靿颓然下垂而足见。上官曰："贵县着空靴乎？"孙曰："卑职双脚在里，非空也。”常于署内宴绅士，酒正酣而众宾欲去，乃令各作一破题，然后听去。众请题，出“犹水之就下”二句。众作毕，维祺曰：“吾亦作一破，曰‘大贤论水，兽就走’而已矣。”众始悟其戏。

032　有南客不食鸡蛋，初至北地，夜行腹饥，投店呼伙计甚急，问有何好菜，答有木樨肉。客曰：“有肉好，速取来。”及陈于案，则鸡蛋炒肉，所不食者也。虑为人所笑，不敢言，又问：“别有佳者乎？”答曰：“摊黄菜何如？”客曰：“早说有菜，岂不大佳？”及陈于案，则炒鸡蛋也，仍所不食者。佯举箸即辍，称尚饱，不欲食。其仆言前路甚远，恐中道不堪，客曰：“如此，略食点心可耳。”因问：“有好点心乎？”答有窝果子。客曰：“多上几枚。”及陈于案，则荷包蛋也。且惭且恼，忍饥就道，遂至委顿。

033　北京胡同之名多俗而可噱，如劈柴胡同、绒线胡同、裤衩胡同，后多改名。钱锺书《容安馆札记》所记，如狗尾巴胡同改为高义伯胡同，羊尾巴胡同改为杨仪宾（今作羊宜宾）胡同，王寡妇胡同改为王广福胡同，羊肉胡同改为羊溢胡同，牛蹄筋胡同改为留题责胡同，皆欲盖弥彰，求雅愈俗。尤奇者，则有臭屄胡同（西四），改为受璧胡同。

034　清宗室名其子，有极谑者。文廷式《闻尘偶记》载绵字辈某将军好鼻烟壶，名其三子，长曰奕鼻，次曰奕烟，季曰奕壶。

035《庄子》“儒以《诗》《礼》发冢”一段，世以为损文之最。程恩泽督学湖南，秩满将返京，长沙知府谭光佑招同名士欧阳辂、张家矩为祖饯于邵阳双清亭，酒酣谈锋迭起，遂论及《庄子》此语，欧阳曰：“‘青青之麦，生于陵陂’，引《诗》矣，而《礼》尚阙也，须于诵《诗》既毕，加儒乃‘三揖三让而进’六字，更为尽态。”

举座大噱。

036 德清一老儒,性迂而论僻。作《厩焚》题,谓圣人居家,万无不谨于火之理,盖由新柄鲁政,立法甚严,观麛裘之谤可见。鲁人恨之,乘其入朝,放火焚之耳。

037 谜语最启人心智,予自幼好之,每逢游艺有灯谜必猜,亦必不少中。自曾制谜数则:

○花园点将　　打一成语(草木皆兵)

○忽有千条欲占春(李益句)　　打一词牌(柳梢青)

○似将海水添宫漏,共滴长门一夜长　　打一词牌(声声慢)

○拳不离手,曲不离口　　打《论语》一句(学而时习之)

038 戴鸣《桑阴随记》记在沪见厕联曰:"到此方无中饱患,谁人不为急公来。"额以"大小随便"四字。

039 一高僧乞大老一诗,大老赞之曰:"一夕灵光化太虚,化身人去复何如。愁来不用心头火,炼得凡心一点无。"后一士见之曰:"此死秃二字也。"

040 古以诗句得名者,前集已辑若干,陆续复得少许。苏衡《咏绣鞋》云:"南陌踏青春有迹,西厢立月夜无声",人以苏绣鞋呼之,其实乃本自瞿佑少时香奁之作"燕尾点波微有晕,凤头踏月悄无声",见朱彝尊《静志居诗话》卷七。而瞿佑句法又似脱胎于元杨载《宗阳宫望月分韵得声字》"大地山河微有影,九天风露寂无声"一联。其始作俑者,殆即李商隐《锦瑟》"沧海月明珠有泪,蓝田日暖玉生烟"也。此联句法简洁,声调铿锵,后人稍变其格,以声影、气色、痕迹等字对之,模仿不绝。如陆龟蒙《奉和袭美宿报恩寺水阁》“僧穿小桧才分影，鱼掷高荷渐有声”，徐夤《画松》“曾当月照还无影，若许风吹合有声”是也。朱彝尊有“绝顶蛟龙晴有气，虚堂神鬼昼无声”，赵翼《瓯北诗话》赏之，不知句法袭自前人。此外，魏禧句“两岸蓼花红有泪，一江秋水澹无声”，见《射鹰楼诗话》卷二十二；查为仁“晚径黄花开有色，晓程残月落无声”，见《湖海诗传》卷二；同学程章灿“天吹湛碧云无迹，叶踏红黄地有声”，皆其例也。屈培基“晚月带霞红有迹，秋梧过雨绿无痕”，见《梧门诗话》卷四；汪端《书寄小云金陵并柬紫湘》“淡墨似烟书有泪，远天如水梦无痕”，见《自然好学诗钞》，亦脱胎于此。然究不如以无X、有声作对者更夥耳。尝记王阳明“河边宿鸟寒无影，洞口流云夜有声”，见《艺苑卮言》；袁中道《渡黄河》：“草经青女全无色，雁过黄河别有声”，佚名《咏妓帚》“云迷巫峡花无主，风静闲阶叶有声”，见金武祥《粟香随笔》卷四；徐㶿《送康元龙之灵武》“燕鸿度塞寒无影，胡马行沙暗有声”，见《明诗别裁集》卷十；凌廷堪《王家营》“长河东注沙无力，秋色西来夜有声”，见法式善《梧门诗话》卷十一；陈古渔句“雨昏陋巷灯无焰，风过贫家壁有声”，见《随园诗话》卷三；又何琪《咏帘钩》“高牵缠臂金无色，误触搔头玉有声”，见同书卷十；李调元“帆回山背风无力，橹蓦江心月有声”，《射鹰楼诗话》卷二十三称之；张问陶《即事》“呼僮不应官无势，写券如飞笔有声”，又《胡梦湘观察道装小像》“身城有影看无界，人海无波听有声”，见《船山诗草》卷十一、十七；闺秀夏伊兰《度亲庵》“疏花几簇密无路，流水一溪寒有声”，见《吟红阁诗钞》卷五；酒令句“春深小院花无主，风定闲阶叶有声”，见许善长《谈麈》卷一；今人《岁暮》“荆花卧雨红无影，风木扶风绿有声”。而尤以严遂成《曲峪镇远眺》“雕盘大漠寒无影，冰裂长河夜有声”一联脍炙人口，徐存愚“雁呼沙渚寒无色，马踏黄河夜有声”即袭其语，见邹弢《三借庐赘谭》卷六。此外，模其句格者，尚有陈子龙《酬李司马萍槎先生》“九龙移帐春无草，万马窥边夜有霜”，赵翼《瓯北诗话》赏之；丘吉《无题》“绛桃成子花无色，银烛烧心泪有痕”，祁德茝《咏美人临镜》“一奁秋水寒无影，十漾春山淡有痕”，分别见《全浙诗话》卷三十二、三十七；厉鹗《次韵敦复秋夜有怀堇甫》“上书北阙身无补，祖道东门鬓有丝”，见《樊榭山房续集》卷三；程晋芳答妓句“花明野店春无主，月黑秋林幸有灯”，见《随园诗话》卷八；申甫“寒归木末全无叶，暖入梅梢渐有花”，见《湖海诗传》卷九摘句；何殿春《过钟泽流故居》“三间茅屋寂无主，一树野梅寒有花”，见黄培芳《香石诗话》卷二；汪芑“涛翻地动日无色，风挟沙飞波有棱”，见邹弢《三借庐赘谭》卷六；同事张一南《秋柳诗次韵王渔洋》其一“影垂似悼香无迹，春去虚言梦有痕。”

041　饮酒诗佳者，于清诗得数联：孙星衍“绕花百匝枝在身，醉影贴地疑花魂”，吴锡麒“酒人好似枫林叶，一日斜阳醉一回”，裕轩“一壶村酒园蔬脆，待与诗人醉晚风”，殊韵。吴文溥一绝云：“酒后客来重酌酒，飞花留客送残春。主人醉倒不相劝，客转持杯劝主人。”最得酒徒之神。

042　前人名句可书为联者，史周沅“一狂惟自喜，万卷共贫看”，顾孝嘉“直走到山穷水尽，才见得海阔天空”，吴绮“万壑云归吹笛路，一林香入煮茶声”，储秘书“倚闾有母心空切，负郭无田计总非”，商盘“困人礼法相沿久，入世英华欲敛难”，赵翼“年光真觉如弹指，著述犹难到等身”、“儒术岂应疏抚字，仕途未可恃文章”、“富贵岂如名有味，聪明也要福能消”、“与可画先胸有竹，庖丁解在目无牛”、“手成百卷专门学，身是千秋列传人”（赠钱大昕），阮元赠张炟“读书似画求生面，作吏如诗有别才”，徐溥“交论古道原求淡，诗到能传不在多”，李长生“人到折腰无傲骨，语能惊座是奇才”，蒋莘“但得读书原是福，也能藏酒不为贫”，陶澍“乾坤不老风云色，古今长流江汉声”，张谦“小有才华非至理，绝无闻见是玄机”，洪亮吉赠王豫句“文章自足超侪辈，风义居然及古人”，张问陶与吴锡麒饮酒句“一世论交多老辈，几人知我似先生”，韦丰华“文生于情有春气，兴之所到无古人”，何献葵句“百岁开怀能几日，一生知己不多人”，钱希句“见月忍抛诗世界，读书只借睡工夫”，梁启超为高亨书联“读书最要识家法，行事不须同俗人”。又偶记前人语：“老犹多累难言达，晚竟无成更勉勤”“昔年酒怕人前减，近日书从病后工”“著书肯落寻常意，为学非争仓猝名”。予尝改前人句曰“启其心以沃世，致其用以格天”，以赠官人；“酒虽伤身难戒，学不致用仍耽”，用以自喻。

043　斯德哥尔摩东方博物馆举办日本书法展，开幕式日本专家介绍日本书法字体之独创，有西人参观者问字体何近似汉字，答非也，乃亚洲字。识者曰斯世未闻有以洲命名之文字。

044　日本人取名有极雅美者，郁达夫最赏者曰上林一枝，取唐李义府诗“上林许多树，不借一枝栖？”余所见江户诗人有琴希声、远山澹、冈千仞者，亦有意趣。当今日本学者名之可玩者曰望月真澄，曰加地伸行，皆极有味。

卷六　典籍丛札

001《汉志》礼类载《记》百三十一篇，谓“七十子后学者所记也”。据郑玄《六艺论》，大戴礼传八十五篇，小戴礼传四十九篇。然世谓小戴礼有三篇为东汉马融所增，则实为四十六篇。知西汉所存《记》百三十一篇，即后学传承大小戴所述之合计耳。

002　逯钦立《先秦汉魏晋南北朝诗》梁诗卷二十梁简文帝《代乐府三首》之《楚妃叹》：“薄笑夫为欣，微叹还成戚。”（中华书局本第1718页）按：“夫为欣”不可解，“夫”当为“未”之讹，与“还”义对。《玉台新咏》卷七正作“未”。陈诗卷三张正见诗末据《岁华纪丽》辑得《雪诗》四句：“九冬飘雪远，六出表丰年。睢阳生玉树，云梦起琼田。”按：此即前所收《咏雪应衡阳王教》之前四句，当删。

003　魏碑《崔敬邕墓志》出于康熙间，上海博物馆所藏端方旧装、蒋祖诒重装本，有吴湖帆过录陈奕禧跋载其本末。此本后贴王渔洋手札一通，邬国平先生摄影见示，其文曰：“陈元孝人明后日回粤，光孝寺铁塔题名属其搨寄最便。有台札，附来同发何如？崔敬邕碑一通返上，祈查入之。竹垞老先生，弟士禛顿首。”按：王渔洋于康熙二十四年初祭告南海时于广州晤陈恭尹，随即丁父忧归里守制，至康熙二十八年十一月入京复职，此札当作于此后迄三十年冬朱彝尊告归之间。考拙撰《王渔洋事迹征略》，二十九年六月陈恭尹有《寄怀王阮亭兼索其南海集》(《独漉堂集·小禺初集》)诗相寄,渔洋作《答陈元孝寄怀之作》,收入《蚕尾集》卷一。《居易录》卷八载其事云:"南海陈恭尹元孝寄予诗索《南海集》云:'酷似高人王右丞,在官萧散意如冰。时名兄弟堪方驾,家学文章自一灯。沧海乘槎曾到处,越山怀古忆同登。南来新咏多如许,纸贵衡阳写未能。'岭南耆旧今唯元孝及屈翁山、梁药亭在,予乙丑别于佛山,今六年矣。"观渔洋诗云"秋风欲下华阳馆,粤客才通尺素书",时当为六月末。渔洋札"陈元孝人明后日回粤"云云,殆即谓陈恭尹信使,亦其时事也。然则此志原系朱彝尊所藏,曾为渔洋借观。刘喜海传钞本《渔洋山人池北书库藏书目》附《池北碑目》所著录《北魏崔敬邕志》,盖亦见如《书目》皆系据渔洋著述所见典籍拟注,非渔洋实有其碑也。

004 萧绎《内典碑铭集林序》:"夫披文相质,博约温润,吾闻斯语,未见其人。班固硕学,尚云赞颂相似;陆机钩深,犹闻碑赋如一。唯伯喈作铭,林宗无愧;德祖能诵,元常善书,一时之盛,莫得系踵。"按此文又见于《金楼子·立言篇》。

005 王维《送李梓州》诗:"山中一夜雨。"宋刻本"夜"作"半",后人遂以此诗别宋刻之真伪,名曰"山中一半雨"本。见蒋学坚《怀亭诗话》卷二。

006 赵怀玉亦有生斋校刊本《毗陵集》附录赵氏所辑补遗一卷,所收文字内容、笔致多不类独孤及手笔。其中据《文苑英华》卷五五八所收《贺赦表》两篇,前篇原有署名,后者殆脱漏作者姓名而涉前篇误作独孤及文。卷二三〇收韦应物《陪王郎中寻孔征君》后列戴叔伦《奉酬秦征君系春日抚州西亭野望兼寄徐少府》诗脱作者名而误为韦诗,亦其例也。此表无年月,予考之应作于宝应元年建辰月。《表》云“大安反侧，上下交泰。而又发德音，降明诏，归过罪己，降去鸿名。含生动植，许遂其性，……鸿私湛恩，溥施万国，洗荡痕垢，咸使维新。牢狱空虚，囚拘荡涤”。考《旧唐书·肃宗纪》，上元二年九月壬寅制：“朕获守丕业，敢忘谦冲，欲垂范而自我，亦去华而就实。其‘乾元大圣光天文武孝感’等尊崇之称，何德以当之？……自今已后，朕号唯称皇帝，其年号但称元年，去上元之号。”又元年建辰月壬午，“诏天下见禁系囚，无轻重一切释放”，“丁未，诏左降官、流人一切放还”，此即《表》所言降尊号、所贺大赦也。建辰月为三月，建巳月即改元宝应，知《表》作于宝应元年三月也。时独孤及在润州，春间作有《为崔使君让润州表》，此表疑亦某人代崔氏作。

007　高仲武《中兴间气集》之编集，予昔据汲古阁本序“起自至德元首，终于大历暮年”之语，于《大历诗风》中推定为大历十四年代宗驾崩后尚未改元日所编，而误以肃宗先帝连读。时贤以序言“唐兴一百七十载”，或谓其书编于贞元初。今按序云“粤若肃宗、先帝，以殷忧启圣，反正中原”，于代宗称先帝而不称庙号，则其时尚未上庙号可知。据《旧唐书·代宗纪》大历十四年，五月癸卯，上不康；辛酉，诏皇太子监国，是夕帝崩，遗诏皇太子柩前即位。八月，上尊谥曰睿文孝武皇帝，庙号代宗。序言：“伏惟皇帝，以出震继明，保安区宇，国风雅颂，蔚然复兴。”出震，即出东宫，言德宗以太子继位也，殆在八月之前。序所言“唐兴一百七十载”，盖约举成数。观李季兰诗评语曰：“士有百行，女唯四德。季兰则不然也，形气既雄，诗意亦荡，自鲍昭以下，罕有其伦。（中略）如‘远水浮仙棹，寒星伴使车。’盖五言之佳境也。上比班姬则不足，下比韩英则有余。不以迟暮，亦一俊妪也。”考季兰兴元元年（784）被德宗所杀，此言迟暮，则犹在世可知，必在兴元之前也，是亦可证《间气》之编不晚至贞元间也。

008 唐人别集例以类编次，故权德舆《左武卫胄曹许君集序》云：“韩以其诗三百篇授予，故类而为集。”《右谏议大夫韦君集序》云：“今兹诗集，以类相从，献酬属和，因亦编次。”此诗集以类相从也。《唐故通议大夫梓州诸军事梓州刺史上柱国权公文集序》云：“德舆先人筮仕河朔，始类公之文章为三十卷，成都府君、长安府君各二十卷。又曰：“其余表笺启铭赞序述，合而类之，列为十卷。”《中岳宗玄先生吴尊师集序》云：“太原王颜，尝悦先生之风。自先生化去二十五年，颜为御史丞，类其遗文为三十编。”《兵部郎中杨君集序》云：“嗣仁类其文为二十篇。”此文集以类分卷也。

009 孟郊、贾岛于唐负盛名，人无间言。自东坡有郊寒岛瘦之目，世遂以为口实。清红兰室主人岳端独翻其案，谓寒瘦之语寔褒非贬，且取二家诗合刊之，套以朱色刷印，版面疏朗，粲然悦目，号为一代名椠，固有以也。同事马茂军教授喜骨董，富收藏，向以旧砚见饷，逡巡无以为报。既得中华再造善本复制此本，精良可赏，乃聊识数语，举以赠马兄清玩，非敢谓桃李之报也。

010 权德舆集世传本五十卷，出于大兴朱珪所藏旧抄本，后归仁和朱学勤结一庐。叶德辉刊观古堂书目丛刊据郁泰峰旧藏抄本绛云楼书目补遗一卷中有《权文公文集》七十卷，不知所自来及分类如何也。

011 浙江古籍版《罗隐集校注·杂著》收《代武肃王钱镠谢赐铁券表》，系辑自浙江人民出版社《吴越首府杭州》一书。案此文稿本真迹曾为叶恭绰收藏，《遐庵清秘录》卷一著录全文，校以杂著所收，仅“惊起肝胆”作“惊飞肝胆”、“慎初护末”作“慎终护末”两处异文及“迨及秉麾”作“殆及秉麾”一处通用字而已，知《吴越首府杭州》所收亦系稿本也。至《全唐文》所收则为格式正规之奏表矣。

012　冯武《重刻西昆酬唱集序》：“昔年西河毛季子从吴门拾得，钞自旧本，狂喜而告于徐司寇健庵先生。”据朱俊升同书序：“虞山毛子，汲古后昆，雅善蒐罗，偏能弋获。”则于吴中得《西昆酬唱集》旧钞本者，毛扆斧季也。《四库提要》集部总集类《西昆酬唱集》谓“毛奇龄初得旧本于江宁，徐乾学为之刊板”，时贤或沿其误。

013　翁方纲《复初斋诗集》卷四十七《元人跋化度帖凡十三段来归箧中赋此六诗以待其帖》，又有《待帖诗邀诸友和作》《自题竹泉图四首》，自注言藏有宋本，今此本藏日本京都大谷大学，内覃溪题识累累，日复一日。昔予往访学，蒙河内昭圆教授赠限量影印本一册，时出宝玩之。

014　二〇〇九年天津三品堂古籍拍卖图录载嘉庆刊本《杨诚斋诗集》扉页有悔生戊午首夏题云：“诚斋诗无一点渣滓。”“诚斋诗不可就一句一联看，当就全篇看。并不可就一篇看，当就全集看。”“诚斋句云‘诗人只言黠’，可谓自道所得。其过人者在此，其不及古者亦在此。”此论甚为精到。悔生，夏孙桐字。孙桐江阴人，光绪十八年进士，官至杭州知府，民国初入清史馆，有《观所尚斋诗文存》。

015　昔先师千帆先生、同学张伯伟考论元人诗格，疑皆出坊间伪托。傅与砺《诗法正论》一卷，述其师范德机诗说，张健《元代诗法校考》亦疑其为王著伪托也。余读其文云：“唐海宇一而文运兴，于是李、杜出焉。（中略）自五星奎聚，而启宋之文治，欧、苏、黄、王出焉。其文章之余，犹足以名世。后山、简斋、放翁、晦翁、诚斋，亦其杰者也。然宋诗比唐，气象复别。今以唐宋诗杂而观之，虽平生所未读者，亦可辨其孰为唐，孰为宋也。盖唐人以诗为诗，宋人以文为诗。唐诗主于达性情，故于《三百篇》为近；宋诗主于立议论，故于《三百篇》为远。然达性情者，国风之余；立议论者，雅颂之变，固未易以优劣也。”后读元戴良《九灵山房集》卷十二《皇元风雅序》云：“唐一函夏，文运重兴，而李、杜出焉。议者谓李之诗似风，杜之诗似雅。聚奎启宋，欧、苏、王、黄之徒，亦皆视唐为无愧。然唐诗主性情，故于风雅为犹近；宋诗主议论，则其去风雅远矣。”玩“文运重兴”“聚奎启宋”诸语，与《诗法正论》略同，二者明显有沿袭之迹。据武君考，题为《皇元风雅》者有四种，戴良所序为丁鹤年（1335—1424）选本，其书已佚，仅存戴良一序。序言“鹤年亦老矣”，则时已在入明后。而张健言《正论》元于日本延文四年（1359）刊五山版《诗法源流》，时范德机（1272—1330）下世二十九年，傅与砺（1303—1342）下世亦已十七年，而戴良（1317—1383）方四十二岁。序云：“我朝舆地之广，旷古所未有，学士大夫乘其雄浑之气以为诗者，固未易一二数。然自姚、卢、刘、赵诸先达以来，若范公德机、虞公伯生、揭公曼硕、杨公仲弘以及马公伯庸、萨公天锡、余公廷心，皆其卓卓然者也。”此罗列前辈名家，首举范德机，固知清江乃其夙所钦重者，然则其非确知《正论》出范德机之手，殆不至于暗袭坊贾之书也（后杨慎《升庵诗话》亦袭《正论》之意，谓：“唐人诗主情，去《三百篇》近；宋人诗主理，去《三百篇》却远矣。”）。予因疑《诗法正论》一类诗格，或竟为当日诸名流所作，盖诗学至元代，类似概括体式之要，讲结构章法之规，亦总结唐宋诗学之经验而提纲挈领之，固其宜也。吾人似不必以其浅显饾饤而疑之。不见清才如姜白石，而有《白石道人诗说》；神韵如王渔洋，而有《诗问》《然灯记闻》。至千里者积于跬步，成江海者不捐细流，荀卿言之详矣。

016　阅吴荣光《辛丑消夏记》，卷四著录元明集册有揭傒斯画山水一幅，元统二年九月画并自题诗云："溆浦明寒透橘洲，雁风吹老一天秋。渔翁独坐芦花底，流水晚烟闲钓舟。"此诗上海古籍出版社排印本《揭傒斯全集》不载。又卷三著录赵孟頫延祐六年二月画陶渊明像轴，亦有揭傒斯题诗，与《全集》续集所载《题渊明抚松图》文字微异。末二句"兹植焉所贵，昔为圣者叹"，手迹作"兹植信云美，昔为圣所叹"。

017　中国社会科学院文学所藏《沉吟楼诗选》，向传为孤本，一九七九年上海古籍出版社影印清人别集丛刊曾借以影印，钤有"中国科学院文学研究所"印。近年孔夫子旧书网忽出一本，颇似影印底本，亦钤有"中国科学院文学研究所"印。陆林兄电话见告，予亟登录而拍卖已落槌，不知竟归何人。异日检本所藏书，而《沉吟楼诗选》固在，行款、文字及缺字皆同，唯纸有虫蛀，应出一手所钞，且属影钞，笔画粗细皆肖，仅蛀蚀及若干细部微见差别。内有印章，末俞鸿筹跋文字悉同，书满一页，而影印本则分三页，网拍者跋非一页，盖即影印之底本耳。然则此书固有两本传世，皆为文学所藏书，不知何时流出。经比对可信两本出自同一钞手，皆为俞鸿筹所跋，疑俞氏钞自秘藏，录副而欲充孤本出售者。俞鸿筹(1908—1972)，字运之，号啸琴，别署孱提居士、舍庵居士。江苏常熟人。虞社创始人之一。毕业于上海法政学院法律系，著有《松禅老人逸事》《唐律疏义校注》《舍庵诗词残稿》《舍庵居士题跋》《干禄字书笺证补》等。文学所尚藏其所跋《摄六先生诗选》钞本。

018　申涵光《说杜》一卷，据申涵煜、申涵盼撰《申凫盟先生年谱》载，康熙六年妹婿路泽农刻于吴门。然其书至乾隆间张载华作《初白庵诗评纂例》已称“迩来罕有流传”，今未见传本，仅存仇兆鳌《杜诗详注》、张溍《读书堂杜工部诗集注解》、四川省图书馆藏韩菼批《钱注杜诗》引述一百五十余则，孙微有辑本，载《杜甫研究学刊》2005年第4期。其可订补者，尚有张宗柟辑《带经堂诗话》卷十九附识：“余插架有《聪山说杜》一帙，中分总说、随说、补说，自序云季弟随叔学诗于京师，家书商榷，苦其难尽，乃随所见辄笔于册，亦云大略有然，从此推之耳。”此可见其体例大略。又周容《春酒堂诗话》驳其论哀李光弼诗及“风吹苍江树，雨洒石壁来”一联之说，张载华《初白庵诗评》摘引其书若干条，亦可供对勘补订者也。

019　姚佺《诗源初集》方文列名参评，《吴风》陈篮姜《读孟贞先生诗得五字七韵》一首方文评云：“陶、谢、韦、柳为正风，何也？以其才清也。格不清则凡，调不清则冗，思不清则俗。王、杨之流利，沈、宋之丰蔚，高、岑之悲壮，李、杜之雄大，其才不一，而格、调、思未有不清者也。予与孟贞、翼仲藻瀹非一朝，而今有其验矣。”按：此言前段全袭明胡应麟语。《诗薮》外编卷四云：“诗最可贵者清，然有格清，有调清，有思清，有才清。才清者，王孟储韦之类是也。若格不清则凡，调不清则冗，思不清则俗。王杨之流利，沈宋之丰蔚，高岑之悲壮，李杜之雄大，其才不可概以清言，其格与调与思，则无不清者。”后魏裔介《清诗溯洄集》卷首所辑诗话亦节引胡氏此言，首句作：“陶谢韦柳为正声，何也？以其才清也。”则又似本自方文语。

020　徐增《而庵说唐诗》有陈鉴序，载湖北省图书馆藏抄本《九诰堂全集》卷首，而刊本不载。

021　叶恭绰《遐庵清秘录》卷二著录邵弥画山水绢本，有金圣叹跋云："昔嵇叔夜临终，顾视日影，索琴自弹，既而叹曰，《广陵散》于兹绝矣。又有哭王子敬者曰，子敬子敬，人琴俱亡。嗟乎，读斯两言，能不痛哉？群天下之人，无虑亿万万，至于其卓荦俊伟者，每每间百十年乃一生。生于世曾不五六十春，又必先此无虑亿万万者以先去。然则造物者真于世间有惜不惜之分别者也。其不惜者，如所谓无虑亿万万者是也，富贵寿考，莫不具备。执途人视之，皆是公也，然而我特无取焉。若其所惜者，则如嵇叔夜、王子敬，既不肯屡生于世，生又每每不能与富与贵遇，于是资生艰难，憔悴枯槁，身非金铁，所成不逸，一旦遂没。嗟夫，人生世上，往往鹿豕聚耳，亦又何乐而不顾，恋恋不能去乎？此帧为瓜畴先生遗笔，吾友般若法师藏之，而得之于圣默法师者也。余与先生，生既同里，年又不甚相去。使先生稍得至今日犹未死，余与先生试作支、许，竟日相对，实未知鹿死谁手？而天之不吊，先生竟已先赋楼去，余未死者，则既为造物之所不惜，至今犹得与群公者睹先生之遗迹，而慨然追慕其人，尝试通前通后计之，余之追慕先生，亦复为时几何，安能更有余力为先生多叹惜哉？余不识先生者，而余甚识圣法师，则见先生不得，见法师如见先生。此余所以肠痛于先生也。后之人不识先生，并不复识圣法师也，则恃有此笔在，见此笔如见先生，遂亦如见法师，则又安知余亦幸不附此笔而为后人所肠痛也。书之不胜三叹。崇祯甲申夏尽日涅槃学人圣叹书。"

022　邹祗谟《远志斋集》予久访不得，殆已亡佚，旧撰程郇行年考略，辑其序文数篇。后阅毛先舒《潠书》，卷一有《丽农词序》云:“兰陵邹子讦士,寄情填词,先后有《丽农》诸刻,其笔墨之妙如流波,如静女,其设色入想都不似从人间来。”(《四库全书存目丛书》第210册622页)同卷又有《邹讦士新咏序》。卷六《与邹讦士书》云:“三四年前,读丽农集,或呢喃如莺燕尔汝,又或如裂檀槽作濩索声,一鼓一歌,叹为工妙。不但娱目,直移我情也。迩湖头相值,得睹近文及文友、其年、龚、陈诸子作,每能因古人一二字间,推衍作数千语,妙意横生。”(第732页)

023 邹祗谟《远志斋集》不传,其文章散佚,偶见康熙香雪堂刊本李鼎元《石园全集》卷二十三载其一序,作于康熙七年二月。云:“昔苏文忠公八岁时因乡先生言,即知韩范富欧阳四公为人杰,迨后因欧阳以识韩富,而以不及见范文正公为恨。既乃交其子彝叟德孺,因得叙其文章以自托于门下士之末。盖其信之之专,服之之至,自有不可解于心者,岂徒以其容貌禄位之远过人也哉?祗谟自九岁时随先大父宪副公官豫章,常屈指生平所慕服,曰小子识之,如吉州谷郡三李公者,皆当时人杰也。盖先公与冢宰晦庵公同举进士,俱出廷尉周公之门,起家为钱塘令,则总宪忠肃公又以直指使者为举主,而今少司马公于忠肃公为从孙,冢宰公为从叔,故先公知李氏德业为详。不意三十年来,谟始得拜司马公于床下,且与公子维饶孝廉为友,每过从石园中,漏不数下不止。公时时为道先世交谊,更以余小子为可教,徐出所撰著文稿命之论择,曰:‘子其为我序之。’谟思宋人之文所最表著者,莫如欧阳曾王及三苏氏,然临川之文严鸷,其言峻;南丰之文质易,其言缓;而苏氏为文则又时近于纵横捭阖之学,若其和平正大,令人可敬而亲之者,唯欧阳公为独得其纯。故其终身出处,名实之际多可取则,有非诸公所能尽得者欤。至范文正公之为文,未尝有意如诸公所为,而苏公以为是出于仁义礼乐忠信孝弟,若饥渴之于饮食,故虽率然而作,天下皆信其诚而师尊之，论文而务本于诚，虽世之尽力于文字者，往往有所不能及。此又苏公所以低回叹息，而以不及见为恨者欤？今司马公既生于欧阳之乡，而名望又与范公相似，盖自铨曹以陟卿贰，凡生平之正学大业，伟识宏度，其所为修于身与施于事者，天下后世之人固已共信而服之，有不待文章而后显者。即以文章论之，无不根柢经术，抑末扬本，而雄伟光明之气，出入变化之材，虽片言单简，一以仁孝理学为归，固有其生之于心而应之于手者。公盖如其诚之所欲言，而天下亦共见其言之必出于诚也。次非欧阳范公之所以为文者乎？独是苏公以八岁而知敬爱范公，祗谟亦九岁而知敬爱公，且以公之一门俱属累世通门之雅，而又因公之子以见知于公，时时诵习其文章，虽自恨其迂愚不肖，不能以姓名蚤达于时，窃比苏公之万一。而顾亲识公面，且许附数言于文字之末，是得见苏公之所不得见矣，又何其幸也！若夫忠肃、冢宰之事业文章，不下于宋四公，恨谟当幼稚时，未及因先公以请从游。兹得侍公父子间，尚当请二公之家集，取而伏读之，并附数言于后，岂不益快畴昔执鞭之愿也哉？康熙戊申仲春毗陵后学邹祗谟撰。”

024　王曰高《槐轩文集》卷首载邹祗谟序曰：“自古人有三不朽之说，而欧阳子推原其本，以为施于事矣，不见于言可也；修于身矣，不施于事，不见于言亦可也。余始读其言而深然之，又思自唐虞以迄成周，书有典谟训诰，诗有风雅颂，以为是皋益尹说周公召公山甫吉甫之徒所著，吾不能见其人，犹得知其孰圣孰贤者，由所传之言而论列之也。又安知千百岁后不有读今人所言可以得吾之行事与修身者乎？乃布衣岩穴之士或能著书立说，而不能有所著以表见，至于有文章而在位者，又不屑专意肆力以勉为之，李习之有言，得于时者虽负作者之材，其道既能被物，则不肯著书矣。此古今作者虽多，求其卓然可传以无愧立言之任者,终未尝多得也欤。今给谏王北山先生余同年友也。向允知其为人,敦朴易直,束脩励志,有不言躬行之风,自翰林迁给事中,论思献纳,凡于国家大事,吏治民情,知无不言,言无不尽,固已得立言之大者矣,顾性喜为诗,自入直视草,以及庭闱、游览,无不时时有诗,浅深疏密,各极其致。百变而率归于浑涵,至其为文,舒徐自得,而立义甚高,汪洋无穷,而用法有要,虽其登涉所至,偶然肆笔,未常有意于求工,而刻意为文者,往往逊为不可及,庶几有去正复雅,扬本抑末之能焉,先生之为可传,固不仅以文章显,即其材力所至,于文章尤未见其所止。而使一时之人士诵其言,观其行事,推本其立身居己之大闲,则其言未始不可恃矣。昔权德舆之序陆贽云:览公之作则知公之为文,览公之奏则知公之为臣。使宣公而无榷古扬今,雄文藻思之言,虽后之低徊向往者又何所自而忾然如见其为人乎?嗟乎世岂无怀才而不得知者,营营汲汲,抱阙守残,期夫一言得传之于后,终不能为宗庙朝廷之文以显名一世,此杨子云之著书,所以见轻于当时也。今先生道能被物,而又负作者之材,得时而能著书若此,以视夫文章之名虽传,而德功未著者,其为得失相去更何如哉?康熙己酉正月南兰陵年小弟邹祗谟拜撰。"

025 康熙刊本梅清《天延阁删后诗》卷十一程村撰《归舟诗序》:"昔余以乙巳之秋访瞿山梅子于宛上,瞿山则为余置酒敬亭,大会宾客。时余为赋长句四章、草堂词三章,而瞿山作古体二章,有曰:'群公命世才,到此念栖息。'余复依韵答之,有曰:'古人不见我,肯居古人后。清谭既斐亹,疑义互击剖。'迄今咏之,仿佛在晤对间也。乃一别东西,山川修阻,时移岁易,音徽邈然。余既宦拙以无成,瞿山抑计偕而数左,追往念来,意气欲尽,盖不仅聚散之思,抑以得失之所为系也。今年夏余方避疾里中,闻瞿山复自北还,亟谋载酒江上,用以慰藉其生平。而未知瞿山已渡江去，邮一编达余，系之以书，目曰归舟。盖皆不得志于时之所为作也。余急取而阅之，袂耸筵上，三复流连，因爽然以兴，曰：'嘻，异矣，此不其敬亭之遗音欤？抑何其气之和以平而思之婉以秀也，又何其烟水之多怀而泳陶不倦也！虽其间三叹沉吟之致亦或有焉，要不过于望远念归吊古怀人之余，一寄其悱恻，导其缠绵已耳。求所为抚剑霑衣，悻悻而狼为顾者无有也。嘻，瞿山其不可及矣。夫遇亦何尝之有，惟能忘于天下之用舍者，为能得用舍之大。而余犹将窃窃然持其私意以为瞿山拟，只见其阁于大致而未既厥量也。'乃书数言以志于《南池》《酒楼》诸诗之后，而复于瞿山曰：'子于此其胜人已乎？余向者期君以古人，而今乃果得之此耶？用此意以事君，则于君必忠，而得失之纷纭不足以为吾动；用此意以交友，则于友必诚，而聚散之参差不足以为吾间。君益厚自爱尔矣，余将继敬亭之诗而咏之梁甫也。'"

026　康熙刊本尤侗《西堂全集·西堂乐府》所收《钧天乐》卷首载程村序："原夫龙梭织锦，纡回多动魄之词；雁柱题筝，呜咽盛伤心之调。桓野王能吹长笛，辄唤奈何；范蔚宗自鼓琵琶，犹伤零落。茫茫交集，宁无洗马之言愁？寂寂笑人，应有中书之自叹。莫不情缘义起，声以心生。韵写哀丝，数陨贞夫之涕；桐收焦尾，偏惊庶女之魂。漫思行乐于人间，寔欲寄愁于天上。岂徒爱城东之巧笑，浪掷茱萸；怀河北之蛾眉，兴思桂树者哉？我友悔庵，弱岁骑羊，妙年绣虎。窈窕玉钗之句，誉满楚宫；清新洞箫之章，声驰汉邸。百花洲畔，自许清狂；五噫关前，夙推乐托。《郁轮袍》弹成新调，耻比优伶；《芙蓉镜》著就佳篇，徒资讽咏。于是平原入洛，张壮武见而倾心；孝穆辞梁，杨丞相闻而握手。貂蝉盈坐，胥知风调无双；箫鼓当筵，共识才情第一。乃仅镌龟左辅，剖虎北平。赵京兆之精详，名扬铜匦；王子猷之高寄，意略马曹。辘轳犹然，虞罗未免。然而，读凌云之赋，天子恨不同时；

诵蓬山之词，宫中都呼才子。沉香亭下，行有捧砚之人；结绮阁边，岂仅劈笺之侣？固知帝念苏轼，大是奇才，人称方朔，不徒待诏者矣。无何龙髯既远，猿臂徒悲，桥山有攀泣之臣，陇西犹数奇之将。箜篌宛转，写此愁怀，筚篥凄凉，谱兹别怨。兼之过山阳而腹痛，遵灞岸以情伤。陆云代赠妇之篇，胡香不返；徐淑传答夫之柬，铅粉谁存？固将绘以丹青，垂之纨素。嗟乎！青天碧海，金丹无炼骨之方；翠管红牙，锦带有销愁之曲。珊瑚为轴，体号连环，玳瑁作床，题称碎锦。务使楼成白玉，共推识字之神仙；台筑黄金，不羡呈身之狎客。瑶阙送金莲之烛，何暇称愁？银管题蕊珠之名，聊将忘恨。因之瑯函玉笈，读尽酉藏之秘书；国腹云和，听彻《钧天》之仙乐。广寒楼阁，修月文传，织室河梁，催妆句擅。极万古伤心之事，罄三生得意之欢。鲜不写以缠绵，抒其愤郁。洵好还之天道，亦实获于我心。况复翠椒作室，仿佛同心，朱鸟为窗，依稀连理。王子晋之缑岭，但听遥吹；秦弄玉之凤楼，曾矜偕跨。既红尘之可弃，想碧落以非悬，是也非耶，天乎帝矣！仆也性偏历落，遇复差池。唱离鸿别鹤之操，时时刻骨；睹兰畹金荃之制，字字移情。乃搦管而叹解人，庶续貂以附艳体，固知子虚乌有之雄谈，不徒寓言十九，亦念铜弦铁板之馀烈，犹存讽谏百一云尔。康熙乙巳花朝后五日，南兰陵丽农山人程郙氏，拜题于骥江之城南精舍。”

027　何义门批校本传世颇夥，卞孝萱师尝为辑存。余曾见山东图书馆所藏万历三十四年马元调刊《白氏长庆集》《河东先生集》，有义门批校并跋；抄本《石刻铺叙》，有佚名过录义门批校。中国社会科学院文学所藏汲古阁刊本《中州集》，义门朱笔批语多至四万余言，已属高生晓成辑录刊布。

028　湖北省图书馆藏徐增《九诰堂全集》抄本，卷首列同人酬赠诗有陆世仪《仲春十九日同钱础日归元恭将往邓尉观梅访子能道兄于桐泾僧舍周子佩适载酒至谈一夜子能先生先成一律次和》，徐增诗见诗集卷十四《仲春十九日娄东陆桴亭玉峰归元恭梁溪钱础日往邓尉观梅访余寓庵值周子珮移酒来夜谈留宿》。归庄诗云："访友寻梅日正曛，淹留兰若得同群。不愁山里花如霰，却喜尊前气似云。病叟衰翁多问药，儒林骚客共论文。朝来风雨妨游事，为尔挥毫写此君。"考赵经达撰《归玄恭先生年谱》(上海古籍出版社排印本《归庄集》附)据《桴亭诗集》系于顺治十六年，注诗佚，盖即此诗也。又有归庄《秋日遇子能老道翁于武林有诗见赠次韵奉酬》诗云："同乡同调逢湖上，君为评诗我看花。净艳正宜青嶂绕，浮香不畏白云遮。波翻辩论谁能夺，天假文章岂是夸。却笑两翁各衰病，乱余漂泊总无家。"亦为集中所佚。

029　朱彝尊所藏抄本多归同邑汪孟铕，其子如藻因欠债，又尽举所有四库退还抄本三百余种售于李调元，见《雨村诗话》卷十六。

030　梁佩兰《六莹堂集》卷八《题楝树图》："一见画图怜大孝，司空手植意无涯。伤心好似冬青树，三月孤亭哭楝花。"小序云："楝树，李司空完璧手所植也，司空殁，其公子荔轩绘为图，乞诸名公诗。予友宋既亭倡之，予亦和焉。"按：此诗见曹寅所集《楝亭图咏》，有"题为荔轩年道兄正，梁佩兰"落款，知原系为曹寅题。诗序言和宋既亭，然据汪宗沂《屈大均年谱》，梁诗与屈大均、陈恭尹题诗俱系王士禛康熙二十四年初至广州祭南海时代曹寅求题。此既掩其迹，复易曹为李，盖有微意存焉。

031　咸丰元年戴均衡重刊《方望溪先生全集》，增入方苞裔孙恩露所出诗十五首，稍释全集无诗之憾，亦使望溪不能诗之说不攻自破。予按乾隆初方世举《兰丛诗话》云：“先宫詹公又集学杜之大成，晚而批杜，章法句法字法皆有指授。小子才薄力弱，不能专宗，老而自伤，终莫能一。望溪兄、宜田侄实确守之。兄以文胜而诗居功半，今藏于家，侄则表见于世矣。”然则望溪实有诗稿留传，卷帙当亦不菲，惜后人未能保先世手泽也。又阅《许宝蘅日记》民国十六年十一月十三日载见南三所宫中档案有《名教罪人》四册，系雍正为钱名世而作，令廷臣各作诗刺之，内有方苞诗。

032 清人刻书每有刊成后增刻序跋者。山东省图书馆藏王士禛《王文简公论七言古体平仄》一卷，一部前有乾隆五十三年汪镛序，另一部前有乾隆五十七年翁方纲《新城县新刊王文简古诗平仄论序》，末称“因新城学官之请，而为之序”，殆原刊于乾隆五十三年，后复请翁方纲序而再印，以广其传也。中国社会科学院文学所藏吴本锡《寄云楼诗集》嘉庆二十五年刊本，一部卷首仅沈业富一序，另一部沈序后增《甘泉县志》小传及乾隆壬辰何忠相跋、嘉庆戊寅十二月汪喜孙跋，亦日后增刻再印者也。按：汪喜孙跋不见于杨晋龙编《汪喜孙著作集》，乃集外佚文，可补入。

033 自明人别集分体编排者置乐府于卷首，后人多沿之（亦有置于卷末者，如吴景旭《南山堂自订诗》），而其写作年月遂不可考，人多以为非同时作也。然古题乐府之作，每出于模拟，往往为某时好尚所趋，固有作于一时者。清李天馥《容斋乙巳诗》收《练时日》《白纻词》《东风伯劳歌》《战城南》《君马黄》《独漉篇》《行路难》《乐歌行》《春波词》《大堤曲》《杨白花》《长安少年行》《桃花源》《古意》《长干行》《少年行》《杜鹃曲》诸篇，皆康熙四年一岁之作也。田兰芳《逸德轩诗集》卷中收《南山有鸟》《乌生八九子》《陌上桑》《日出东南隅》《枯鱼过河泣》《将进酒》《君马黄》《公莫渡河》《艾如张》《吴趋》《君子行》，皆康熙二十二年癸亥之作，是其例也。

034　阅葛金烺《爱日吟庐书画别录》卷二载蔡升元、杨瑄、查升致巽亭（胡正基、张书、葛绳先三人号巽亭）札，推考《佩文斋咏物诗》编纂体例，因知该书系采自《唐类函》《诗隽类函》《唐诗类苑》等书，由巽亭校正。有云："是选原取字句芳润者，仰供皇上宸翰挥洒，颁赐臣工，故凡愁字悲字之类，概行避却。但古人诗中此等字样甚多，若一切删而不录，则可采者少。故抄录时遇此等字样，若意义可通者，从权改一两字。如第三册唐颜粲《白露为霜》诗首句云'悲秋将岁晚'，回避悲字，故改感字。如此者颇多，今已奏明，奉旨古人诗仍照原本，不必更改。俟临写时再行斟酌，以后此等字样，概行票出可也。"由此可见，清朝修书所改，固不必皆出于上意，汉臣妄度宸衷，已自改避。

035　清板书丘写作邱，乃因雍正三年诏除四书五经外，孔子讳右皆加邑旁，读期音，俗读作某。见林传甲《筹笔轩读书日记》九月二十五日。

036　魏秀仁《花月痕》小说卷十记愉园杜采秋居室悬板桥墨迹，有"小饮偶然邀水月，谪居犹得住蓬莱"之句，不见于板桥集中。以板桥名气之大，小说叙事之纪实，当夙有所见，非凭空杜撰也。许焕《止止楼随笔》卷九载正乙真人入京，道经扬州，板桥赠以联句曰："玉印传家，龙虎山中真宰相；金符镇国，麒麟阁上活神仙。"亦可补著录之阙。

037 王琦《李长吉歌诗汇解》首卷有宋琬《昌谷集注序》一篇，此文见于王猷定《四照堂文集》卷四，题下注“代”，则此文实为王猷定顺治十八年春客绍兴宋琬幕中时代作也。王集所收文字有两三处微异，而末句“不亦重可悲乎”下尚有一段：“故余以为屈子之谗在一时，而贺之谗在终古。何者？世不尽爱贺也，即有能传其诗如杜牧者，可谓爱贺矣，然犹以为理所未及，虽爱亦谗也。贺死无注贺诗者，元李孝光、张昱辈迄明初李长史竞工其体而不明其心；山阴徐渭、曾益虽注，多所未备；龙眠姚文燮曰：世多以诗注诗而不知本于骚，又以骚注诗而不知本于史。斯注传，可以教天下之言诗者矣，岂独有功于贺也哉？盖姚子为穿札古今之学，考证务求精覈，不为影响凿空之论，故贺诗虽最密，如参元璩植应有莫知其解者，而姚子一一传之，如灯取影，不失累黍。呜呼，是真能爱贺者。今而后贺其免于谗乎？即以之继愈辩可也。”此段文字姚文燮《昌谷集注》所载宋序不阙，盖为王琦所删节也。

038 陶元藻《全浙诗话》目录卷五十一徐简后祁德茝，续四库影印本作连蕙兰；五十二“叶氏一门闺秀”，续四库影印本无一门二字；卷四十七吴尊莱条“余卷已拟房首”，续四库影印本作“余荐”，似其板片后有挖改也。

039《随园诗话》成书于晚年，此于前三卷凡有纪年条目多为乾隆五十年前后作，已略可概见，后则与时俱载，随录随编矣。今举各卷可考见写作年月之条目如下：卷一言及丁巳前辈沈蜚云馆选后归娶，逾年入都，未半年亡，哭以四绝，五十年来全不省记，应作于乾隆五十三年后；卷二言及曹廷栋（1699—1785）已卒，则撰此条在乾隆五十年后；卷三言及乾隆五十六年辛亥清明后奇丽川寄侯光第诗事；卷四言少时曾过江西泸溪，后三十年读顾奎光《赴辰州》诗；卷五言及乾隆十三年初建随园，四十年来，园增饰迥非从前，则作于乾隆五十三年前后；卷六追忆乾隆二十四年饮于卢见曾扬州转运署中，后三十年其家籍没，则作于乾隆五十四年后；卷八言乾隆四十九年过南昌晤蒋士铨事；卷十言及乾隆元年丙辰至广西，蒙金抚军荐入都，今五十年矣，则为乾隆五十年作；卷十一言戊申舒城沈本陛以诗求见，乾隆五十三年事也；卷十二载雍正十三年乙卯交柴致远，藏其笔札五十余年，则为乾隆五十年后作；卷十四载“今乾隆戊申矣，其孙云翮为上海令，招余入署，谋刻(周兰坡)先生诗集”，知为乾隆五十三年事；卷十五言“丙辰招试鸿词，到丙申四十余年矣”，作于乾隆五十年前；补遗卷一言“丙辰招试者二百余人，今五十五年矣”，作于乾隆五十六年；补遗卷三载“乾隆戊午科，余与阿广庭相公同出四川邓逊斋先生之门。榜下一别，于今五十四年矣”，应作于乾隆五十七年；补遗卷四载赵帅“丁未秋，在丹徒广文署中，以诗集见示，余为加墨而去，今五年矣”，亦为乾隆五十七年事；补遗卷五云“今年余在湖楼，招女弟子七人作诗会”，据《随园女弟子诗选》卷一，为乾隆五十七年事；补遗卷六载“余春间返故乡扫墓”，则为乾隆五十五年事；补遗卷七言丙辰冬初识李光运，“今甲寅秋，六十年矣”，自是乾隆五十九年作；补遗卷九记乙卯二月在扬州见巡漕谢香泉先生，乾隆六十年事也；又言及嘉庆初元，小住扬州，得许祥龄诗；补遗卷十载嘉庆元年丙辰十一月过吴江住徐山民家事，以嘉庆二年丁巳二月严小秋梦访随园事结束。全书要之以纪事之历年编次，此其大概也。至于一人之事而错见于多卷，则有意参伍其文，于报李宪乔札中固已言之矣。

040　翁覃溪平生最服膺王渔洋诗学，尝应戴钧元之请为批《渔洋精华录》，为世所重，多传录之本。周兴陆《渔洋精华录汇评》著录所见五种抄本，而原本未知下落。偶阅《许宝蘅日记》，光绪三十四年正月二十八日记在陈仁先处见傅青主手批《庄子翼》与翁覃溪手批《渔洋精华录》,则此书清季尚传于世。

041 纪晓岚文集为后人所编,遗佚尚多,《赐研堂文集序》、蒋师爚《敦艮堂文集》附录《皇清诰授朝议大夫兵部武库司主事加三级前翰林院庶吉士蒋公墓志铭》、李监榆《聊斋传奇九种序》,今新编《纪晓岚全集》皆未收也。

042 黄钊《读白华草堂诗》二集卷九癸巳诗有《子贞于琉璃厂书摊购得翁覃溪学士手书诗稿一本属赋》:"何郎好古成膏肓,日从厂肆搜球琅。残碑剩碣尽蒐致,片纸只字勤收藏。苏斋此稿落破簏,大异李贺投奚囊。一金易得窃心喜,贾胡碧眼穷豪芒。要我作诗识好事,想见诸老同清狂。鱼门萚石游最密,岂有牴牾存参商(稿中粘有程鱼门、钱萚石书札,语似与鱼门有所牴牾而萚石为之排解而始释者)。读书养气可见道(卷端有'读书养气'及'诗者文之余,文者道之一端'等语),五弊已去归康庄(卷前自警云:字不真者,通套之弊;太松太长者,顺势之弊。傅会斗凑者,查书之弊。作入纤巧者,讨好之弊。去此五弊,而适于正路。又要精深厚实,又要开拓能事。本性求精,脱胎换骨)。癸正月至乙八月,二百余首从否臧(卷面题癸巳正月至乙未八月,此一本内诗二百九十二首。其勉强存以备改者,二百廿三首)。苏斋赋性近严覈,七载校士巡吾乡。鱼山一叟出珠浦,百围巨木森门墙。论诗后乃服钱子,意见时复存低昂(见苏斋所作冯鱼山比部遗稿序)。卷中桐阴亦高足(饶桐阴太史庆捷,大埔人),今(令)我起敬思维桑。何郎与我最友爱,通门之谊同雁行。怀瑰抱奇并不偶,正坐好古羞时妆。一昨自娱轩下坐,窗隙隐隐生湖光。毛(西河)朱(竹垞)二老古风骨,杖履合绘须眉苍。苏斋题句纪年月(西河、竹垞壬午同游湖上,苏斋考证是岁西河年八十，竹垞年七十四)，诗谱纪略同精详(子贞复从厂市购得苏斋手书《诗谱纪略》小摺，自东坡生年起，迄查初白卒年止，纪历朝人物生平如史例)。前辈风流孰可继，乾嘉之际犹相望。何郎弆之贮巾箱，有人为爇南丰香。”

043　刘承干刊本《缶庐集》卷二《翁覃溪学士手纂四库全书提要刘翰怡藏属题》：“昔闻四库书，河间总其成。提要有分纂，实出翁北平。翁公为学士，金石谈铿铿。万卷罗心胸，南面拥百城。经史与子集，考订尤详明。然藜天禄阁，后先有同情。其稿今尚在，想见藏凿楹。行草具体势，遒劲如率更。流传百余载，浩劫经刀兵。鬼神为呵护，存此文字英。遐思乾隆时，宿学多公卿。讲求穷八法，游好在六经。沧桑时代异，文化销英声。古学不复讲，字多尚旁行。毒逾焚诗书，儒欲投之坑。赖有好古士，故纸珍瑶瑛。艺苑留巨观，观耀日月星。旧时商榷者，诸老应有灵。陈书招其魂，酒酹以兕觥。展卷夸眼福，再拜心怦怦。”

044《全唐诗》据季振宜所辑唐诗稿本，增订成书，世所周知。《全唐文》亦系据内府所藏《全唐文》增订而成，世或未知也。法式善《存素堂文续集》卷二《校全唐文记》载：“内府《全唐文》抄本十六函，每函十册，约计其篇，盖万又几千焉。前无序例，亦无编纂姓氏。首叶钤‘梅谷’二字私印，相传海宁陈氏遗书，或云玲珑山馆所藏，或云传是楼中物。大约抄非一手，藏非一家，辑而未成，仅就人所习见常行采缀为卷。唐人各集亦皆录从近代坊本。苏尚书官两淮盐政时，购于扬州，而上贡秘殿。嘉庆十三年十月，奉诏补辑纂校，善获奔走，爰从诸君子后，阅《四库全书》若干部，天下府厅州县志书若干部，金石碑版文字若干纸，而又阅《永乐大典》二万卷，《释藏》八千二百卷，《道藏》四千六百卷，然后补入若干。”虽然，馆臣所补亦未可忽视也，盖其时《永乐大典》

犹存，得辑出佚文甚夥也。同卷《校永乐大典记》又云：“今翰林院所贮，仅一万册，相传为李自成所摧残。检每册后署衔，则曰：‘重录总校官侍郎高拱、学士某，分校编修某，书写儒士某。’其为嘉靖本无疑。不知原书今归何所，竟无人知之，是可怪也。此书发凡起例，寔未美善。而宋元以后书，固已搜罗大备，世间未见之鸿文秘笈，赖此而存。惜唐、隋以前书，仍寥寥耳。然余披检唐人之文，如张燕公、陈子昂、陆宣公、颜鲁公、权载之、独孤至之、韩昌黎、柳柳州、白乐天、欧阳行周、刘宾客、李义山、杜牧之、罗昭谏，行世本外，各有增益者数十，少者亦五六。其不习见于世之人，盖往往而有也。”法式善所著《陶庐杂录》卷二亦载：“余纂全唐文，于《永乐大典》暨各州县志内采录，皆世所未见之篇。而纂四库书时，唐贤各集实未补入。如王勃、杨炯、卢照邻、骆宾王、陈子昂、张说、张九龄、李邕、李白、杜甫、王维、高适、元结、颜真卿、吴筠、刘长卿、独孤及、萧颖士、韦应物、李华、顾况、陆贽、权德舆、韩愈、柳宗元、刘禹锡、钱起、吕温、张籍、皇甫湜、李翱、欧阳詹、李观、沈亚之、李绅、李德裕、元稹、白居易、杜牧、李商隐、刘蜕、李频、李群玉、孙樵、王棨、皮日休、陆龟蒙、司空图、韩偓、吴融、徐寅、黄滔、罗隐、韦庄、杜光庭，凡五十五家。全书皆已著录，而原集漏略，今一一补载。其李百药、长孙无忌、魏徵、苏颋、孙逖、常衮、梁肃、令狐楚、符载九家，全书未著录，见于内府全唐文原本，今采各书补载，亦复不少，余别录为书。”由此知清廷编《全唐文》，皆据《永乐大典》等增辑，故各家存文及文字每较通行别集为富为善。如权德舆集即其例也，故予与门人整理权集取为底本。昔予尝欲校理梁肃集，考诸家书目，竟无传本，仅《全唐文》存三卷，据此知亦出自内府。是则《全唐文》多存《大典》逸篇，固不得以官书而轻之也。

045 赵翼文集不传，文亦不数数见，赵秉清《寄生馆焚余稿》卷首有其序，末署时年七十八。

046　王昶《湖海诗传》小传仿朱彝尊《明诗综》所附《静志居诗话》，后人每辑出，今知有北京大学藏清抄本、上海图书馆藏道光间郑乔迁抄本一卷、韩国民族美术研究所藏抄本三卷，又有同治四年亦西斋刊本六卷(题作湖海诗传小传)、光绪四年上海淞隐阁石印本六卷(题作湖海诗传小传)。台湾“中央图书馆”藏有道光三十年毛庆善重编《蒲褐山房诗话》稿本，亦辑自《诗传》。毛庆善字叔美，江苏吴县人。诸生。得项孔彰画《尚友图》，以名其斋，辑有《尚友斋古文选粹读本》，有钞本藏山东省图书馆。得才女顾蕙为配，颜其居曰红豆书楼，名流多题咏。后顾蕙先逝，庆善亦于咸丰二年下世，平生所藏零落，遗诗亦散失。见刘履芬《旅窗怀旧诗》。

047　张问陶诗文之外，书画皆工，平时自题书画甚多，或不尽存集。阅平湖葛金烺《爱日吟庐书画续录》卷六，载张问陶《敦行录》一则行书轴，画松石轴，松石有庚申十一月廿八日落款，题诗云：“片石写萧闲，松门早闭关。有生皆过客，无事即深山。老眼观群动，神丹想大还。尘劳偏误我，相对惜朱颜。”葛氏谓此诗集中不载，检之信然。又，皂道人《旧学盦笔记》“张船山画”条载：“船山太史诗负盛名，偶作山水鹰猿之属，并跌宕有奇气。家藏有《诗龛图》卷，乃十二家合作者。中有太史一幅，山皴树点，迥不犹人。轩窗俱涂五色，作西洋玻璃状，尤见别致。自题云：‘有梧当门，有石如帆。画添三毫，诗满一龛。龛中之人，仙佛其兼。己未四月二十三日风雨颇凉，随意涂抹，应时帆前辈命。予画虽不佳，却自有一种兴趣，既不肯问今人，亦无暇学古人。每用沾沾自喜，只如作遣怀诗耳。’梧门题诗云：‘颠张每作诗，思必超物外。画从诗中生，那复著尘壒。画山不画峰，画水不画濑。

峰濑岂不好,落笔防其太。但取己胸臆,坐与万象会。谢尽皮与毛,手笔所以大。'云云。倾倒至矣。"此皆可补本集之阙。

048 姚祖恩辑《静志居诗话》卷一宁献王权条附录"愚山氏云",系剪裁钱谦益《列朝诗集小传》乾集下宁献王小传而成,中插入使人往庐山囊云一段,为钱书所无。卷三徐贲条附录"愚山云"一段文字,见《列朝诗集小传》甲集徐贲传补遗《书徐布政贲诗后》(上海古籍出版社版1983年版上册第157至158页)。全书引愚山语若干条,皆出自《列朝诗集小传》,改虞山为愚山,避时忌也。

049《静志居诗话》卷二十一引愚山(即钱谦益)语云:"史称大江之南,五湖之间,其人轻心。晋人言吴音妖而浮,故其人巧而少信。昔夺于秦,中服于齐,今咻于楚,此其征也。云子能自立,一洗轻心少信之耻。"按此语出《牧斋初学集》卷三十二《朱云子小集引》,原作:"云子年富力强,以吴之文自立,一洗轻心少信之耻,余日望之。"此落"余日望之"四字,遂变诫勉语为赞誉语,旨趣异矣。

050 四库所收书中,应入诗文评而仍附于文集后者,如王步青《王己山文集》附别集四卷,皆其时文选本之序论,盖步青困诸生者二十余年,里居教授,惟以评选时文为事。平生精力尽在于是,故讲论时文之语,至于积成卷帙。又王文清《锄经余草》十六卷前有论诗法十条,为其平生心得之语,门人录以冠于集。

051 舒位《瓶水斋诗集》卷一《书剑南诗集后》:"争似江东杨转运,一官一集自编年。"此言诗集分集以职官为别,自然见其履历。清人别集中如此分集者,所见有庞垲《丛碧山房诗集》、毕沅《灵岩山馆集》、李銮宣《坚白石斋诗集》、黄秉礼《绿香山馆诗稿》等。毕沅历任巡抚，洪亮吉《北江诗话》卷四称其"官移一岳，即编一集"。

052　阅管庭芬日记，咸丰十年六月十三日，录沈起凤《续谐铎》一卷，跋云："闻诸吴门故老云：沈桐威少年时所为，皆不循理法。客京师日，暑月髻簪茉莉花，身衣短纱衫裤，作卖花郎行径。永巷朱门，叫歌争买，日午则套车遍谒辇下显达，天晚则烂醉于娈童妖妓之家矣。后为巡城御史所知，欲绳之于法，跄踉遁归。所作《谐铎》，惟学刘四骂人，了无可取，此数则盖删余之本。"

053　法式善《梧门诗话》书成未曾刊行，今存台湾"中央图书馆"藏稿本十六卷与中国社会科学院文学研究所藏民国二年癸丑杨亨寿重编手钞本四册，均不署编纂年月。今据《存素堂文续集》卷二《与王柳村书》云："《诗话》虽传于南中，其实尚未削稿。蒙谆索，遂转托鲍鸿起孝廉手录数十则求正。"此书言及"又有《朋旧及见录》六十四卷，纂于十五年以前，体例略仿《明诗综》，秦小岘为作序，书至今年始成"，参照同卷《复黄心盦书》"仆今年闭户养疴两月，偶阅二十年前手定《朋旧及见录》，秦小岘曾为作序，久刻于《小岘山人文集》中者，重加校勘，益以后来所获，繁杂者删之，厘为六十四卷"，知二书作于同年。后书称"仆今年五十七岁"，则嘉庆十四年也，其时诗话已完稿，"其实尚未削稿"或谦辞也。"传于南中"云云，似即寄屠倬谋刊行。郭麐《灵芬馆诗话》续集卷五载："（法式善）有诗话十余册交屠太史琴坞为之校刊，亦未果。终当与琴坞共成此事，庶报知己于万一耳。"时嘉庆二十三年。

054　林庆彰主编《晚清四部丛刊》第八编收佚名《竹岑诗

稿》钞本一种，皆道光九年己丑至十二年壬辰初诗，疑为沈铭彝稿也。沈铭彝(1763—1837)，字纪鸿，号竹岑。浙江嘉兴人。官至教谕。事迹见《皇清书史》卷二十六。尝辑《竹林志》，今不传。著有《云东遗史年谱》一卷、《后汉书注又补》一卷、《孟庐札记》八卷、《沈竹岑日记》行世，另有《从朔编》《竹岑札记》等稿本，原为罗振玉旧藏，今归大连图书馆。国家图书馆藏其《听松阁诗》稿本。此编所咏皆嘉兴一带事，地与时悉合。

055 王学泰先生尝言嘉庆元年吴翌凤所编《国朝诗》(《印须集》?)中两陌生诗人，一彭撝，字六吉，浙江常山人，选诗四十六首；一翁绍隆，字骚余，广西临桂人，选诗四十九首，仅次于吴梅村之五十一首。而二人实为钱谦益、屈大均之化名。寅按：二人名皆取暗寓之义。撝寓谦，六吉亦为益。浙江无常山，盖寓常熟虞山耳。大均原名绍隆，号翁山，骚余则寓屈原字灵均，以切大均之名。两人一贰臣一遗民，值乾隆禁毁其书之后，足见士林惮文网之峻也。然此等浅稚文字游戏，固不足言障眼法，聊欺满人不学者而已。

056 昔丘良任丈辑录竹枝词，予蒙不弃，视为小友，得《竹枝纪事诗》之赐。予披览载籍，每见竹枝之作，必函告丈。及丈故去，仍札记不辍。姑列于此，治其学者或有所取材焉。所知见竹枝词专集，有田榕《黔苗竹枝词》一卷，附乾隆二十五年刊《碧山堂诗抄》后。刘云峰《梧江杂咏》一卷，系咏梧州古迹竹枝词四十五首。李于潢《汴宋竹枝词》二卷，河南大学图书馆藏。传吴梅颠作《潭上竹枝词》散页，歙县博物馆藏。佚名撰《黟山竹枝词》一卷，安徽大学图书馆藏道光钞本。陈栩《瓜山竹枝词》，有刊本。志锐《竹枝词》一卷，常州图书馆藏。文廷式《纯常子枝语》卷十一载志伯愚改官乌里雅苏台参赞，途中得竹枝词一百首，疑即此本。组诗则有《元诗选》二集卷十一王士熙《竹枝词》十首，袁桷《清容居士集》卷十五《次韵继学途中竹枝词》十首，谢肇淛《小草斋集》卷二十七《吴兴竹枝词》十首、《吴兴后竹枝词》四首，《徐熥集》卷十四《西湖十景竹枝词》十首；石涛《广陵竹枝词》十首，见莫友芝《郘亭书画经眼录》附录卷下著录；郝璧《郝兰石集》《广陵竹枝词》一百首、《皋兰竹枝词》三十首，孙枝蔚《溉堂前集》卷八《扬州竹枝词》八首，李念慈《谷口山房诗集》卷二十八《蜀州竹枝词》二十二首，梅清《瞿山诗略》卷八《西湖竹枝词》九首，谢赐履《悦山堂诗集》卷五《竹枝词》十首，魏荔彤《怀舫诗别集》卷二《闽漳竹枝词》一百首、卷六《江南竹枝词》一百首，李天馥《容斋乙巳诗》《江上竹枝词》十首，王嗣槐《桂山堂诗选》卷十二《虎丘竹枝词》六首、《竹枝词》八首，汪士鋐《秋泉居士集》卷十五《岷州竹枝词》六首，胡道南《风满楼诗稿》卷十《西湖竹枝词》八首、《东湖竹枝词》九首，唐大经《舫楼诗草》卷二《羊城竹枝词》八首、《郫乡竹枝词》十五首，许廷鑅《竹素园诗钞》卷四《湘南竹枝词》八首，边连宝《随园诗集》卷二十五《赵北口竹枝词》二十首，袁枚《小仓山房诗集》卷二十六《真州竹枝词》八首，钱大昕《潜研堂诗集》卷二《竹枝词和王凤喈韵六十首》，蒋士铨《忠雅堂诗集》卷二《鄱阳竹枝》十四首、卷三《乌江竹枝》五首，姚鼐《惜抱轩诗集》《江上竹枝词》四首、《南昌竹枝词》二首、《汉口竹枝辞》二首，王鸣盛《西沚居士集》卷二十二《泖湖竹枝词》四首，忻恕《近水楼遗稿》《东湖竹枝词》十首两组，孙国柱《率尔吟》《芦村竹枝词》六首，熊为霖《纪行诗十册・修水游草》《山棚竹枝词》六首，《岭南游草》《潮州竹枝词》四首、《羊城竹枝词》十四首、《苗峒竹枝词》六首，梁昌圣《碧霞书屋诗钞》卷上《江门竹枝》四首，余懋杞《东武山房诗集》卷八《燕山竹枝词》九首，张恕《长春花馆诗集》卷一《滇南竹枝词》六首，卷九《郧南竹枝词》三十四首，熊荣《云谷诗抄》《南州竹枝词》、《西山竹枝词》各一百首，《寒松草》

《南州竹枝词》补五首，李林松《易园集》卷五《中江竹枝词十二首同张蔼如作》、卷六《沪渎竹枝词十首》，王润身《竹好轩诗稿》卷一《虎阜竹枝辞》十二首，倪伟人《辍村吟稿》《新安竹枝词》四十四首，夏澹人《遂园诗钞》卷一《河间竹枝词》四首，王景彝《宝善书屋诗稿》卷二《黄梅竹枝词》八首，李树恭《用晦草堂诗》《花埭竹枝词》《牂牁江竹枝词》各十首，周乐清《静远草堂初稿》《春陵竹枝词八首》，江开《浩然堂诗集》卷三《紫阳竹枝词》十首，戚桂裳《东鞶集》《新正纪事竹枝词》十首，陈钲《寒碧轩诗存》《韩江竹枝词二首》、《羊城竹枝词二首》，钱召棠《巴塘志略》附录《巴塘竹枝词》四十首，端木国瑚《大鹤山人诗集》卷一《西湖竹枝词》二十四首，言声均《味闲斋蠹余残稿》卷上《维扬竹枝词》一百六十首，存七十八首，汪承庆《墨寿阁诗集》卷一《烟村竹枝词十首》，余云焕《说云诗钞》卷三《泸沽竹枝词》五首，倪鸿《退遂斋诗钞》卷三《广州竹枝词》三十首，果尔敏《洗俗斋诗草》《广州土俗竹枝词》八十九首、《巴沟赛会竹枝词》四首，吴獬《不易心堂集》《南岳竹枝词》八首，宗婉《梦湘楼诗稿》卷上《竞渡竹枝词同月锄侄廷辅作》八首、《赛社竹枝词》二十首，附宗廷辅之作十五首，何秀棣《庾园诗草》卷下《珠江竹枝词》十二首，杨寿宝《寓无竟斋诗存·秋江晚唱集》《津沽竹枝词》八首，陈栩《栩园诗剩》《阳历新年竹枝词》十首、《新年时事竹枝词》十一首。此外，其见于丛书者，孔庆镕《扬州竹枝词》一〇六首，林苏门《续扬州竹枝词》九十九首，臧谷《续扬州竹枝词》一百首；阮充《渌湖竹枝词》四十首，阮先同作二十首，俱见于扬州古籍书店辑《扬州风土词萃》。见于总集者，陈克绳《西藏竹枝词八首》，收入陈焯辑《国朝湖州诗录》卷十八；徐琰《姚江竹枝词》二十首，谢宝书辑《姚江诗录》卷二选四首；陆达履《剡湖竹枝词》一百首，同卷选十八首；张羲年《姚江竹枝词》十二首，亦见同卷；朱文治《销寒竹枝词》四十首，卷三选七首；翁忠锡《姚江竹枝词》四十首，卷四选九首；潘朗《海村竹枝词》十首，见同卷；施襄《汉口竹枝词》十二首，卷五选三首；叶调元《汉口竹枝词》三百首，同卷选六首；宋梦良《姚江竹枝词》三百首，同卷选八首；沈葑《浒山竹枝词》十首，亦见同卷；无名氏《四门竹枝词》十二首，见卷六。见于笔记者，基城主人《塞外竹枝词》十五首，见姚元之《竹叶亭杂记》卷六；卢半溪《红楼梦竹枝词》百首，载《瀛寰琐记》，程趾祥《此中人语》录其八首；周企闲《常州竹枝词》十首，载汪恸尘《苦榴花馆杂记》卷一。见于诗话者，袁枚《随园诗话》卷五载李葹《姑苏竹枝词》四首，杨次也《西湖竹枝词》十三首，黄任《虎丘竹枝词》六首、《西湖竹枝词》二首，程午桥《虹桥竹枝词》五首，卷七又载程宗洛《扬州竹枝词》四首、徐朗斋《苏州竹枝词》四首，卷八载永福《吴兴竹枝词》二首，卷十二载何春巢《西湖竹枝词》四首。李调元《雨村诗话》卷十二载粤东士人所撰《竹枝词》十二首，补遗卷二载张人龙《宜昌竹枝词》六首。法式善《梧门诗话》卷一载张注我《镇阳竹枝词》五首，卷七载李如筠《广州竹枝词》四首，卷十载鲍海门《姑苏竹枝词》八首。吴德功《瑞桃斋诗话》卷三载其《台湾竹枝词》六首、《番社竹枝词》二首。予未见其诗而仅见记载者，钱肇修《盛京竹枝词》百首，陶文彬《摩云集》《西湖竹枝词》二十四首，谢圣坚《睿庵竹枝词》五十余首，分别见《全浙诗话》卷四十四、四十五、四十七；周厚堉《干山竹枝词》百首，见诸联《明斋小识》卷七；彭箫九《桂林竹枝词》十二首，见王嘉桢《在野迩言》卷五；周铭《日本竹枝词》数十首，见袁景辂《国朝松陵诗征》；沙卧云有《江村竹枝词》数十首，见熊琏《澹仙诗话》卷四；俞廷飏《戒烟竹枝词》，见杨葆光《苏盦诗钞》卷四《岁暮感旧》诗注；李符清《津门竹枝词》六首，见法式善《梧门诗话》卷一；庞钟瑚《游虞山竹枝词》，见宗婉《梦湘楼诗稿》卷上《题庞铁生表甥钟瑚添香馆诗集》其二自注；陈午楼《辽东竹枝词》三十二首，见范启璋《蠡园诗话》卷一；丘逢甲《台湾竹枝词》一百首，吴德功《台湾竹枝词》六首、《番社竹枝词》二首，见吴德功《瑞桃斋诗话》

卷三；杨青《永嘉风俗竹枝词》六百八十六首，《丙寅冬闽军过温记事竹枝词》一百零五首、《丙寅冬浙海陆省防军抵温记事竹枝词》十八首，叶树玉《温州竹枝词》十八首，任一桂《江山船竹枝词》五首，张澍《虎丘竹枝词》廿首录八，俱见杨青辑《杨园诗录》。

057 清人文集中附词者，史周沅《留与集》卷一《与周湘舞书》附周郁文《满江红·送芬远妹丈》及己作八阕；诗集中附词者，王樛《息轩草二集》附词四首，乔于泂《思居堂集》卷十有词三十二阕，黄图昌《东轩诗句》附《长相思·咏迎春花》《点绛唇·咏海棠花》《凤衔杯·偶兴》三阕，冯源《蓼莪吟馆诗集》载《清平乐·题蔼亭秋林静憩图》《如梦令·十六日史若泉致充枉存畅谈竟夕诗以志复属题并悼其顾夫人仙逝》二首，程晋芳《勉行堂诗集》中混编入词，各置相应年份。余集《梁园归棹录》《漫忆庵剩稿》中均载词若干首。周腾虎《餐芍华馆诗集》附《蕉心词》一卷十五阕。顾云臣《抱拙斋诗存》附诗余一卷，何曰愈《余甘轩诗钞》卷十三为诗余，焕明《遂初堂诗余集》收词五十阕。王敬之《小言集·鸿迹偶存》中杂有《洞仙歌》《梦芙蓉》《贺新凉》《八声甘州》等词作，《宜略识字斋杂著》中亦有词作多首，皆七十以后之作也，出词集《三十六湖渔唱》外。俞兴瑞《翏莫子集》卷四录诗余十首，俞承德《高辛研斋杂稿》附《高辛研斋同人题赠》有钟景《翠楼吟》、黄燮清《高阳台》二阕，郑彦缃《寒翠簃诗集》卷首有郑之骏《莺啼序》一首，夏垲《信天阁诗草》附《信天阁词》，杨葆光《苏盦诗钞》卷四《岁暮感旧》青浦俞稷卿明经诗注载俞《采桑子·别意》一阕，至于如钱孟钿《浣青诗草》诗词混编者，亦多有也。解瑶《松斋遗文》卷上《韩良辅先生传》载韩临终题《满江红》一阕。其见于诗话、笔记者，如边连宝《病余长语》卷一载自作词十余阕，卷二载方鸣皋词数首，卷四载妇李氏词数首，袁枚《随园诗话》卷十载龚元超（旭开）《连理枝》、孙云鹤《沁园春》咏指甲两首，卷十一载王倩玉、何承燕、厉鹗、蒋士铨及己作数阕，卷十四载龙铎《减字木兰花》，卷十六载蒋用庵、周之桂《沁园春》、《金缕曲》，补遗卷三载司马章词多首。吴文溥《南野堂笔记》卷二载自作《满江红》一阕。王之春《椒生随笔》卷二载黄永《公车词》中《虞美人》本题二阕，卷八载裘小华《青玉案》二阕。许善长《谈麈》卷一载梁德绳《古春轩诗词》中《金缕曲》四首、陆和钧和许善长《寿楼春》一首、赵庆熺《香销酒醒词曲》小令数首，蒋学坚《怀亭诗话》载其父及兄子通词等若干首，潘焕龙《卧园诗话》卷一载联璧题其诗稿《水调歌头》一首，卷二载吴兰修《黄金缕》一首，续编卷二载史洵侯《念奴娇》题《添香待漏图》一阕，潘飞声《在山泉诗话》卷一载张维屏《摸鱼儿》、黄玉阶《玉漏迟》二阕，卷二载何绍基《满庭芳》一阕、翁泽芝词数阕、杨其光《陌上花》《乌夜啼》二阕，病红山人词数阕，汪兆铨词数阕，卷三载桂文燿《国香慢》一阕、王衍梅题《苏台五美图》《满江红》一阕、王景沂题改琦画玉京道人像《高阳台》一阕，黄衍昌题《珠江顾曲图》《摸鱼儿》一阕，杨葆光题《独立图》《摸鱼儿》一阕，卷四载刘炳照《百字令》一阕。国家图书馆藏潘钟瑞《百不如人室诗词草》有刘觐藻、宋志沂等题词十余阕。

058　阅扬州大学图书馆古籍目录，有明沈良才《沈凤岗文集》四卷抄本一部八册，明袁稽辑，王化校正《泰山搜玉集》二卷，抄本一部四册，又泰州新书书店古旧部抄本一部二册，清施何牧抄本《明诗去浮》一部四册，邹应庚抄本《海陵诗汇补遗》一册，秦黉《石研斋未刊遗稿四种》抄本一部六册，丘象随辑《淮安诗城》八卷，一九七六年扬州师院图书馆抄本六册，佚名《诗词集选》抄本一册，佚名辑高启等人诗《吴邑山水题咏》抄本一册，朱克生《唐诗品汇删》一部八册，江都颜僩撰《病维摩室诗集》稿本一部六册，许廷诰《硕宽堂诗抄》泰州新华书店售一部四册，佚名《诗词抄》二册，佚名《群玉山房诗抄》抄本一册，夏味堂《遂园遗文存》抄本一册，张兆栋《凤翔纪事诗存》，泰州新书书店古旧部抄本一部一册，张家保《定庵偶草》抄本一册，泰州新书书店古旧部抄本一部二册，邓汉仪《官梅集》二卷抄本一部二册，包安保撰《春水榭诗文集》民国抄本一部四册，徐公美《北柳诗存》一卷，一九七六年蒋逸雪先生抄本一册，樊封《南海百咏续编》二卷抄本一部二册，符葆森《寄鸥馆辑录九种》抄本一册，皆冷僻少见之书也。

059　周乐清（1785—1855），字安榴，号文泉，别署炼情子。浙江海宁人。应乡试不第，嘉庆十九年以父难荫出任道州通判，后官湘、晋两省知县。咸丰初以知州衔任山东掖县令，兼即墨知县、莱州府同知。政余留意文学，欧阳辂《磵东诗钞》卷十《赠邑侯周明府乐清》其二称“千首诗成退食余”。有稿本多种传世，山东省图书馆藏有《静远草堂诗稿》两种，西安交通大学图书馆藏有《静远草堂万一存钞》稿本，北京大学图书馆藏有《静远草堂诗话》稿本四册，中山大学图书馆藏有《静远草堂初稿》六册，复旦大学图书馆亦藏稿本若干册。又有《补天石传奇》八种，辑有《并蒂葫芦》《文章游戏选抄》《挂枝乐府》。

060　李长荣（1813—1877），字子虎，一作子黻、紫黼，号柳堂。广东南海人。张南山弟子，工诗文。道光十一年应乡试不第，咸丰六年官儒学训导，同治四年在广州官儒学教授，著有《海东诗话》《茅洲诗话》《柳堂诗话》，辑有《柳堂师友录》。《茅洲诗话》有光绪三年重刊自记云：“此书经久板人间，只有一本，以日本诸公与我有万里文字缘，故特寄赠。”然则此为光绪三年后重刊本也。原刊本未见，余仅见日本大阪大学怀德堂文库所藏重刊本，有“十八岁作”长朱印，疑为作者所钤。惜有裁割，文字亦多残蚀。读李文泰《李小岩先生遗著》，有《和日本铃木鲁寄子虎广文原韵》，则铃木鲁为其文字友之一也。据近藤春雄《日本汉文学大事典》载，铃木鲁江湖(1831—1878)，字敬玉，号蓼处。越前(福井县)人，入森春涛茉莉吟社学诗。安政四年为福井藩校明道馆句读师，明治七年赴东京任教部省权大丞。与川田瓮江、小野湖山、三岛中洲、野口松阳等昌平学派学者交往密迩，切磋诗文。著有《蓼处诗文稿》《大云山房文钞》。

061　刘承干刊吴兴丛书，以杨岘《迟鸿轩集》与汪曰桢《玉鉴堂诗集》同装一函。《迟鸿轩文续》有《玉鉴堂诗序》一篇，而《玉鉴堂诗集》前空无一序。则当日刘氏如何编书不可问矣。

062　张剑《莫友芝年谱长编》搜采极勤，编次有法，晚近学林文事多藉以考之。偶阅李审言《药裹慵谈》，卷一载莫友芝病殁之经过，详于诸家传述，而年谱未及，似可补入。

063　钱锺书先生《谈艺录》，世通行之本为中华书局 1984 年补订本。予插架之本乃 1993 年所印，版权页署 1984 年 9 月第 1 版，1993 年 3 月第 5 次印刷。然书前有 1987 年 11 月重印说明，称："此次重印，改正了原书的四十余处排校错误，并增入钱锺书先生对 1986 年补订本的最新补正文字七十余则，计一万五千余言。"知此书自 1984 年补订版后，又有 1986 年、1987 年两度修订，增订逾万言。然则此后所印固应称新几版，不得仅言几次印刷。否则读者引用，注为同一版本，而文字各异，殊易滋惑。

064　广东省中山图书馆编《清代稿钞本》百册，辑馆藏清人日记、笔记、别集、奏稿等数十种为一编，嘉惠学人甚钜，惟印制尚不能无疏误。偶阅二十四册，即见冯源《蓼莪吟馆诗集》屡有错简与左右页次颠倒，《勺湖亭稿》系方还著，误为其弟方朝。

065 刘永济先生《文学论》原为任教长沙明德中学时讲义，通行为民国二十三年商务印书馆排印本。南京大学中文系资料室藏本，系太平洋印刷公司承印，版权页注明民国十三年三版。较商务本多附录四种：一、《古今论文名著选》；二、《参考表》（有“我国文学体制分类各家略表”等十二种）；三、《引用人名汇考》；四《引用篇籍备检》。商务版虽删附录，然内容经修订较前精审，前者目录竟漏一章。

卷七　诗学蠡酌

001　象之本义为模仿，《易·系辞》曰："象，像也。"《左传·襄公六年》北宫文子对卫侯问何谓威仪："有威而可畏谓之威，有仪而可象谓之仪。君有君之威仪，其臣畏而爱之，则而象之，故能有其国家，令闻长世。"注："大雅又言文王行事，无所斟酌，唯在则象上天。"后世玄学论言象，诗学论意象皆从此义出。

002　雅俗对举，赵翼《陔余丛考》卷二十二谓起于东汉，举王充《论衡·四讳篇》引田文问其父婴不举五月子之说，谓田婴俗父也，田文雅子也。俗者，常也。故权德舆《醉说》云："酌古始而陋凡今，备文质之彬彬。善用常而为雅，善用故而为新。"唐人诗论所言俗，就《文镜秘府论》观之，多为庸常之义，至宋梅尧臣之"以故为新，以俗为雅"（见《后山诗话》），则取鄙俚、低级之义，此唐宋雅俗说之分际。

003　神思之名，起于曹植《宝刀赋》"摅神思而造象"一语，虽乃言刀形制之设计，然实通于文理。物象之名，亦见于曹植《七启》："澄神定灵，轻禄傲贵，与物无营；耽虚好静，羡此永生。独驰思乎天云之际，无物象而能倾。"

004　吴淇《六朝选诗定论》卷一有云："歌与诗非二，虚则咏诗之言，实则具诗之体。言兼字情、声情两者，咏虽声字双潢，而声情较多;然声无高下清浊之节,则专一而不可咏。”此论歌诗咏言声情之微,甚有见地。

005《文镜秘府论·南卷·定位》:“既已定限,次乃分位,位之所据,义别为科,众义相因,厥功乃就。”又云:“总取一篇之理,折成众科之义。”注:“谓以所为作篇之大理,分为科别小义。”《西卷·文二十八种病》:“然则篇章之内,义别为科,先后无差,文理俱畅。”玩此所谓科者,即今言段落也。六朝以来固有此名,而笔习以四句为科。西卷刘善经《文笔十病得失》云:“笔以四句为科,其内两句末并用平声,则言音流利,得靡丽矣;兼用上、去、入者,则文体动发,成宏壮矣。”盖行文之际皆以连接词衔接段落,故《定位》云:“其若夫、至如、于是、所以等,皆是科之际会也。”此唐人论文笔之专名,后人未见袭用。

006 刘熙载《艺概·赋概》:“赋欲纵横自在,系乎知类。太史公《屈原传》曰:‘举类迩而见义远。’《叙传》又曰:‘连类以争义。’司马相如《封禅书》曰:‘依类托寓。’枚乘《七发》曰:‘离辞连类。’皇甫士安叙《三都赋》曰:‘触类而长之。’”按:类云者,事类也,汉魏以降多言之。考《越绝书》越绝篇外传记:“因事类以显后世。”枚乘《七发》:“比物属事,离辞连类。”扬雄《法言》:“雄以为赋者,将以风之,必推类而言,极丽靡之辞,闳侈巨衍,竞于使人不能加也。既乃归之于正。”刘向《说苑奏序》:“所校中书说苑杂事及臣向书、民间书,诬校雠,事类众多,章句相溷,或上下谬乱,难分别次序。”《论衡·实知》:“放象事类以见祸,推原往验以处来事。”曹丕《答卞兰教》:“赋者,事类之所附也。”高诱《淮南子叙目》:“其义也著,其文也富,物事之类,无所不载。”挚虞《文章流别论》曰:“古诗之赋,以情义为主,以事类为佐。”又曰:“夫假象过大,则与类相远。”《后汉书·陈宠传》:“宠为(鲍)昱撰辞讼比七卷，决事科条，皆以事类相从。”《文心雕龙·事类》：“事类者……据事以类义，援古以证今者也。”皆其义也。其作名词用时作事类，作动词用时则作类事。萧子显《南齐书·文学传论》言当时文章之三体，次为“缉事比类，非对不发，博物可嘉，职成拘制”。唐人诗论每言“类事”，或曰“隶事”，如权德舆《权载之文集》卷三七《奉送薛十九丈授将作主簿分司东都序》：“就傅未足以逊志，歌诗未足以类事。”卷三九《送马正字赴太原谒相国叔父序》：“余力则缘情类事，作为清词。”《秋夜侍姑叔宴会序》：“歌诗类事，举节应觞。”韩愈《送权秀才序》：“其文辞引物连类，穷情尽变，宫商相宣，金石谐和，寂寥乎短章，舂容乎大篇，如是者阅之累日而无穷焉。”皆言据类书用事也。《四库提要》类书类小序云：“类事之书，兼收四部，而非经非史，四部之内，乃无类可归。”《旧唐书·经籍志》始于子部设“类事”，《新唐书·艺文志》改称“类书”。唐前类书主于分类录事，不载诗文。唐类书《艺文类聚》有“事对”，《初学记》有“叙事”“事对”，均采诗文为例，示人以用事之方也。事类原与“义”对，王逸《楚辞章句序》：“逮至刘向，典校经书，分为十六卷。孝章即位，深弘道艺，而班固、贾逵复以所见改易前疑，各作《离骚经章句》。其余十五卷，阙而不说。又以壮为状，义多乖异，事不要括。”至六朝遂合“事义”为一词，亦指用事。刘勰《文心雕龙·知音》论六观，五观事义。《附会》：“夫才量学文，宜正体制，必以情志为神明，事义为骨髓，辞采为肌肤，宫商为声色。”颜之推《颜氏家训·文章》拟之曰：“文章当以理致为心肾，气调为筋骨，事义为皮肤，华丽为冠冕。今世相承，趋本弃末，率多浮艳。辞与理竞，辞胜而理伏；事与才争，事繁而才损。放逸者流荡而忘归，穿凿者补缀而不足。”萧统《文选序》：“事出于沉思，义归乎翰藻。”王利器《集解》曰：“萧统之所谓事，即刘、颜之所谓事义；其所谓义，则刘、颜之所谓辞藻也。”由是可知皎然《诗式·诗有四深》“用事不直，由深于义类”之所谓。

杨明《隋唐五代文学批评史》中曾举“事义”对举者十数例，可例参之。

007　李杜优劣，前人每多争执，今人皆作调停折中之论。予谓二人固不易上下之，然苟分体以较，则乐府李自是百分，杜九十应已满足；七古李百分不待言，少陵亦只得九十分；五古可打平手，或谓杜百分，李九十分；七律老杜自是百分，太白不甚作七律，然非不能也，《凤凰台》八十分应无问题；五律再打平手，少陵必甚满意；七绝则太白必百分，少陵至多八十分；五绝更毋须较，太白必百分，少陵八十分已勉强。如此则李总分至少高杜四十分。此虽戏言，然即不中，亦不远矣。

008　苏东坡《书黄子思诗集后》言司空图“自列其诗之有得于文字之表者二十四韵”，昔萧驰兄征“表”字之解，而予仓促间无以应。随见周灿《愿学堂文集》卷二《文源和尚诗序》有云：“司空之言曰，盐止于咸，梅止于酸，饮食不可无盐梅，而味在酸咸之外。此善言诗者也。余谓佛法不能尽去文字，而世尊拈花，迦叶微笑，尤相喻于文字之表，然则诗与禅果有异乎？无异乎？”此或可解东坡所言之表。

009　陈师道《后山诗话》有云：“宁拙毋巧，宁朴毋华，宁粗毋弱，宁僻毋俗，诗文皆然。”吴可《藏海诗话》：“凡诗切对求工，必气弱。宁对不工，不可使气弱。”杨载《诗法家数》论琢对云：“宁粗毋弱，宁拙毋巧，宁朴毋华，忌俗野。”傅山《作字示儿孙》云：“宁拙毋巧，宁丑毋媚，宁支离毋轻滑，宁直率毋安排。”袁枚《随园诗话》云：“宁拙毋巧，宁涩毋滑。”《梧门诗话》载李方勤论诗语曰：“诗宁拙毋巧，宁清毋浊，宁苦毋甜，宁大毋小。”皆袭后山语也。

010　许颉《彦周诗话》“论道当严，取人当恕”八字，可概后世诗话论诗取人之定则。

011《杨龟山先生集》卷十语录有云：“为文要有温柔敦厚之气，对人主语言及章疏文字，温柔敦厚尤不可无。如子瞻诗多于讥玩，殊无恻怛爱君之意。荆公在朝论事，多不循理，惟是争气而已，何以事君？君子之所养，要令暴慢邪僻之气不设于身体。”又云：“作诗不知风雅，不可以作诗，诗尚谲谏，唯言之者无罪，闻之者足以戒，乃为有补。若谏而涉于毁谤，闻者怒之，何补之有？观苏东坡诗，只是讥诮朝廷，殊无温柔崇厚之气，以此人故得而罪之。若是伯淳诗，则闻之者自然感动矣。因举伯淳和温公诸人禊饮诗云：‘未须愁日暮，天际乍轻阴。’其泛舟诗云：‘只恐风花一片飞。’何其温厚也。”此乃“温柔敦厚”诗教之正传，至宋理学家尤恪守其说，至明清之际则各出己见，新解纷陈矣。

012《杨龟山先生集》卷十语录复云：“学诗者不在语言文字，当想起气味，则诗之意得矣。”气、味皆南朝诗论所用概念，至此得复合为一，而其义亦不同于昔。

013　句法之构成，如上四下三，上五下二之类，宋人称句脉。张耒《明道杂志》云：“韩退之穷文之变，每不循轨辙。古今作七言诗，其句脉多上四字而下以三字成之。如‘老人清晨梳白头，先帝天马玉花骢’之类。而退之乃变句脉，以上三下四。如‘落以斧引以缰徽，虽欲悔舌不可扪’之类是也。”

014　诗家有夺胎换骨之说，出释惠洪《冷斋夜话》卷一：山谷云：“诗意无穷，而人之才有限。以有限之才，追无穷之意，虽渊明、少陵不得工也。”然不易其意而造其语，谓之换骨法；规模其意形容之，谓之夺胎法。如郑谷《十日菊》曰：“自缘今日人心别，未必秋香一夜衰。”此意甚佳，而病在气不长。西汉文章雄深雅健者，其气长故也。曾子固曰：“诗当使人一览语尽而意有余，乃古人用心处。”所以荆公作《菊诗》则曰：“千花百卉雕零后，始见闲人把一支。”东坡则曰：“万事到头终是梦，休，休，休，明日黄花蝶也愁。”又如李翰林诗曰：“鸟飞不尽暮天碧。”又曰：“青天尽处没孤鸿。”然其病如前所论。山谷作《登达观台》诗曰：“瘦藤拄到风烟上，乞与游人眼界开。不知眼界阔多少，白鸟去尽青天回。”凡此之类，皆换骨法也。顾况诗曰：“一别二十年，人堪几回别。”其诗简缓而立意精确。舒王作《与故人诗》曰：“一日君家把酒杯，六年波浪与尘埃。不知乌石江头路，到老相逢得几回。”乐天诗曰：“临风杪秋树，对酒长年身。醉貌如霜叶，虽红不是春。”东坡《南中作》诗曰：“儿童悮喜朱颜在，一笑那知是醉红。”凡此之类，皆夺胎法也。学者不可不知。时贤于夺胎换骨之说究属山谷所言抑或惠洪引申发挥及夺胎、换骨之含义多有异议。予按：王楙《野客丛书》附《野老记闻》引山谷语，至“谓之夺胎法”止。则后文皆惠洪据山谷之语发挥也。按其义，言夺胎者即袭前人之意而重造新语，近于皎然所谓“三偷”之偷意；言换骨者则为引申改造前人之意，类似皎然所谓“偷势”。《夜话》卷二云：“予自并州还故里，馆延福寺。寺前有小溪，风物类斜川，予儿童时戏剧处也。（中略）尝暮寒归见白鸟，作诗曰：‘剩水残山惨澹间，白鸥无事钓舟闲。个中着我添图画，便似华亭落照湾。’鲁直谓予曰：‘观君诗说烟波缥缈处，如陆忠州论国政，字字坦夷。前身非篙师、沙户种类耶？’有诗，其略曰：‘吾年六十子方半，槁项螺巅度岁年。脱却衲衣着箬笠，来佐涪翁刺钓船。’予尝对渊材诵之，渊材曰：此退之赠澄观‘我欲收敛加冠巾’换骨句也。”韩愈诗谓欲使澄观还俗收为弟子，山谷诗言惠洪脱僧衣来刺钓舟，由其意引申也，故谓之换骨，于义甚明。杨万里《诚斋诗话》：“庾信

《月》诗云:‘渡河光不湿。’杜云:‘入河蟾不没。’唐人云:‘因过竹院逢僧话,又得浮生半日闲。’坡云:‘殷勤昨夜三更雨,又得浮生尽日凉。’杜《梦李白》云:‘落月满屋梁,犹疑照颜色。’山谷《簟诗》云:‘落日映江波,依稀比颜色。’退之云:‘如何连晓语,只是说家乡。’吕居仁云:‘如何今夜雨,只是滴芭蕉。’此皆用古人句律,而不用其句意,以故为新,夺胎换骨。”此言袭前人句法而不用其意,则属诚斋异解耳,与惠洪所言无涉。又元韦居安《梅磵诗话》云:“夺胎换骨之法,诗家有之,须善融化,则不见蹈袭之迹。陆鲁望诗云:‘溪山自是清凉国,松竹合封萧洒侯。’戴式之《赠叶竹山》诗云:‘山中便是清凉国,门下合封萧洒侯。’王性之诗云:‘云气与山为态度,月华借水作精神。’式之《舟中》诗云:‘云为山态度,水借月精神。’如此下语,则成蹈袭。李淑《诗苑》云:‘诗有三偷语,最是钝贼。’学诗者不可不戒。”此言得之。

015　王楙《野客丛书》云:“诗有下句与上句全不联属,而自然入妙者,然措之不宜,则画虎类犬。如陈后山句云:‘李杜才名齐万古,晚风无处不鸣蝉。’尚成何诗句耶?”按:此即意脉不整之弊,才弱不能驾驭文思者,往往有之。予昔于《大历诗人研究》中所举戎昱《闰春宴花溪严侍御庄》《江上柳送人》、刘长卿《罢摄官后将还旧居留辞李侍郎》《奉寄婺州李使君舍人》《至德三年春正月时谬蒙差摄海盐令(略)》《题冤句宋少府厅留别》,皆其例也。按:意脉之说,出自《文心雕龙》“义脉”。至宋人论诗讲立意,讲布置,尤重意脉之说。张炎《词源》云:“作慢词看是甚题目,先择曲名,然后命意;命意既了,思量头如何起,尾如何结,方始选韵,而后述曲。最是过片不要断了曲意,须要承上接下;如姜白石词云:‘曲曲屏山,夜凉独自甚情绪。’于过片则云:‘西窗又吹暗雨。’此则曲之意脉不断矣。”方回《瀛奎律髓》,卷二十六“变体类序”将“意脉”与体格对举;卷四十二李虚己《次韵和汝南秀才游净土见寄》方回评语论及“响”，谓“亦在乎抑扬顿挫之间，以意为脉，以格为骨，以字为眼，则尽之”。此意脉说之成型也。

016 古人注诗必寻出处，凡与前人诗相似，必指为袭用，其实甚可疑也。王楙《野客丛书》卷十二：“仆尝用古人全句，合为一联。曰：‘笼中翦羽，仰看百鸟之翔；侧畔沉舟，坐阅千帆之过。’自以为工。近观《漫录》，谓任忠厚有投时相启，正有此一联，但改侧字为岸字耳。其暗合有如此者。”冯班评陆游《闲中书事》“惜花萎去常遮日，待燕归来始下帘”一联，曰：“余二十时作两句，与此次联一字不差，乃知古人有偶然相同，非尽偷句也。”予昔为京都某上人题照，有“不随群艳竞芳时”之句，后见《瀛奎律髓》卷二十所载南宋韩无咎《红梅》诗，首云“不随群艳竞年芳”，一字之异也，而予实未见韩诗。至其真脱胎者，或竟无蛛丝马迹之可寻。纪晓岚出督闽学，严江舟中赋诗云：“山色空濛淡似烟，参差绿到大江边。斜阳流水推篷望，处处随人欲上船。”论者必谓脱胎于苏东坡西湖之作，而晓岚尝语朱孝纯，云实脱胎于朱孝纯“一水涨喧人语外，万山青到马蹄前”一联。盖乾隆丙子晓岚扈从出古北口，于旅馆壁间题诗见此联，大为激赏，而不知作者。后充壬午科顺天乡试同考官，孝纯以诗投贽，此联在焉。

017 叶梦得《石林诗话》卷中：“近世僧学诗者极多，皆无超然自得之气，往往反拾掇摹效士大夫所残弃。又自作一种僧体，格律尤凡俗，世谓之酸馅气。子瞻有《赠惠通诗》云：‘语带烟霞从古少，气含蔬笋到公无。’尝语人曰：‘颇解蔬笋语否？无为酸馅气也。’闻者无不皆笑。”王衍梅《绿雪堂遗集》卷十七《释伴霞妙香诗草序》：“道有二氏，二氏不能无言也。其言微妙汪洋，细入无间，大含无涯，出其绪余，成一家言，于是乎有禅人之诗。而世之论诗者乃云禅人忌蔬笋气，误矣。夫蔬笋气，禅人之本色也。失其本色，是失其本真也。今使禅人而习为富贵家言，则众且非笑之，岂有真性情流溢于其间哉？”按：蔬笋气、酸馅气皆言僧诗特有之气质，前者主于雅，后者主于俗。故李东阳《麓堂诗话》：“和尚作诗不脱俗，谓之馂馅气。”论僧诗，酸馅气固不可有，而蔬笋气亦不得无。惠洪《冷斋夜话》卷六载：“大觉琏禅师，学外工诗，舒王少与游。尝以其诗示欧公，欧公曰：‘此道人作肝脏馒头也。’王不悟其戏，问其意，欧公曰：‘是中无一点菜气。’”此即讥其有荤腥气而无蔬笋气也。元好问《木庵诗集序》：“东坡读参寥子诗，爱其无蔬笋气，参寥用是得名。宣、政以来无复异议。予独谓此特坡一时语，非定论也。诗僧之诗，所以自别于诗人者，正以蔬笋气在耳。假使参寥子能作柳州《超师院晨起读禅经》五言，深入理窟，高出言外，坡又当以蔬笋气少之耶？”观查为仁《莲坡诗话》载雪峤大师二绝，称“出笔奇峭，无蔬笋气”，亦赞此二诗能超脱僧气，而非谓僧诗必以无蔬笋气为高可知。金堡《遍行堂集》卷四《见山诗集序》：“诗家之论僧诗，不可有僧气，恶其蔬笋；不可有僧气，忽有官人气，亦自不类。恶其蔬笋，而好其酒肉，又不类矣。”此言得之。边连宝《病余长语》卷十举韩愈“惟陈言之务去”，以陈言解蔬笋气，自是别解，未得苏旨。

018　宋人诗主趣，趣以得自拟人法者为多。吴沆《环溪诗话》卷中载，仲兄问：“山谷诗亦有可法者乎？”沆曰：“山谷除拗体似杜而外，以物为人一体，最可法。于诗为新巧，于理亦未为大害。”仲兄云：“何谓以物为人？”沆答：“山谷诗文中无非以物为人者，此所以擅一时之名，而度越流辈也。然有可有不可，如‘春至不窥园，黄鹂颇三请’，是用主人三请事；如咏竹云‘翩翩佳公子，为致一窗碧’，是用正事，可也。又如‘残暑已趋装，好风方来归’‘苦雨已解严，诸峰来献状’，谓残暑趋装，好风来归，苦雨解严，诸峰献状，亦无不可。至如‘提壶要酤我，杜宇赋式微’，则近于凿，不可矣。不如‘把菊避席，云月供帐，黄花韬光，白鸥起予’‘兰含章而鸟许可’，以至《演雅》一篇，大抵以物为人，而不失为佳句。则是山谷所以取名也。”仲兄又问：“吾弟亦尝有此作乎？”沆云：“前此有数联，盖偶然而合；后此有数联，则拟而合也。弟在岳阳时，尝有‘厌看花笑客，忍受草欺人’，又有‘水流成独往，山势作朋来’‘春令乍来风掠地，寒威潜退雪消峰’。又咏雪诗‘争屯未就云头合，结党欲成风势高’等句，时未知有山谷，盖偶然而合也。是后有‘叶稀林脱颖，沙现水分镳’，咏竹云‘起于怀素节，嘉乃伴虚心’，又‘柔桑翠竹相倾倒，细草幽花自发明’‘草迷花径烦调护，波泊莲塘欠节宣’等句，时则知有山谷，盖效之而作也。”按：余每云古人诗话行文虽零散，内容则自有内在逻辑，此即一篇拟人之法专论也。

019 宋人论诗好言格韵，方回《瀛奎律髓》有格高、韵胜之说，而格、韵之别殊难显言。读边连宝《病余长语》，有云，白居易“野火烧不尽，春风吹又生”，能写出造化之妙；司空曙以五字括之，曰“春入烧痕青”，尤妙。白以韵胜，司空以格胜。然则格以表现言，韵以效果言。比之于美人：五官，格也；魅力，韵也。人有五官周正而了无风韵者，亦有五官有缺陷而妩媚动人者，此格韵之别也。

020 宋濂《杜诗举隅序》：“杜子美诗，实取法《三百篇》，有类国风者，有类雅颂者，虽长篇短韵，变化不齐，体段之分明，脉络之联属，诚有不可紊者。注者无虑数百家，奈何不尔之思？务穿凿者，谓一字皆有所出，泛引经史，巧为傅会，楦酿而丛脞。务新奇者，称其一饭不忘君，发为言辞，无非忠国爱君之意，至于率尔咏怀之作，亦必迁就而为之说。说者虽多，不出于彼，则入于此。子美之诗，不白于世者，五百年矣。（中略）会稽俞先生季渊，以卓绝之识，脱略众说，独法序《诗》者之意，各析章句，具举众义，于是粲然可观，有不假辞说而自明者。”俞季渊名浙，晚号默翁。宋亡入元，著有《韩文举隅》及诸经《审问》《离骚审问》。据宋濂所叙，则注杜而讲章句，自俞浙始也。

021　赵孟頫《松雪斋文集》卷六《送吴幼清南还序》云：“吴君行有日，谓余曰：‘吾将归，游江浙，求子之友。’余既书所赋诗三章以赠行，又列吾师友之姓名，使吴君因相见而道吾情。”古人赠行诗文皆出此意，一则介绍行人前往所访对象，二则托其问候致意。

022　朝鲜鱼叔权《稗官杂记》尝谓“东国无猿，古今诗人道猿声者，皆失也”。崔滋《补闲集》卷中载：诗僧元湛谓予云：“今之士大夫作诗，远托异域人物地名，以为本朝事实，可笑。如文顺公《南游》曰：‘秋霜染尽吴中树，暮雨昏来楚外山。’虽造语清远，吴楚非我地也。未若前辈《松京早发》云：‘初行马坂人烟动，及过驼桥野意生。’非特词新趣胜，言辞甚的。”予答曰：“凡诗人用事，不必泥其本，但寓意而已。况复天下一家，翰墨同文，胡彼此之有间？”僧服之。寅按：日本汉诗人作汉诗，亦有用“瀚海”者，为时所讥，理由同上。彼时朝、日诗人观念之差异于此可见。

023　谢榛《四溟诗话》卷三云：“凡作诗不宜逼真，如朝行远望，青山佳色，隐然可爱，其烟霞变幻，难于名状。及登临非复奇观，惟片石数树而已。远近所见不同，妙在含糊，方见作手。”此即王渔洋论诗所奉典、远、谐、则四字中“远”字之意耳。

024　谢肇淛《小草斋诗话》云：“诗境贵虚，故仙语胜释，释语胜儒。”王渔洋《香祖笔记》亦云：“释语入诗最雅。”其所以然者,胡应麟《诗薮》有说:“曰仙曰禅,皆诗中本色,惟儒生气象,丝毫不得著诗;儒者言语,一字不可入诗。”

025 八闽僻处东南,其俗最重乡谊,故其文人多同气相爱而无他省文人之水火,观明末徐氏兄弟、曹学佺、谢肇淛之交谊可知。其持论亦往往磐然自信,不激不随,能守唐诗传统而不坠。谢肇淛《小草斋集》卷六《读闽诗三首》其一云:“皇明振鸿运,文教被四极。草昧杂胡声,膏肓未荡涤。况乃闽海隅,畴垂正始则。子羽起蒿莱,超然不践迹。识窥天汉表,力挽鸿蒙坼。旷若发醯鸡,中宵揭皓魄。俊彦蒸云从,坛坫无横席。”其二云:“正声久不作,蛙鼓杂天籁。雅郑纵横陈,举世皆聋瞶。慨自大庆还,中晚渐破碎。宋元弥萎蘼,茅稂及莠稗。不睹日月明,恶知溟渤大。”以无与世竞争之心,故虽公安、竟陵之说起,而诸公周旋于两派之间,亦无龃龉也。

026 格调一词虽连用,但实为二字之合。《文镜秘府论·南卷·论文意》云:“凡作诗之体,意是格,声是律,意高则格高,声辨则律清,格律全,然后始有调。”则唐人之调,乃合意与声而言。后人习以立格命意为格,而以调专属声律,遂以格、调对举。如《徐熥集》卷十八《李翰林集》:“今观《十咏》体格声调,无可指摘,且中多佳句。”《列朝诗集小传》丁集上苏祐传引朱观熰评曰:“格不高而气逸,调不古而情真。”或曰气格,同卷许邦才传再引朱观熰评曰:“殿卿与李于鳞同调相唱和,气格不逮。”气与格对举,已见皎然《答苏州韦应物郎中》:“格将寒松高,气与秋江清。”由此知谢榛论诗:“选李杜十四家之最者,熟读之以夺神气,歌咏之以求声调,玩味之以裒精华。”亦言格调也,皆学古人之途径耳。调又有指句法者,查慎行评赵章泉《出郭》“春风收雨雨收后,白日变晴晴变时”一联曰:“三四调虽新,却无趣味,后人学之最坏手段。”纪昀评僧子兰《华岩寺望樊川》“疏钟摇雨脚，积水浸云容。雪碛回寒雁，村灯促夜舂”两联曰：“中四句调同，亦一病。”调皆谓句法也。要之，格指语言表现而言，则可无疑也。《徐熥集》卷首邓原岳《徐幔亭先生集序》：“大抵傅于境，丽于情，谐于调而骛于采，出入六代之季而始终唐三百年之间，句不累篇，篇不累格。”格与篇对举，可知篇指文本之整体结构，格指语言修辞。卷十六《沈从先诗序》：“乐府、古诗取材于汉，近体得格于唐。”“格”在此既区别于取材，又区别于近体诗声律，则指作品语言表现。合格调而言之，则指语言与声律之全体。如余怀《甲申集·明月庵稿》序：“初盛岂无枯累之什，中晚亦著浑沦之篇，要其格调高卑，因人以定，匪因时也。”惟王世贞《艺苑卮言》所言：“才生思，思生调，调生格。思即才之用，调即思之境，格即调之界。”甚异于常而为其偏畸之说也。

027　严首升《濑园人外语录》：“想有境，思无境。想能于境取象，思能令心造作。想以虚为实，思以无为有。此与吾儒字义小异。”由此知思、想二字之别，亦可悟古人论诗中神思、想象二字之由来及区别矣。

028　王猷定《四照堂文集》卷二《留松阁诗序》：“世之变也，志风雅者当纪亡。今不纪亡而纪存，盖言其仅存者，有深于纪亡者也。思老成者纪人，思中原者纪地，至老成、中原付之涕泪不可问而纪草木，则草木亦能传诗哉！”按：老杜《春望》“国破山河在，城春草木深”一联，司马光《温公续诗话》云：“山河在，明无余物矣；草木深，明无人矣。”此诗家常谈，人所共知。然据王氏之说，则清人用此意已由修辞手法而扩大为创作意识，是吾人读清初诗所不可不知者。然则寻常题咏之题，亦当以王氏此言味之，所谓“一自高唐成赋后，楚天云雨尽堪疑”也。

029 钱谦益《牧斋有学集》卷二十二《赠谷愧莪序》载谷琳说《诗》，析《诗》之意为六类："一曰天子采诗之意，二曰诸侯贡诗之意，三曰太师陈诗之意，四曰邦国朝庙歌诗之意，五曰夫子删诗之意，六曰吾人诵诗之意。"从来论《诗》意未有辨析之细而至此者，不知其书今传世与否。

030 明清之际诗家多言"诗史"之说，且多发新义。如钱谦益谓国变史亡，诗可征史；黄宗羲谓诗乃精神史所托，史籍不载之精神变迁可藉诗以考之。方中履《汗青阁文集》卷上《誉子读史诗序》云："诗与史二道也，然《三百篇》载商周之兴衰，所以美文武、刺幽厉，以劝惩天下，视《春秋》之褒善贬恶何以异。孟子曰'《诗》亡然后《春秋》作'，则《春秋》固继《诗》者也。逮夫后世之官非其人，君臣务为讳忌，予夺出于爱憎，是非曲直，举不足信，谓后代为可欺而已矣。噫，后代果可欺乎？草野布衣有识之士，既无所鲠避，熟观古今，往往托诸歌咏，论断其治乱得失成败淑慝，洞若烛照数计，始无从逃迹，贤贤贱不肖，而天下以荣以辱，是又《春秋》亡而诗作也。"是又谓以诗论史，得存史家公论在民间也。

031 清初诗家多将明亡归于不学，概鄙斥明人之学。而王渔洋论诗独多袭明人，《池北偶谈》卷十六云："宋、明以来，诗人学杜子美者多矣。予谓退之得杜神，子瞻得杜气，鲁直得杜意，献吉得杜体，郑继之得杜骨。他如李义山、陈无己、陆务观、袁海叟辈又其次也。陈简斋最下。《后村诗话》谓简斋以简严扫繁缛，以雄浑代尖巧，其品格在诸家之上，何也？"此暗袭王世贞《艺苑卮言》卷六："国朝习杜者凡数家，华容孙宜得杜肉，东郡谢榛得杜貌，华州王维桢得杜一支，闽州郑善夫得杜骨，然就其所得，亦近似耳。唯梦阳具体而微。"尝读谢肇淛《小草斋诗话》，以为

“殊多愦愦，启发人意处绝少”，然肇淛尝言“本朝诗病在太摹仿，又徒得形似而不肖其丰神”，实即其倡“神韵”说之理论基点也。《然灯记闻》载渔洋答门人问学诗，谓“七律宜读王右丞、李东川”，此论发自李攀龙，其《选唐诗序》尝言“七言律体，诸家所难，王维、李颀颇臻其妙”。谢肇淛《小草斋诗话》卷一亦云：“惟七言律未可专王必也，以摩诘、李颀为正宗，而辅之以钱、刘之警炼，高岑之悲壮，进之少陵以大其规，参之中晚以尽其变。”

032　王渔洋《池北偶谈》卷十八“神韵”条云：“汾阳孔文谷天胤云：诗以达性，然须清远为尚。薛西原论诗，独取谢康乐、王摩诘、孟浩然、韦应物，言‘白云抱幽石，绿篠媚清涟’，清也；‘表灵物莫赏，蕴真谁为传’，远也；‘何必丝与竹，山水有清音’‘景昃鸣禽集，水木湛清华’，清远兼之也，总其妙在神韵矣。神韵二字，予向论诗，首为学人拈出，不知先见于此。”薛蕙语检明刊本《西原集》若干种及四库全书本均无之。及阅中国社会科学院文学所藏雍正三年王道升抄本《西原全集》，至卷十末《论诗》数条，则王渔洋所见文字在焉：

〇曰清曰远，乃诗之至美者也。灵运以之，王孟韦柳抑其次也。白云抱幽石，绿篠媚清涟。清也。表灵物莫赏，蕴真谁为传。远也。岂必丝与竹，山水有清音，景昃鸣禽集，水木湛清华，可谓清远兼之矣。

〇论诗当以神韵为胜，而才学次之。陆不如谢，正在此耳。

〇孟浩然、王摩诘、韦应物诗有冲淡萧散之趣，在唐人中可谓绝伦。五言律诗当以三家为法，不必广学，若复多爱，反累其体制，不如无也。

予玩渔洋之说，又颇疑薛蕙语为孔天胤所引。而孔文谷原文今不可见，究不知薛蕙语为其转述，抑或为渔洋所引也。

033 李贺《唐儿歌》“骨重神寒天庙器，一双瞳人剪秋水”，乃写杜黄裳之子相貌，而王渔洋《香祖笔记》卷八谓“骨重神寒”四字可喻诗品，后人因每用以论诗家之境。金堡《遍行堂集》卷三《廖梦麒诗序》云“其诗苍秀，骨重而神不寒，复登作者之堂”，则取意略异，神不欲其寒。同卷《沈客子诗序》：“如杨子云能为沉博绝丽之文，伤于迟重而涩，此特雄耳。肉不可肥，骨不可不重；骨可重，神不可寒。神寒而骨重，则无由包举而轻升。”徐宝善《壶园杂著》所收《与刘梅生书》云：“诗意必欲深，诗格必欲正，诗骨必欲重，能此三者庶无愧于曩哲矣。”

034 王渔洋《七言古诗选》所选七古大家，李慈铭《越缦堂日记》谓：“太白七古超秀之中自饶雄厚，不善学之便堕尘障，故七古终以少陵为正宗，学此者当于精实中讨消息。超而不沉，东坡之病也；秀而不实，东川之弊也；七古若山谷之健，放翁之秀，道园之简，渊颖之老，西涯之洁，牧斋之苍，亦名家矣。其病在不浑成，不精实，故皆不能超妙。”赵元礼《藏斋续诗话》引此语，以为“仅以健字评山谷，以秀字评放翁，似皆未确”。予谓李氏一字之评，揭其所长也，未尝不是；赵氏以为未确者，衡以全体也，以一言而蔽全体，曾无无懈之词矣。论诗不当如此。

035 王夫之《明诗评选》卷五评曹学佺《寄钱受之》有云：“古今人能作景语者，百不一二。景语难，情语尤难也。”后袁枚《随园诗话》卷六亦发挥此意，道：“凡作诗，写景易，言情难。何也？景从外来，目之所触，留心便得；情从心出，非有一种芬芳悱恻之怀，便不能哀感顽艳。”

036 清初学风丕变，虽鉴于明人之空疏而力求务实，然诸公长于晚明，习染之深，难尽涤除。全谢山论黄宗羲党人门户习气未尽，钱竹汀举顾炎武考据之疏，皆不脱明人风气。王夫之论诗亦未脱明人心粗气浮、好作大言之弊，而又非心粗气浮四字可尽，盖其于诗之高下得失，固有判断力之欠缺也。如《唐诗评选》卷二举虎丘鬼诗二首，以为“非中唐人所能办”，“唐人作古诗者，眉棱如铁，肩骨如峰，皆鬼气也。此独有生人之理”，而观诗中“白日徒昭昭，不照长夜台”“白日非我朝，青松为我门”，岂非分明为鬼语，焉得谓生人之理？又举刘禹锡《和牛相公游南庄醉后寓言戏赠乐天兼见示》，称颈腹两联“蔷薇乱发多临水，鸂鶒双游不避船。水底远山云似雪，桥边平岸草如烟”为“七言圣境”，谓“唐七言律如此者不能十首以上，乃一向湮没，总为皎然一项人以乌豆换睛也”，亦大似弃宾客集中纯金碧玉而取砆石者也。顾梦得“蔷薇”一联句法，实袭自李嘉祐《自苏台至望亭驿人家尽空春物增思怅然有作因寄从弟纾》“野棠自发空临水，江燕初归不见人”，是更非姜斋所知矣。

037　古人论诗，概念每随手取用，不合常规。如王夫之《古诗评选》卷五评谢灵运《从斤竹涧越岭西行》：“且如此诗，用想见两字，不换气直下，是何等蕴藉。抑知诗无定体，存乎神韵而已。”此神韵二字，即“神而明之，存乎其人”之义，固非王渔洋及通常所言神韵明矣。

038　王夫之《古诗评选》卷四评陶渊明《归田园居二首》云：“平淡之于诗，自为一体，平者取势不杂，淡者遣意不烦之谓也。”释“平淡”二字最为简明得要。

039　徐增《九诰堂文集》抄本中《贻谷堂诗序》云：“今天下诗家不为王李、钟谭所摇动者，就余所睹记，前则有曹能始、钱牧斋、王觉斯、卢德水、程孟阳、黄若木、陈木叔、曹秋岳、龚芝麓、周栎园、吴梅村、黄子羽、李缁仲、方尔止、方密之、黎美周、徐巨源、顾与治、朱云子、陈玉立、冯定远、许观生、宋玉叔、姚仙期、黄蕴生诸君子，方外则有庄严师。”此虽系徐氏交游所及见，然亦可见名诗家固多特立独行之士，不受风气牢笼也。

040 毛先舒《青桂堂新咏引》：“诗之为物，名理而已。顾理弗可以显为辞，而藉情与景逶迤迁延而后出之，故指微而音永，俾之遐思，不可直寻，诗之道也。故曰诗之亡也，亡于理胜。非理胜之能亡诗也，以理言理，而情景亡，并理亦亡，则诗从而亡。”此言看似绝异于诗以道性情之常谈，而实有至理。诗以道性情，性情亦名理也。盖诗所言之性情者，喜怒哀乐皆概念也，亦类型化之感思也。顾特殊之感觉竟不可名言，必待情景相融而出之。苟径以名理而为言，则必流于散文矣。

041 清初诗人论诗，或云诗中有人，或云诗中有我，语近而意别。“有人”着眼于性情，今所谓主体性者是；“有我”着眼于个人面目，今所谓风格者是。魏礼《阮畴生文集序》云：“且夫述作而无我，我何为而作哉？人之貌不同，以各有其我；人之诗文竞出而不穷，以其有我也。是故以古人之气格识法而成其我，徒我不成；犹必具五官百骸神血须眉发爪而成人，人人皆同而皆不同，各我其我也。”此有我之谓也。然后人亦每混同二者，如乾隆间谢鸣盛《范金诗话》论诗宗旨“归于诗中须有我在”，而有我又落实于“立诚”，则以有人为有我者已。

042 王应奎《柳南随笔》卷三云：“王实甫《西厢记》、汤若士《还魂记》，词曲之最工者也，而作诗者入一言半句于篇中，即为不雅，犹时文之不可入古文也。冯定远尝言之，最为有见，此亦不可不知。”按：是即文体相参以高行卑之理也，予尝于《古典诗学的现代诠释》中详论之。

043　陈祚明《采菽堂古诗选》评谢灵运《初去郡》起首“彭薛裁知耻，贡公未遗荣。或可优贪竞，岂足称达生”两联云：“起四句用古人发挥伟论，澜翻云涌。如此发端，何处得来？后人作诗好使事，要皆填缀耳，遂致摭实不灵，空疏之子翻相诟病。若使事如此，曾何嫌乎？使事如将兵，以我运事者神，以事合我者巧，事与我切者当，事与我离者疏，强事就我者拙，强我就事者，不复成诗矣。”从来诗家论用事，未见如此语之精警。

044　作诗填词，必曰言志必曰缘情，夫人而知之。然言志缘情者，果言己志缘己情乎，抑或言他人之志缘他人之情乎？则又有说也。方象瑛《健松斋集》卷十二《剪霞词跋》：“西陵词学之盛，吴君清来最年少，得名最早，其写景最真，言情最曲，口齿历历，觉毫楮间实有其人，亲闻其语。余戏谓清来：‘善情语，虚拟耶，抑写照耶？’清来笑不应。已见蒋子驭鹿，乃知清来固未婚，即拂衣挂冠之事未有也。夫人惟情之所至不能代为谋，亦不能代为语。不必有其人而先有其语，清来真善言情矣。”据此知吴清来词有言及仕宦、婚姻者，盖皆虚拟之辞也，近于拟代之体。

045　阅吕阳《全五薪斋集》，序、跋、说各体文字论诗文最夥，而苦无新警之语，独赏其《诗论》“诗有正格，有奇情，有余味，太整则不流，太散则伤野，苟简则无致，苟合则无神”数语，殊耐玩味。

046　薛雪《一瓢诗话》云：“绮而有质，艳而有骨，清而不薄，新而弗尖，稗官野史，尽作雅音；马勃牛溲，尽收药笼，执画戟莫敢当前，张空拳犹堪转战，如是作法，方不愧老成。”按：“绮而有质”四句乃杨升庵语，田雯《古欢堂集·杂著》卷二赞庾信袭用之，而薛雪又祖述之，皆没其所本也。

047 英国诗人爱德华·扬格《试论独创性作品》有言：“我们读书时，让他们的优美点燃我们的想象；我们写作时，让我们的理智把他们关在思想的门外。”此即袁枚《随园诗话》卷十所谓“人闲居时，不可一刻无古人；落笔时，不可一刻有古人”也。

048《随园诗话》卷二云：“尹文端公论诗最细，有‘差半个字’之说。如唐人‘夜琴知欲雨，晚簟觉新秋’，‘新秋’二字，现成语也，‘欲雨’二字，以‘欲’字起‘雨’字，非现成语也，差半个字矣。以此类推，名流多犯此病。必云‘晚簟恰宜秋’，‘宜’字方对‘欲’字。”按改句以“宜”对“欲”虽工矣，而“恰”对“知”又不工，仍差半字耳。

049 管世铭选《读雪山房唐诗选》四十卷，序例收入《清诗话续编》，流传甚广。予阅其《韫山堂文集》卷八《论文杂言》四十一则亦有论诗语，见解精到，且与序例不重复。如云：“杜公‘蓬莱宫阙对南山’，六句开，两句合；太白‘越王勾践破吴归’，三句开，一句合，皆是律绝中创调。”又：“崔颢《黄鹤楼》以古体入律也，少陵《白帝城》以古调入律也。”又：“韩君平‘春城无处不飞花’只说侯家富贵，而对面之寥落可知，与王少伯‘昨夜风开露井桃’一例，所谓怨而不怒也。”观同卷《读书得》云：“尝欲撰录自古论文论诗之语为二书，论文则自左丘明、司马迁、相如、杨雄、班固、范蔚宗以下，如魏文《典论》、陆机《文赋》、刘勰《文心雕龙》以及唐宋以来论文之语附焉。论诗则自钟嵘《诗品》、沈约《谢灵运传论》、司空图《诗品》、严沧浪《诗话》、杜工部《漫兴绝句》、元遗山《论诗绝句》以及历代诸家诗评诗话有益于作诗之旨者附焉。”

管氏在当时以制义名家，而平生于诗文评一道用心揣摩也如此。

050　周春作《杜诗双声叠韵谱括略》，后邓廷桢《诗双声叠韵谱》一卷（有民国十一年刊本），盖仿其书而作。

051　诗文评点，前人鄙为纸尾之学，不入大雅之眼。今人虽不乏董治者，学界未甚重之。予从事古文论之久，而愈觉评点之足贵。盖诗话或风流自赏，或稗贩旧说；笔记或摭拾故实，或谩出议论；序跋或冠冕堂皇，或标榜声气；书札或商榷辩论，或党同伐异。唯评点以传赏于众目，必心存公正；怵他人之我先，必自出手眼。古人所著书，亦惟评点最具商业性质，竞争之势亦最剧。从事于斯者，无不殚精竭虑以为之，故真知卓识多出其中。观纪晓岚诸批尤可见也。

052　汪康年谓纪晓岚"评骘诗文，掎摭利病，如老吏断狱，使人不寒而栗"。予连阅纪晓岚批评诗集数种，复读前人诗，顿觉利钝互见。刘日萼《篴山诗草》卷下《读吴祭酒诗集》云："慷慨故人奇节在，飘零词客暮年心。宦游亲老归原早，名重山栖悔不深。每忆杜鹃悲旧国，堪怜精卫是冤禽。箜篌哀怨琵琶泪，幽思缠绵耐细吟。"首联前六字皆对，而第五字词性忽不对，句法因松散如脱臼。三句老、早二字于八病为大韵，读之拗口。四句名重、山栖、悔不深三意皆不相属。颈联意思已陈熟，七句更重复其意，殊冗。结句耐细吟三字凑，极乏味。似此庶几有纪评之风。

053　田同之《西圃诗说》论诗皆发挥王渔洋之说；《西圃词说》论词亦本渔洋，并采邹程村等人之论。一如冒春荣《葚原诗话》，皆辑前人之说成书，而世或未知。论咏物云："咏物贵似，然不可刻意太似。取形不如取神,用事不若用意。”此本程村《远志斋词衷》:“咏物固不可不似,尤忌刻意太似。取形不如取神,用事不若用意。”盖渔洋《花草蒙拾》亦载:“程村常云‘咏物不取形而取神,不用事而用意’,二语可谓简尽。”

054　中国社会科学院文学所藏清青丝栏钞本朱桂《岩客吟草》卷首载王述庵《诗说》八则,不见于记载,录于此:

○汉魏六朝五言古诗,妙处全在神理,千百年来转辗相仿,蹊径已穷,妙谛几尽,惟陶谢王孟韦柳诸家清腴高秀中兼以神悟,虽经严羽仪、王渔洋诸公拈出,而兴趣在不思议间,世有妙解人正堪寻究,先宜以萧闲真澹养其性情标格,然后反覆涵泳以几自得,未可沾沾摹仿字句,袭貌而遗神也。

○五言长古诗,至杜、韩两家,铺陈排比,自铸伟词,一变汉魏六朝唐初之格,其起伏接应,几与《史记》《汉书》古文同体,惟纵横一万里,上下五千年,才气无双者差堪津逮。

○七言古诗变化多端,要以风樯阵马行于盘旋屈曲中,而开阖顿挫,言之高下,声之长短,无不皆宜,此必将杜、韩、苏、陆、元遗山、高青丘、李空同、陈卧子及本朝王渔洋、朱竹垞诸家择而熟读,当自得之。其本领全在书卷,十三经注疏、二十二史及诸子、文集、说部、释道两藏,皆填溢胸中,资深逢源,乃如淮阴用兵,多多益善。盖学与才,气与法,四者缺一不可。

○七言律诗难于高华沉实,通体完善,前不突,后不竭,八句中浅深次第,一气旋转,每句七字中又须一气贯注,对工而切,调响而谐。其间使事精确,立言有体,兼以慷慨磊落出之,方为合作。若游览寄忆诸诗,即景会心,天然神妙,不可凑泊者,别为一格,与五言古同其旨趣。

○七言绝句全主风神,或洒脱或疏放,或清丽芊眠,皆须事外远致。我友吴竹屿云,读绝句竟,令人悠然神往,或生微叹,真知言也。

〇工七律七绝，则五言律、五言绝不烦言而自解。

〇五七言古诗俱有自然音节，而杜、韩、苏、陆诸大家又各自为音节，熟读深思，使其诗起承开阖、转接断续之妙，悬于心目，信手拈来，如瓶泻水，则应用之平上去入，皆不烦绳削而自合。昔人作《声调谱》，尚是刻舟求剑耳。

〇仆近来不憙言诗，以作诗者多，学诗者少也。学诗先博学，博而取约，举古人诗反覆循玩，融洽于心胸间，下笔自然吻合。又宜先学一家，不宜杂然并学。河西女子听康昆仑弹琵琶，谓本领何杂者，正坐此病。仿一家到极至处，自能通诸家。《楞严》云：解结中心，六用不行。皆是诗家妙谛。仆于此事三折肱矣，颇得正法眼藏，故不惜为吾贤饶舌也。

乾隆五十二年岁次丁未孟冬述庵书于滇南薇垣别墅之誉处堂。

055　陶元藻《凫亭诗话》卷上："诗所谓惊人之句者，立论奇辟一也，造意高超二也，声调雄壮三也。"按：立论、造意之说，实为立意、构思之别名。

056　切之一字，夙为诗家要义，而后人多不讲。蒋士铨《忠雅堂文集》卷七《左都御史桧门金公行状》述金德瑛为门人说诗之言曰："文词之要，古人所以不朽者，只一切字。切则日新而不穷，否将牵附粉饰，外强中干，貌腴神悴。苟知切之为用，则变化卷舒，象外个中，开辟无尽。第各就学识才分，成其小大。若浮夸以侈规模，狭隘以诩矜贵，是皆虚车也。"当时言之，尤以治神韵派末流之浮响不切也。予论王渔洋神韵说、袁枚性灵说皆一再阐说，顾论者皆未之及，何也？

057 朱景昭《无梦轩诗集》自序有云："乱离之作有二病，其一填布时事似公牍，叙述之体正佳，亦日录耳；其一不恤伤厚，极辞逞快，唯恐不尽，尤可恶也。"今人论古诗，凡遇感时伤事、颠沛乱离之作必称其性情之正，有民胞物与之心，当玩此言而斟酌之。

058《论诗绝句》于郭绍虞等编《万首论诗绝句》之外可考见者，管见尚有王棨华《退室诗稿》有《评诗妄语》八首，谢宝书辑《姚江诗录》卷四《论诗偶成》，范士熊辑《国朝南亭诗钞》卷八有王梦聘《仿元遗山论诗绝句四十二首》(选二十四首)，王汝玉《闻妙轩诗存》卷十二《论诗绝句》十四首，周乐清《静远草堂初稿》有《舟中无事杂忆近代诗家刻集各系一绝句以志向往他或慕而未见见而偶忘者不能概及若云轩轾其间则吾岂敢》二十八首、《与俞少轩论诗即题其吟稿八绝句》、《续论诗绝句》二十首、《再续论诗绝句二十四首》、《和王渔洋读唐宋金元诸家诗题后七绝七首》，管筠《小鸥波馆诗钞》卷一有《读太白诗集书后》十二首，陈之脩《浣雪山房诗钞》有专论本朝岭南诗人之《论诗绝句》四组四十首，陈劢《运甓斋诗稿续编》卷五有《仿元遗山体论国朝人诗二十首》，马先登《勿待轩诗集存稿》卷二有《书严沧浪论诗后》四首。

059 上海图书馆藏清人杂钞残册录《徐晓亭麈谈笔存》"论诗"，中有比论白居易与温、李得失二则，甚可玩味："香山之失比于佞，温李之失流为淫，然香山诗有一种真率处，令人越咀越有味，有一种生新处，令人愈看愈有致，不得概以为佞而弃之也。若温李则去其华缛之篇，余皆成浅薄而不足观矣。""近人选诗，有置香山取温李者，以为香山轻温李重耳。殊不知香山真，温李假，香山高，温李下。未分泾渭，而漫别去取，得乎？"

060　以文法论诗，清儒固有此习，吴瞻泰《杜诗提要》、吴见思《杜诗论文》，其最著者也。予笺叶燮《原诗》，亦深感其诗学与文法交集之深也。《雪鸿堂文集》附李钟壁《寄陈御简》自称以论文之法治诗，“以为诗、文本一道，直用音律与不用音律异耳。况汉以前诗，其所为音律与近世作家所奉守者了不干涉。而其诗独高妙绝顶者，非其音律胜，特其文实胜耳”。自可备一说。

061　诗家有云汁浆者，方东树《昭昧詹言》数见之，予论方氏诗学尝及之。李宪暠《定性斋诗话》亦云：“石桐先生题子乔《载鹤游玉清宫图》诗甚好，其气度之从容宽绰，读之使人鄙躁之气都尽。（王）颖叔读《玉清宫图》，极为叹赏，以为在前作《麻衣庵图》之上。薪亭以为当有临本。夫《曹娥碑图》，久不在案头矣，而胸中有其汁浆，便尔挥洒如意。”

062　学诗从何体入手，古贤言人人殊。周容谓当由绝句，徐增谓当由五绝，袁枚、施补华谓当从五律，然究以主张由古体入者居多，而其始必自五言始也。蒋学坚《怀亭诗话》卷二独言：“唐人论诗，谓五律最难，如四十贤人，容一屠沽儿不得，学者须从此入手。余谓作诗宜先学七古，能笔力健举、天骨开张，则其余诸体自易易矣。譬如人能挽六钧之弓、扛百斛之鼎，使举他物，有不轻于鸿毛哉？”此亦一家之言也。

063　乔于泂《思居堂集》卷十二有《文论》：“文章之道，以理为主，以气为辅，以意为骨，以辞为肉。”古人论诗文，习以身体为喻，时贤或名之曰人本诗学。然以身体为喻，实非仅诗学，盖古人论事，莫不皆然也。许善长《谈麈》卷二“以身喻国”条云：“《槎上老舌》言治国如治身，兵刑其手足也，财赋其齿舌也，礼度其耳目也，人生有一息不用其手足齿舌耳目者乎？六者一息不用，或用不合宜，必生疾蠹，然则国之疾蠹，亦从可见矣。客曰：眉发何似？曰此文章也，亦治国之不可少。”然则此种推己及物之言说方式乃吾国文化固有之特征耳。

064 广州中山图书馆藏稿钞本华本松《鸿隐居诗钞》张棠荫评：“诗有大家名家之分，深造者类能剖晰，而其所以分者初不自诗起也。盖名家智尽能索，有意为诗，诗虽工而无所余于诗之外，即已囿于诗之中，若大家则天资之卓、积学之富，抱负之宏，本不徒以诗见长，而有感而动，行乎其所不得不行，止乎其所不得不止，章成法立，兴往情来，意之所到，词即达之，笔亦赴之。洋洋大篇可也，寥寥短章可也，不事依傍，其本色也时亦规模古人，其自验所学，或出以游戏也，惟其无所不有，故能空诸所有，大家之异于名家者在此。”此论大家、名家之别，最为明晰。

065 “境”之一字，自唐人用于论诗，既指外境，亦指诗境，二义并用，至清末犹然。莫友芝题黎庶焘《慕耕草堂诗钞》云：“此册前半甚少杰作，自军兴以后，佳篇络绎，触境而变。简斋江湖流落，诗境乃深，职是故耳。”

066 于祉《澹园诗话》：“诗有文理，如木有文理，一丝乱不得，乱则通体不谐矣。此等处最宜留心，《文心雕龙》所谓内义脉注者也。”乃知后人所言文理即前人所谓义脉（常用意脉），亦即翁方纲所言肌理也，今人解肌理之理牵攀理学之理，求之过深，愈缠夹不清。予论翁氏诗学已辨之。

067 谢质卿《转蕙轩诗存》王轩序云：“诗言志而已，志不同而言斯异，即志无异而言且不能尽同。六义聿兴，言非一端，故有因言以知志者，赋是也；有逆志以求言者，比兴是也。”此分别诗歌解释之两种类型，颇启人思绪。

068　昔人云："熟读唐诗三百首，不会作诗也会吟。"此语不知所起。民国五年刊本汪曾武《述德小识》载："先母喜吟咏，常以唐诗口授子女，如《长恨歌》《琵琶行》诸诗，昕夕诵之，尝曰：'古人有言，熟读唐诗三百首，不会做诗也会吟也。'"民国间赵元礼《藏斋诗话》卷上记谚语亦曰："熟读唐诗三百首，不会作诗亦会诌。"然此意古人多已述之。金圣叹批温庭筠《经李征君故居》诗"一院落花无客醉，五更残月有莺啼"一联曰："逐字皆人手边笔底寻常惯用之字，而合来便成先生妙诗。若知果然学做不得，便须千遍烂熟读之也。"

069　林传甲《筹笔轩读书日记》庚子三月二十八日："自诗话兴而诗律严，诗律严而诗味少。"此古人习见，然论诗固不当作如是观，盖诗与律非必相拒斥者也。

070　民国二十年蓬安伍非百序张昭汉《白华草堂诗》："盖诗人者所见必有色焉，而能得色之夷也；所闻必有声焉，而能得声之希也；所思必有性情焉，而能得性情之真也。故其发于言也，在目则有雕绘之美，在耳则有音乐之美，在心则有文章之美。有雕绘之美是谓色诗，有音乐之美是谓声诗，有文章之美是谓心诗。三者备而后可以为诗人之诗。"言性情言声律，乃是中外各民族言诗之共同，惟言雕绘图画之美乃中国诗学之所独，盖由情景之辨来也。

071　钱仲联先生《梦苕庵诗话》记晚近以来诗坛掌故、评骘诗家高下得失，今人诗话无出其右。然品评章句之细，似偶有可商。如谓："白香山诗：'新秋雁带来。'妙在自然。徐灵晖诗：'一雁带秋来。'只换一字，便落小样。近人陈仁先诗：'单雁重云夹带秋。'又好在凝练。"姑不言白、徐诗果孰为高下，灵晖句是否落小样，仅观陈句之槎枒重拙，似亦不足语凝炼。又云："咏瀑布诗，无过于太白之'海风吹不断，江月照还空'二语，其胸中不知吞几云梦也。至徐凝'一条界破青山色'，真恶俗语，东坡斥之是矣，后人尚多为之辩护，一何可笑。记郑子尹《白水瀑布》诗，有'美人乳花玉胸滑'七字，生新隽妙，人所未道。"夫徐凝句较太白虽有仙凡之别，然东坡斥之固属一家之言，果否恶俗容可斟酌，终不至俗艳于"美人"之句，而先生赏其"生新隽妙"，何也？又云："《烟霞万古楼诗》刻意求奇，究嫌粗犷。少陵、昌黎之奇，不如是也。七律盘空硬语，一往清折，是其才力胜人处，终非雅音。余惟取其《焦山夜泊》一联云：'大地星河围永夜，中江灯火见南朝。'名句在唐、宋之间，可谓健笔扛鼎。"按此节论王昙诗得失自中肯綮，然此联上句吞剥元杨载《宗阳宫望月分韵得声字》"大地山河微有影"，下句脱胎于宋杨蟠《金山》"夜深灯火见扬州"之句法，显而易见，而许为笔力扛鼎，是亦不可解。《烟霞万古楼集》中名句尽多，王昙恐未必自许此联也。至推郑珍诗为清代第一，"才气工力俱不在东坡下"，"不独清代，即遗山、道园亦当让出一头地"，则有同光体门户之见在，后先生亦自觉其说之过而修正之矣。

072 前辈与时贤多有倡吟诵者，屡倡屡偃，终不成风气。无他，盖彼所谓吟诵者，实不堪卒听也。予亦数闻诸前辈吟诵，或近昆曲调，或以锡剧腔，或无腔调而长曳其声，虽人声不同，一如其面，而各自百首一调，略无差异，所谓慷慨激烈，或沉郁顿挫者，竟不知何在。予谓古人所谓吟诵者，乃老杜"新诗改罢自长吟"之自诵吟也，于长吟间玩味其词气，涵泳其音旨，如沈德潜所谓"静气按节，密咏恬吟，觉前人声中难写、响外别传之妙，一齐俱出”。然此种吟诵，诚“只可自怡悦，不堪持赠君”者，若当堂吟哦，则千篇一律，不足以媚众耳矣。今欲为人诵诗，必如当今之朗诵，方能声情并茂，传原作之精神，亦足耸人视听也。

卷八　诗史发微

001　袁枚《随园诗话》有云:"顾宁人言,《三百篇》无不转韵者,唐诗亦然。惟韩昌黎七古,始一韵到底。余按《文心雕龙》云:'贾谊、枚乘,四韵辄易;刘歆、桓谭,百韵不迁:亦各从其志也。'则不转韵诗,汉、魏已然矣。"梁章钜《退庵随笔》尝引述之,似谓有见。姑不论刘彦和所论,就何文体而言,汉魏间抑何尝有百韵之诗乎? 此老之率尔不思亦甚矣。

002　汉乐府长篇多转韵,魏晋以讫齐梁而转韵愈少见,说者或谓乐府本歌词,依乐分解而换韵,以配合叙事、对白之情绪,得声情相融之趣。其说亦似有理,然予谓魏晋无韵书可依,作者苟非博学识字,深谙音理,以六国方音之多歧,无三坟五典之腹笥,撰一长篇歌词而不出后世韵书之一韵,盖亦难矣。是则考究古诗、乐府之转韵,尚不可不顾及彼时初无韵书之可据也。

003　古诗字句多重出,田艺蘅《留青日札》卷二曾举论,以为"数诗或全篇相类,或数语略同,不能无繁简美恶之异。意者出于一手,或后先互袭邪?"予谓五言诗初兴,篇章无多,后作者或仿拟之,歌唱者或删节之,重出互见固亦常理可推知。

004《文选》所录"公宴",吕延济注:"公宴者,臣下在公家侍宴也。"此解公为三公之公,似未确。予谓公宴本相对私宴(家宴)而言,诸侯宴宾客之谓也。故曹植《公宴》诗曰:“公子敬爱客,终宴不知疲。”偶阅孙希旦《礼记集解》卷二十文王世子:“若公与族宴,则异姓为宾,膳宰为主人。公与父兄齿。”郑玄注:“异姓为宾,同姓无相宾客之道。”此可举以解客义。

005 萧涤非《读诗三札记》记黄节先生语曰:“汉魏诗用典本极随便,全凭一时记忆,信手拈来,故多与原来故事不同。《咏怀诗》中此类尤多,非细心寻绎,殆难究其指归也。如其四十二诗‘园绮遁南岳,伯阳隐西戎’,以终南山为南岳,以流沙之西为西戎,即其例也。此在唐宋诗人便绝不敢道。”按:汉魏之世,古书传者多,而见者少,闻见之异无可核实,故异辞纷出。迨唐宋间,古书日亡,存者皆有定本,读者所见遂近,殊无异辞矣。

006《晋书·陆云传》:“吴平,入洛。……云与荀隐素未相识,尝会(张)华坐,华曰:‘今日相遇,可勿为常谈。’云因抗手曰:‘云间陆士龙。’隐曰:‘日下荀鸣鹤。’”叶梦得《石林诗话》许为的对,而玩两句平仄,恰合近体格律。稍前孔融“坐上客常满,尊中酒不空”句,声律亦谐。此岂偶然乎?固有汉语之音乐感存焉。然则张华所谓常谈者,岂非日常口语,而陆、荀之对答乃非常之韵语乎?

007 王猷定为诗序多述人事而不论诗,偶出议论,必有可观。《四照堂文集》卷二《闵宾连菊花诗序》云:“屈宋以降,感哀乐而亡雅正;魏晋以还,感声色而亡风教;宋齐以下,感物色而亡兴会。”有味乎其言也。

008 唐初歌行,非惟格调全袭齐梁,其字句亦多脱化之。偶读梁简文帝《乌栖曲四首》,其二“浮云似帐月成钩,那能夜夜南陌头”，其三“青牛丹毂七香车，可怜今夜宿倡家。倡家高树乌欲栖，罗帏翠帐向君低”，其四“织成屏风金屈膝，朱唇玉面灯前出”，率为卢照邻《长安古意》“青牛白马七香车”“罗帷翠被郁金香”“鸦黄粉白车中出”“娼妇盘龙金屈膝”“廷尉门前雀欲栖”“共宿娼家桃李蹊”“北堂夜夜人如月，南陌朝朝骑似云”诸句所本。

009　李白登黄鹤楼，道“眼前有景道不得，崔颢题诗在上头”，韩愈咏石鼓，云“少陵无人谪仙死，才薄将奈石鼓何?”张养浩《九日》诗有“诗有少陵难著语”，前贤之服善类如此。

010　太白诗一以气行，气势所到，意与辞俱，往往信手拈其熟典常语，不及推敲，故诗中措语多有重复。如《寄崔侍御》云“此处别离同落叶，朝朝分散敬亭秋”，《别中都兄明府》复云“东楼喜奉连枝会，南陌愁为落叶分”，取喻相同。

011　唐人七律名家向不数岑嘉州，而嘉州七律于盛唐人中实稳称可法，盖章法安排，扣题最紧，又谨守体制，少横衍旁出之意，虽不足语于天才趠厉，然于初学者最宜师法也。

012　唐刘昭禹云:“五言律如四十贤人，著一屠沽不得。”而唐人诗中每有虚字衬贴，以凑字数者。汪师韩《诗学纂闻》曾举杜甫“依旧已衔泥”句以为“已”字凑泊，予谓杜甫《送韩十四江东省觐》“此别应须各努力”句，应须二字亦有一字可去，除非二字连用为当时口语。吴乔《围炉诗话》卷二尝云:“句中不得有可去之字，如李端之‘开簾见新月，即便下阶拜’，即便有一字可去；‘千寻铁锁沉江底，一片降幡出石头’，上四字可去。”予谓五律如李商隐《访秋》末联:“殷勤报秋意，只是有丹枫。”按“只有丹枫”意已足，“是”字衬贴。类似之例为《同崔八诣药山访融禅师》“共受征南不次恩,报恩惟是有忘言”,《梓潼望长卿山至巴西复怀谯秀》“行到巴西觅谯秀,巴西惟是有寒芜”。此弊五言不多见,如宋赵鼎臣《故大司成葛亚卿挽诗》“贺书犹未报,吊客已相先”“平生诗满箧,尚自有人传”,“相”字“自”字皆衬。七言则颇常见,如独孤及《和赠远》“借问离居恨深浅,只应独有庭花知”,“只”“独”意复。白居易《宫词》“雨露由来一点恩,争能遍却及千门”,遍及意足,“却”字衬。雍陶《赠玉芝观王尊师》:“时流见说无人在,年纪惟应有鹤知。”“惟”“有”二字取其一则意已足,“应”字更为赘疣,此五言而强抻为七言者也。罗隐《牡丹》末联“日晚更将何所似,太真无力凭栏干”,“更将”二字皆凑。清胡天游《扬州食樱桃鲥鱼》:“带将翠叶溜明珠,未吃先应口自腴。”“应”“自”二字亦皆凑。

013 前人论韦应物诗之风格渊源,宋沈明远谓有正始之风,明顾璘谓得汉魏之质,其下者亦在晋宋之间,明何良俊言有陶谢遗韵,清吴德旋谓学陶谢诸家而神合,近人杨启高则云出自小谢。予昔于《大历诗人研究》中平章之,谓踵陶古淡清腴之遗绪,兼采二谢之流丽名隽。顷陕西出土丘丹所撰韦应物墓志,谓“公诗原于曹刘,参于鲍谢,加以变态,意凌丹霄,忽造佳境,别开户牖”。丘丹为韦应物牧苏时诗友,墓志自称“余吴士也,尝忝州牧之旧,又辱诗人之目,登临酬和,动盈卷轴”,今其存诗中四首与应物唱酬,韦集则有七首及丹。其所言韦诗“原于曹刘,参于鲍谢”,当有所据。然则后人所见,以顾璘之评为最切,虽未点鲍谢之名,亦不远矣。

014 大历十才子于当时俱有盛名,顾诗篇流传于世者多寡不一。夏侯审仅传《咏被中绣鞋》一绝:“云里蟾钩落凤窝,玉郎沉醉也摩挲。陈王当日风流减,只向波间见袜罗。”此实后世嗜莲之先声。同治间王之春有仿作云:“颠倒鸳鸯蜀锦偎,合欢床上梦初回。几曾莲步轻移动,著向西厢立月来。”

015　韩愈之诗,自宋以来毁誉参半,至叶燮始全盘肯定,与杜、苏并推为古今三大家。然当时未必许其说也。迨乾隆间,朱筠《陈涵一诗序》称韩诗“其力之厚,思之深,其体之汪洋广阔,而卒出之以正且大、安且易也。乃知其所谓约经之旨,而不背乎风雅颂之所以然者,固如是耳。(中略)盖唐之诗至李杜而极,而并学李杜者,韩也。后之学者,莫能外焉。”此汉学家之崇韩也,至姚鼐则宋学家之崇韩也。及山东高密李氏兄弟由《主客图》入者,亦尚韩诗,世遂无异辞。更经桐城后学与曾湘乡之推挹,韩愈遂与杜、黄并为嘉道以后诗家不祧之宗。

016　白居易诗,走性灵一路者多学之,宋则王禹偁、苏东坡、陆游,明则唐伯虎、汤显祖、袁宏道,清则方文、袁枚,其最著者也。然袁枚固尝否认学白,惟性之近使然乎?

017　自古作者诗文皆定于人,自唐白居易而始自定。王敬之自跋《渔唱乙稿》曰:“诗词弃取定于人者,或未尽惬己意,则凡定于己者宜当矣。乃有墨版已久,复检而悔之,残稿蠹余,转以为可存一二,又悔之。弃取失当,盖自定为甚也。”是以清初名家俱请前辈或朋侪定其全稿,如王渔洋笔记所述“南施北宋”皆以其全集请定是也。

018　李贺与吴文英皆醉心于修辞,其修辞密度于唐诗、宋词并为翘楚。然贺诗赏之者多于病之者,而吴词反是,何其遭际之不同也。究其所由,则诗以诵而词以歌,诵可掩卷长吟,三复其意,所谓诗读百遍,其义自见;歌则一声过耳,不容思量,刻画过繁，固莫从求索矣。此体式之限，非他故已。

019 自东坡有“郊寒岛瘦”之评，后人每不以为然，清孙燮《愈愚集》卷一《读孟东野集》称“之子实雄奡，才堪万人敌。以穷昌其诗，苦吟天所激”，又云“坡公淡宕人，中怀无戚戚。厌此寒虫号，却比小鱼食。人生有境遇，心与为宽仄。无怨贫实难，贤者不自克。坡言我未然，长歌增怆恻”，亦堪称有胆识者。

020《瀛奎律髓》卷二十一陈师道《雪中寄魏衍》末云：“遥知吟榻上，不道絮因风。”冯舒评：“落句道好亦得，道不好亦得。在唐人毕竟不好，在宋人且说好。古人佳事佳句，用之本无不宜，其病只恨熟耳。陆士衡已谓朝花可谢矣，必求新异，谓之翻案，此宋人膏肓之疾。翻案句多不韵。”此言深中宋人结习，然亦本韩愈来。顾嗣立《寒厅诗话》云：“韩昌黎诗句句有来历，而能务去陈言者，全在于反用。如《醉赠张秘书》诗，本用嵇绍鹤立鸡群语，偏云‘张籍学古淡，轩鹤避鸡群’；《县斋有怀》诗，本用向平婚嫁毕事，偏云‘如今便可尔，何用毕婚嫁’；《送文畅》诗，本用老杜‘每愁夜中自足蝎’句，偏云‘照壁喜见蝎’；《荐士》诗，本用《汉书》‘强弩之末力不能入鲁缟’语，偏云‘强箭射鲁缟’；《岳庙》诗，本用谢灵运‘猿鸣诚知曙’句，偏云‘猿鸣钟动不知曙’，此等不可枚举。学诗者解得此秘，则臭腐化为神奇矣。”

021 诗家尊汉魏，溯风骚，往往为门面大话，实际取径多就性之所近。张戒《岁寒堂诗话》：“乙卯冬，陈去非初见余诗，曰：‘奇语甚多，只欠建安、六朝诗耳。’余以为然，及后见去非诗全集，求似六朝者尚不可得，况建安乎？词不逮意，后世所患。”故吾人论诗，恒应如孔子所言“听其言而观其行”，不可为虚词所欺也。

022　宋代取士之多，迈于前后各朝。北宋天下太平，士虽多而以吏冗，州郡犹可容纳。至南渡后偏安一隅，地愈狭而官不加少，遂致仕途益隘。庄绰《鸡肋编》卷中云："绍兴年间，天下州郡遂成三分，一为伪齐、金虏所据，一付张浚，承制除拜；朝廷所有，唯二浙、江、湖、闽、广而已。员多阙少，如诸州通判，佳处见任与待阙者，率常四五人。"仕途既阻则士必放佚于市井，江湖游士因以日众。宋季江湖诗人之盛，固根于此时局之异也。

023　悼亡自潘安仁后，以元稹《遣悲怀》三首为翘楚，后此则王次回《疑雨集》中数十首，随意成文，诸体咸备。王嘉桢《在野迩言》卷一云："少时读之，不觉其痛。忆道光戊申年陈少春夫子馆于吾家，时遭师母鲍氏之丧，阅次回诗，曰：'句句为我写照，我可不必作矣。'光绪乙亥，及予妇章氏谢世，自疾作病殁以及身后诸事，每经一事，则诵次回诗，一一如我心坎中流出，思一效颦，以写我忧，而珠玉在前，遂为阁笔。于今四载，尚付阙如。丙子秋予赴浙闱秋试，时苏垣谣言风起，弱息无依，揖别灵帏，凄然堕泪，出门惘惘，吟'此行谁复问归期'，则诗句又被次回先作矣。非此味深尝，安能言之亲切若是。室人尝谓予曰：'他日去世，君悼亡诗必有佳构，惜未得见耳。'予曰：'我诗在《疑雨集》中，子可先视之。如或易此，则姜橘之奠不可阙也。'今予哀逝无文，悲怀莫遣，他日及泉相见，将何以报命？"足见次回之诗入人之深。

024　明格调派之好用大字面，人皆以为学杜所致，此固不待言。予独谓杜用此类字面亦有肤廓无当者，如《逢唐兴刘主簿弟》"江山且相见，戎马未安居"，《送裴五赴东川》"故人亦流落，高义动乾坤"，《寄高适》"楚隔乾坤远，难招病客魂"，《双燕》"今秋天地在，吾亦离殊方"，《移居公安赠卫大郎钧》"形容劳宇宙，质朴谢轩墀"，皆其例也。一味学之，必濩落无着耳。

025 明人之诗多模拟唐人，公然剽窃者往往改唐人句一二字即为己有。如朱彝尊《静志居诗话》卷十三载余有丁《送张崌崃肖甫》“何事新芳歇，王孙不可留？”脱胎于王维《山居秋暝》“随意春芳歇，王孙自可留”。谢榛《秋暮书怀》：“木落风高万壑哀，山川纵目一登台。”系仿杜甫《登高》“风急天高猿啸哀”“百年多病独登台”。《中秋无月同李子朱王元美李于鳞比部赋得城字》：“鸿雁清秋游子意，梧桐白露故园情。”盖从李白《送友人》“浮云游子意，落日故人情”化出。钟惺《慰人落第》云：“似子何须论富贵？旁人未免重科名。”点化姚合《送江陵从事》“才子何须藉富贵？男儿终竟要科名”，袁枚《随园诗话》讥之曰：“钟先生如此偷诗，伤事主矣。”其脱胎唐人诗意者，则稍隐蔽，如张含“鸿雁不传天外字，芙蓉空照水中花”句，从南唐中主李璟《摊破浣溪沙》“青鸟不传云外信，丁香空结雨中愁”化出。朱彝尊《静志居诗话》卷三王恭条，附录林衡者摘其佳句，谓有大历十子遗音。今按其所举有“鸟外明河秋一叶，天涯凉月夜千峰”“几处移家惊落叶，十年归梦在孤舟”，前联脱胎于韩翃《酬程延秋夜即事见赠》“星河秋一雁，砧杵夜千家”，后联脱胎于李端《宿淮浦忆司空文明》“秦地故人成远梦，楚天凉雨在孤舟”。又郑作《除夕》云：“除夕愁难破，还家梦转频。十年江海客，孤馆别离人。残漏听还静，寒灯坐愈亲。梅花满南国，谁寄一枝春？”中两联显系脱胎于戴叔伦《除夕宿石头驿》“寒灯独可亲”“一年将尽夜，万里未归人”三句，而味愈薄。明人之学唐多此类也。

026 明清时北方话无入声，诗人押韵亦有循口语者。施源《赠王铁夫》：“遗书震泽十年读，绝学阳明一瓣香。”“十”字下注“平声”，即其例也。

027 清人以方言押韵，如熊为霖《纪行诗十册·匡庐游草》

中《杨柳津词》二首，虽属一时游戏，亦可资语音研究。

028　自明末钱谦益倡宋诗，苏东坡、陆放翁之诗行；入清后王渔洋复倡宋诗，黄山谷之诗与苏并尊。叶燮复以杜甫、韩愈、苏轼为古今三大家，遂定清诗基调。乾隆后诗风日益偏向宋调，李调元《雨村诗话》载其婿张怀溎言："今人学唐，终只是宋。"实道着根本。至清末同光体极其至耳。

029　顺治十二年，黄传祖辑《扶轮广集》十四卷附补遗一卷，张缙彦序之，刊于依麟草堂。内皆收明清之际作者，而采及王渔洋诗十一首。是年王渔洋二十二岁，入京应会试中式，未应殿试而归里，其诗才固已为时人瞩目矣。

030　王渔洋《秋柳》四章，当时和者称五百余家，后仍络绎不绝。今可知者，《姚江诗录》卷五有叶金铿、褚宗亮、黄维瀚《秋柳次王渔洋韵四首》，朱为弼《蕉声馆诗集》卷二有《和新城尚书秋柳四章》，郑方坤《蔗尾诗集·杞菊轩稿》有《秋柳追和阮亭先生韵四首》，赵昌业有《秋柳诗和王阮亭尚书原韵四首》，见范士熊辑《国朝南亭诗钞》卷五。陈克猷有和渔洋《秋柳》四首，汪玉珩《朱梅舫诗话》卷下录其一。魏悬书有《秋柳用渔洋韵四首》，见同书卷十一。陶澍集七律有《辛酉夏日同友人散步永定门外道旁柳色浓绿如窝眷然有感用阮亭秋柳韵》，周乐清《静远草堂初稿》有《秋柳和渔洋山人韵四首》，谢兰生《咏梅轩稿》卷四有《秋柳效渔洋体》四首，周发藻《卧樟书屋集》卷六有《秋柳四首用渔洋先生韵》，许正绶《重桂堂集》卷三有《廉生用渔洋秋柳诗韵作春柳四首见而效之》，杨葆光《苏盦诗钞》卷六有《拟渔洋秋柳四首》，《天风楼诗剩》又有《秋柳三叠和渔洋韵》，至于用渔洋诗韵者益夥，如《京江耆旧集》卷九有徐嗣曾《陇头流水用渔洋秋柳韵》，卷十有于锐同题之作，夏塽《篆枚堂诗存》卷二有《秋海棠用渔洋秋柳韵》，蒋庆第《友竹草堂诗》卷二有《秋燕四首用渔洋秋柳诗韵》，胡道南《风满楼诗稿》卷六有《苦雨用王阮亭秋柳韵》《挽族兄健庐用王阮亭秋柳韵》。黄爵滋《仙屏书屋初集》卷十四有《芦花诗四首用渔洋秋柳韵和陶凫芗前辈作》，焕明《遂初堂诗集》卷四有《秋草用王文简公秋柳韵》四首，许正绶《重桂堂集》卷三有《廉生用渔洋秋柳诗韵作春柳四首见而效之》，李士棻《天瘦阁诗半》卷二有《水仙花四首用渔洋山人秋柳诗韵》，陈劢《运甓斋诗稿续编》卷六有《春柳用王渔洋秋柳韵》，张燮承《写心再存》有《秋兰用渔洋秋柳韵》，陈栩《惜红精舍诗》有《新柳用渔洋秋柳韵》，蒋元杰《蘅雪堂剩草》有《春柳用王阮亭先生秋柳原韵》四首。嘉庆间，谪戍伊犁诗人张菊知作《和王渔洋秋柳四首》，舒其绍、舒敏、王大枢、黄聘三、杨廷理等和之，见王大枢《西征录》。冯汝桓有《奉调赴直留别历下诸友用渔洋秋柳韵》，见《道咸同光四朝诗史》甲集卷五。胡恩燮有《秋海棠用王渔洋秋柳韵》四首，见胡光国辑《白下愚园集》卷二。闺秀中亦多和作，如汪韵梅《送浣云入都用渔洋秋柳韵》，见《道咸同光四朝诗史》甲集卷六。钱福炜《丹魁书屋剩稿》有《和秦蓉舫用渔洋山人秋柳韵四首》。又郑镜蓉有《和王渔洋秋柳词》四首，见《柳絮集》卷四十四；苏世璋有《秋柳用王渔洋先生韵四首》，见《国朝闺阁诗抄》第三册；何佩珠《竹烟兰雪斋诗抄》有《芜城春柳叠用渔洋秋柳韵四律》《秋柳用渔洋山人韵》，何佩芬《绿筠阁诗钞》有《秋海棠用渔洋山人秋柳四首韵》，载《晚晴簃诗汇》，皆宋清秀博士得之见示者也。

031　一新诗风之起，绝非仅凭口号、主张即足以为当世所追趋，必辅以创作之成就，始得耸动天下。钱锺书所谓“学识高深，只可明义；才情照耀，庶能开宗”(《谈艺录》)是也。明公安派之盛行，乃绝好之例证。朱彝尊《静志居诗话》卷十六云：“嘉靖七子之派，徐文长欲以李长吉体变之，不能也；汤义仍欲以尤、萧、范、陆体变之，亦不能也；王百谷、王承父、屠长卿虽迭有违言，然寡不敌众。自袁伯修出，服习香山、眉山之结撰，首以白、苏名斋，既导其源，中郎、小修继之，益扬其波，由是公安流派盛行。"清初王渔洋之倡宋诗而能风靡天下，盖亦以其《蜀道》一集示人典范耳。

032　王渔洋《蜀道集》非但为当时所重，后人行蜀道每携以读之，如《京江耆旧集》卷九有徐嗣曾《栈道读渔洋感怀诗追念师恩泫然有述即次其韵》，即其例也。黄臣燮《平泉诗稿》卷首张应麐题诗云："蜀江水碧蜀山青，襆被曾为万里行。到处留题传绝唱，不教能事让新城。"自注："渔洋诗以《蜀道集》为最。"方象瑛《健松斋集》中《锦官集》二卷，同为入蜀典试沿途所作，再三言及渔洋诗，盖亦以追摹王集为职志矣。

033　袁枚序赵翼《瓯北诗钞》，言"撷之只心余数行，而他贤不与焉"，又云"去春过南昌，心余病，握余手諈诿诗序，一如耘菘，撷卷首，一序并无，然后知此二人者，交满海内，而孤睨只视，惟余是好"。此与王渔洋笔记中载当世诗人称"南施北宋"，又言二人诗集皆属己定，言下不无托大之意。

034　黄仲则卒，举世痛惜，诗名益盛。后人集中多有和其诗或用其韵者，如长白斌良《抱冲斋诗集》、黄人《石陶梨烟室诗存》。仲则诗晚近以来尤为士大夫所喜诵，盖亦以善言文人志节、情怀耳。即宦达如张之洞辈亦爱之，称道于《书目答问》，他可知矣。民国以降，推崇《两当轩集》者，瞿秋白、郁达夫、刘海粟，皆其人也。

035 许隽超编黄景仁研究资料甚备，沾溉学人匪浅。偶阅秦臻《冷红馆全集》卷一有《读两当轩集》云：“秋风挥泪满乾坤，浩气排空云梦吞。上下三千年内史，羁孤一万里中魂。论才李谪仙为祖，得句黄山谷有孙（先生自称山谷诗孙）。读罢遗编灯黯黯，湘灵山鬼泣黄昏。”为许书未收。又王润生《拙好轩诗稿》卷一《夏日读两当轩集题后》亦可补入，诗长不录。

036 人于无聊中，每写无聊以解无聊。赵翼晚年无诗时，以写无诗而有诗。《无诗》云：“每日耽吟到日西，几于搜及角中鼷。只愁明日无诗句，既此无诗又一题。”《旬日无诗》云：“天机云锦朗昭回，刀尺徒劳费剪裁。怪底经旬无一句，等他有句自然来。”皆其例也。

037 前集举怀人组诗，续有获见，更记之。张笃庆《昆仑山房诗集》甲戌年有《岁暮怀人诗》四十六首。程晋芳《勉行堂诗文集》卷十三有《途次怀人诗十二首》。蒋士铨《忠雅堂诗集》卷二十五有《怀人诗》四十八首，《后怀人诗》十九首，《续怀人诗》十九首，《后续怀人诗》十八首。洪亮吉《卷施阁诗》卷十五有《岁莫怀人二十四首》《续怀人诗十二首》。王芑孙《渊雅堂全集》编年诗稿卷五有《岁暮怀人绝句》二十四首，卷十四又有《岁暮怀人》六十四首七律。史善长《秋树读书楼遗集》有《怀人杂诗五十一首》。顾宗泰有《怀师友诗一百八十首》。法式善《存素堂集》有怀人组诗十三组，四百零七首。陈世庆《九十九峰草堂诗抄》卷下有怀人诗十五首。汪承庆《墨寿阁诗集》卷一有《海上怀人诗》十二首。吴荣光《石云山人诗集·陕安集》有《怀人十七首》。黄爵滋《仙屏书屋初集》卷九有《岁暮怀人诗三十四首》。黄钊《读白华草堂诗》卷四有《岁暮怀都门诸同人诗》，《苜蓿集》卷一有《怀人诗三十首》。王汝玉《闻妙轩诗存》卷三有《岁暮怀人绝句》十首。周乐清《静远草堂初稿》有《岁暮怀人诗十六首》《续岁暮怀人诗十六首》。康发祥《癸巳集》卷三有乙卯年《怀人诗》二十首。杨岘《迟鸿轩诗集》卷四有《怀人诗十二首》。刘履芬《古红梅阁遗集》有《旅窗怀旧诗》七十首。张文虎《舒艺室诗存》卷四有《秋日怀人诗》十五首，卷五有《怀人十五首》。徐樾《遗园诗集》卷七有《岁暮怀人诗》十二首。刘日萼《篋山诗草》卷下有《岁暮怀人七首》。杨葆光《苏盦诗钞》卷四有《岁暮感旧》二十二首。吴昌硕《缶庐诗》卷二有《怀人诗》十七首。刘师培《匪风集》有《岁暮怀人》九首。李审言《学制斋诗钞》卷四有《丙辰五月奉怀沪上诸友绝句》二十七首。

038　诗至清而物无不可咏，事无不可用。朱桂《岩客吟草》卷六有咏《兽炭》《冰豆腐》，晚清尤甚。董文焕《研樵诗录》有《子颖鼎锐比部同年仲复并余兄弟赋得煤毬限读字用韩孟联句体》，前所未见也。陈景寔《观尘因室诗钞》卷一又有《咏痔疮戏赠孙二》云："体物未遗血先出，睟子盈盈类似哭。大哼小哼声欲绝，大珠小珠滴不歇。突然报道体物至，垂首沉吟如临事。垂头颇似有所思，中心痛苦诉谁知。君不见五体投地如睡狮，正是先生出恭时。"

039　清代诗社之集，随读书所见略载于此。顺治元年甲申庄冲远与江上、梁溪二邑诸子联介社以会文，见徐增《九诰堂文集》《介社序》；顺治间长乐陈琭与高固斋、孙君实、许天玉、郑山围、陈仲举等人举平远台诗社，见王道徵《兰修庵避暑录钞》卷一；后林松址、郭约园、何上林、李鹿山等复举之，见同书卷二。潘江晚年倦游归桐城，与诸老结花社，会辄赋诗以纪岁月，人望之如四皓衣冠，见潘江《木厓文集》附传记。金坛汤格与同邑蒋超、于云石、高东生及弟栻同结文社，号金沙十子，见《京江耆旧集》卷三。康熙四十六年，沈德潜与张景崧、张锡祚、徐夔、陈睿思、冯念祖、沈用济、方还、顾绍敏、陈培脉及释岑霁等在长洲葑门外结城南诗社，见《徐龙友遗诗序》；五十九年，复与张畹、张鈛、周准、尤依、毛厨杞、洪钧、朱玉蛟、朱受新、陈奎、沈用济、方朝在施家馆结北郭诗社，见《方舟兄遗诗序》。乾隆间有青浦县诸联等结苔岑诗社，十年一举，见诸联《明斋小识》卷九。高邮贾成祖与里中友人结莲香社，见贾氏《晓楼诗钞》。刘文蔚与里中商盘、周长发等十子结西园吟社，后又与族弟凤岗、童钰等七人结越中联吟，刻《越中七子诗》，见蒋士铨《忠雅堂文集》卷一《越中七子诗序》、卷二《宝意先生传》。岑振祖晚岁归里，与邬鹤徵、茹蕊、纪勤丽、王衍梅、周师濂、杜煦、杨棨、商嘉言、施琦、何一坤等创泊鸥吟社，自乾嘉迄道光，为时最久。乾隆二十三年海宁施兰垞倡诗社，作咏物诗，见李调元《雨村诗话》卷六。吴翌凤乾隆三十二年清明后一日与陈学海、周宾、沈起凤、徐春福、陶磐、陈元基、戴延年、余尚德、林蕃钟结水村诗社，见吴翌凤《东斋脞语》。嘉道间临海太学生王叶壎构得我亭，延同里戴景祺、黄云章、高锡苏、赵金标结双溪诗社，见黄瑞辑《三台名媛诗辑》卷四王郁兰小传。黄钊任潮阳教谕期间，于道光二十一年与里人续举红棉吟社于东山讲院，见所著《读白华草堂诗・苜蓿集》卷五《五月十五日邀蒋稻芗胡昼堂周雪吟凤章顾健吾锟吴云帆同年姚百村续红棉吟社于东山讲院》。谭莹道光二十二年在广州结横沙诗社，见谭莹《乐志堂诗略》卷二《婆尾花》小序。孙次公家檇李，与秦光第、杨韵等结社联吟，称“鸳湖七子”，见蒋学坚《怀亭诗话》卷一。清季台湾潜园吟社、竹梅吟社、海东击钵吟会、牡丹吟社、海东吟社，见王松《台阳诗话》卷上。

040 朱为弼《蕉声馆文集》卷五《族侄仁荣桂轩小稿序》：“居春明十有余年，见都人士之为诗者惟服膺张船山、鲍双湖两先生，其诗皆以古谊抒写性灵者也。”鲍双湖，名桂星，字双五，号觉生。歙县人。嘉庆四年进士，官至詹事府詹事。有《觉生诗钞》《鲍觉生全集》等。迄今张问陶诗盛传于世，名在人口，而鲍桂星尠有人言及。信夫诗之传与不传，有幸不幸也。

041　仪征诗人施朝干，字小铁，工诗古文，秀才时刻《陵阳集》行世，王鸣盛选《江左十子诗》，列名其中。后官太常，洪亮吉《北江诗话》甚称其诗，许其必传。法式善《梧门诗话》尝举其五言“远火深无影，空江静有声”“春星兼鸟落，山雨接潮来”“月华依水滴，春色卷帘多”诸联，谓气韵浑成，必传之作。又《悼亡》云：“白水贫家味，红萝嫁日衣。”以为“二语绝无伤悼字面，深于伤悼矣！”然后世名不彰，乡里文史著述亦无及之者。

042　厉秀芳《真州竹枝词》八百首，数量为清代咏一邑竹枝词专集之冠。康发祥《伯山诗钞·由庚集》中有《题厉惕斋大令真州竹枝词》：“昔观樊榭山房集，碎锦零缣浙派诗。何似土风君特咏，銮江道上唱红儿。”“底须俳语肖东方，自有新声入乐章。排日追欢真得计，足消三万六千场。”足存乡邦文献。

043　梁恭辰《北东园笔录三编》卷四载：“乾隆己酉科会试，诗题《草色遥看近却无》，吾乡有一孝廉，卷已中矣，因诗中有‘一鞭残照里’句，主司指为引用《西厢记》语，斥不录。其实此孝廉并不记得是《西厢记》语，特平日风流自赏，口吻自与暗合。”予谓此事不奇在举人用《西厢》语，乃奇在主考熟谙戏文如此！然则其时士大夫浸淫于戏曲小说之深，殆不下于经史也，唯囿于正统观念，写作时忌其阑入而已。

044　归懋仪《绣余续草》有《咏菊十二律》分咏忆菊、访菊、种菊、对菊、供菊、咏菊、画菊、问菊、簪菊、菊影、梦菊、残菊，与《红楼梦》第三十七回众人所拟咏菊诗题悉同，应为拟作。周乐清《静远草堂初稿》有《咏菊十二首》，曰忆菊、访菊、乞菊、种菊、养菊、问菊、画菊、采菊、餐菊、寄菊、枕菊、拜菊。小引云："意航栽菊颇盛，同人宴赏，咸各题咏，追步未能，因仿前人杂拟各题，得十二律，以志雅集。"祝应焘《宦游草堂诗钞》卷四有买菊、种菊、访菊、赏菊、瓶菊、菊枕、移菊、对菊、菊影、菊山十首，金兰贞《绣佛楼诗抄》有《同两弟分题咏菊得四律》咏忆菊、咏菊、画菊、簪菊，宗婉《梦湘楼诗稿》卷上有《咏菊分题为经锄侄廷轸作》六首，曰醉菊、访菊、梦菊、评菊、剪菊、餐菊，则除金兰贞外，皆自拟新题，非全仿《红楼梦》诸题矣。

045　有清一代，名盛而数奇者尽夥，而未有如潘德舆者。才名早著，见赏于公卿，司文柄者皆以网罗入彀为幸，乃应乡试十二次，方于道光八年中解元。复自道光九年至十六年间，六应会试而卒不遇，主文柄者至有以不得德舆而相诟病。其不遇亦甚矣。门人吴昆田刻其试帖六十首，皆自添评语，以示家塾者，盖亦颇自负也。然予观其诗，第一首第四联云："阴阳申变化，参两擘方圜。"两句意虽可对，而语殊欠工。"阴阳"，的名也，而对以数词"参两"；"变化"，动词也，而对以的名"方圜"。以如此诗才为试帖，殊觉疏阔，其不售也宜矣。

046　刘履芬《古红梅阁遗集》中《旅窗怀旧诗》七十首，记平生所交诗友，诗下各系长注，略述交游始末，载其诗词及他人题咏，道咸间江、浙两省诗人事迹多见其中，可作两朝诗话读。

047　阅蒋学坚《怀亭诗话》，于卷二得高级堂《书怀》一首，云："书剑飘零剩一身，华年深感鬓丝新。贫无可乐聊谋醉，诗不求工但写真。涉世漫嫌多冷眼，穷途犹幸作闲人。流光浪掷成何事，辜负莺花又一春。”虽无新语警语，然末世文人之意态于此可见。蒋学坚自言最爱诵黄仲则《两当轩诗》，宜其赏心于此诗也。

048　朱庭珍《筱园诗话》卷二论及唐以来组诗，谓“近人尤好以一题顺押上、下平韵作三十首，甚至咏物小题亦多至数十首，且有至百首者”。余见用上下平声三十韵咏物赋题者，有明李振声有《村居》平韵诗三十首，见《全浙诗话》卷三十三。黄道周、叶廷秀、董养河《西曹秋思》唱和，著录于《四库全书》存目。傅扆《落花诗》、魏荔彤《怀舫诗别集》卷三咏雁字回文上下平声三十首诗，李来泰《莲龛集》卷三咏雁字上下平声三十首，沈德潜《张南华太史诗序》亦载张鹏翀作咏雁字律诗不半日上下平韵俱就。李兆龄《舒啸阁诗集》卷一《秋怀三十首》，钱陆靖《钱存梅先生遗稿·湖村杂咏三十首》，张晋《戒庵诗草》卷五有《梅花十五首》，自注：“下平韵诗轶。”方朝《勺湖亭稿》有《白莲三十首》，王英《破梦斋诗》所附落叶三十韵，袁希谢《绣余吟草·梅花诗三十首》，唐大经《舫楼诗草》卷二《百美杂咏》三十首，马济皋有《自寿诗》三十首，纪昀《纪文达公遗集》诗集卷六有《西域入朝大阅礼成恭纪三十首》，蔡召华《爱吾庐诗钞》卷三有《春闺行乐词》三十首，周乐清《静远草堂初稿》有《秋吟三十首》，杨懋建《留香小阁诗钞》有《闰端午珠江竞渡词》七绝三十首，翟柳村有《癸丑感事诗》三十首。丁立诚《小槐簃吟稿》卷四有《杂感三十首以韵为次记三月至八月事》。又李调元《雨村诗话》卷十四载：“怀宁诸生李啸村葂少时，督学于耐圃先生按皖，试《春江》诗，笔不停挥，成上下平七律三十章。”亦捷才也。黄培芳《香石诗话》卷一载黄沃楷作《三十秋诗》，用上下平声全韵。夏时济有《落花》三十首，见孙雄编《道咸同光四朝》甲集卷五，《四库全书》存目著录刘然《西涧初集》有《水中雁字》七言律诗，用上、下平韵至三十首。

049　巢经巢诗，晚近以来评价极高，吴敏树尝谓："子尹诗笔横绝一代，似为本朝人所无。"钱仲联先生亦尝许为有清第一，后乃稍易其说。予初读其早年之作，若不甚出色，但觉述人情有极透处。如舟破书湿，作《武陵烧书叹》云："烘书之情何所似？有如老翁抚病子。心知元气不可复，但求无死斯足矣。书烧之时又何其？有如慈父怒啼儿。恨死掷去不回顾，徐徐复自摩抚之。此情自痴还自笑，心血既干转烦恼。上寿八十能几何，为尔所累何其多。"及阅至三十岁以后诗，渐入佳境。《南阳道中》云："先车雨过尘方少，未夏村明望不遮。林脚天光如野水，麦头风焰度晴沙。春当上巳犹无燕，地近南都渐有花。昼睡十分今减半，为留双眼对芳华。"至晚年之作，以浮沉学官，辗转于兵乱艰危之中，儿孙辈连连夭亡，哭悼不及，生意索然，遂多辛酸语，惨不堪读。如后集卷二《是日厐孙痘忽变逾时亦殇明晨亲埋之与其姊同墓四首》其三云："本为逃生出，翻增促死悲。早知皆若此，苦窜竟何为？襁哭关山道，裘包雨雪时。空余来路在，历历不堪思。"他多类此。

050　前人笔记、诗话多记旅舍题壁之作，致吾人皆以题壁为风雅之事，不知亦为当时所苦。王敬之《小言集·所宜轩诗》有《挤壁诗天长智珠寺作》，序有云："忆辛巳冬初，涿州旅舍楹间黏纸，大书以告过客，以为'粉墙新圬，请勿题句，如有佳作，何不宝藏'云云。吾辈客涂，循墙绕柱，大约苦海中语所见为多，无怪市人厌恶。"然王氏究必题智珠寺壁也，所谓"知其不可为而为之"者。

051　清人诗中咏外国事物，除朱则杰所举林古度《林茂之诗选》卷下《观大西洋自鸣钟刻漏》，吴暻《西斋集》卷十二《水匮歌》，吕谦恒《青要集》卷七《自鸣钟》，揆叙《益戒堂诗后集》卷五《咏自鸣钟》，岳端《玉池生稿·蓼汀集》卷一《西洋四镜诗》，马之骦《古调堂初刻》卷四《西洋火器》，卢纮《四照堂诗集》卷三《西洋锦》，赵善庆《重知堂诗》卷二《西洋瓜》，曹寅《楝亭诗钞》卷六《客馈洋茶半开戏题》，沈德潜《归愚诗钞余集》卷十有《咏眼镜》《咏烟草》，赵翼《瓯北诗集》中《同北墅漱田观西洋乐器》《初用眼镜》《西岩斋头自鸣钟分体得七古》《静观二十四首》(其十七显微镜)等一系列作品外，尚见龚鼎孳《定山堂诗集》卷二十五有《西洋烛》《西洋布》，熊为霖《纪行诗十册·岭南游草》有《西洋千里镜歌》一首，吴历《吴渔山诗集·三余集》有《试观千里镜》《自鸣钟声》《西灯》《显微镜》，王渔洋诗集中有咏荷兰刀剑、荷兰马、西洋四小白牛，吴之振《黄叶村庄诗集》卷三有《次自牧咏西洋饼二绝句》，塞尔赫《晓亭诗钞》有《西洋画》，桑调元《弢甫续集》卷一《叶惺斋上宽惠番物三种兼索下句赋谢》咏红毛酒、西国米、呵哒子，吴锡麟《自怡集》卷五有《荷兰剑歌》，蒋士铨《忠雅堂诗集》卷二有《泰西画》、卷四有《自鸣钟》，翁方纲《复初斋诗集》卷五《洋画歌》《后洋画歌》，张諴《婴山小园诗集》卷十四《鄂罗斯宫词》，据小序乃取《西域闻见录》所载而作也。程尚濂《程尚濂诗集》卷六有《洋表次海槎韵》二首，李林松《易园集·词集》有《摸鱼儿·戏咏洋钱》，周发藻《卧樟书屋集》卷二《洋糖》《洋马齿苋》，卷四《题郭筠仙少司马泰西石画小像四绝》，卷五《次和侯官杨懋甫承汾孝廉见示纪西医亚当治眼志感韵即赠》，李士棻《天瘦阁诗半》卷五《灵会卧游录百廿六首》有《观外国戏法凡十昼夜无一雷同骇叹不已而有此诗》，丁立诚《小槐簃吟稿》卷四有《听西洋女子鼓洋琴》，李树恭《用晦草堂诗》庚子有《偿款》《赌饷》《捐局》《报纸》《番舶》《电线》《铁路》《税厂》《学堂》《洋操》《洋楼》《西教》《西语》《西式服》《西式鞋》。

052 古人以诗句得名者，余前于《小言》中已记若干，今更补之于下。元应文虎游京师，赋《梅魂》诗，为虞集、杨载所叹赏，称为应梅魂，见《三台诗话》。叶嗣孙应试《方石》诗，张翥见之，呼为叶方石，见《全浙诗话》。明徐庆亨在京师与诸公咏雪，有“一鸟不鸣树，千峰半入云”之句，人呼为徐千峰，亦见《全浙诗话》。杜庠有题赤壁诗传于人口，在都下会饮于陆孟昭馆，云间张汝弼拱揖曰：“此过赤壁题惊人句杜先生也。”都人竞呼为杜赤壁。见《列朝诗集小传》乙集杜庠传。邵珪有“半江帆影落尊前”之句，人称为邵半江，见同书丙集。后乾隆间边连宝曾作《四虫诗》，为任丘知县钱振孙所赏，谓之曰：“是当名边四虫也。”见边氏《病余长语》卷三。王藻咏《睡燕》诗，史承豫极赏之，常呼为王睡燕，见汪玉珩《朱梅舫诗话》卷下。许兆棠《和秋燕诗》云“半江秋水点渔箱”，人亦目为许半江，见《梧门诗话》卷二。清汪文柏以菊影诗得名，世称汪菊影，见沈炳巽《权斋文稿》中《汪柯庭先生传》。涪州何鈫有《看梅》一绝云：“酒沽林外野人家，霁日当檐独树斜。小饮呼朋三面坐，留将一面与梅花。”李调元为之拍案叫绝，为人书扇多至数十，曰：“古有林梅花，此不可称何梅花乎？”见《雨村诗话》卷十二。又，会稽刘文蔚少以《秋草》诗得名，称刘秋草，见同书卷五。全州朱野塘有《梅花》七律百首，传播一时，群呼为朱梅花，见俞廷举《一园文集》卷四《朱野塘梅花百首诗序》。桂林朱芬谷少时咏菜花，有“菜花黯淡夕阳天”之句，人以朱菜花称之，见同卷《朱芬谷诗序》。藏书家鲍廷博有《夕阳诗》盛传于世，和者甚众，时有鲍夕阳之称，见法式善《梧门诗话》卷五。杨时庵有《咏梨花》诗体物工细，徐熊飞许为绝唱，因呼为杨梨花，见同书卷十四。闺秀孙秀芬咏《夕阳》有“流水杳然去，乱山相向愁”之句，洪亮吉《北江诗话》卷五谓可以配“王晓月”，则固许之为“孙夕阳”也。汪古迁《怀人》诗有“芳草牵情老，桐花落梦残”句，人遂呼为汪桐花，见熊琏《澹仙诗话》卷三。曹南有句“满郭风声野鸭来”，杨宝彝戏呼为曹野鸭，见杨岘《迟鸿轩文弃》卷一《草草草庐诗稿序》。海宁蒋学坚有“落叶约云飞”“乾走阶前落叶声”二句，为顾宗欧所赏，谓之曰：“昔吴澹川（文溥）善咏落花，人以‘吴落花’名之。子遇咏落叶，无不工，可称‘蒋落叶’矣。”见蒋所著《怀亭诗话》卷一。蒋云培有“夕阳清磬出桃花”之句，时人呼为蒋桃花，见王宝书《味灯诗话》卷一。番禺宋绍濂赋《白莲》诗，有句云“香藏世界无尘劫，梦堕清凉有月知”，“闻香都不辨花水，有色何须傲雪霜”，一时呼为宋白莲，见潘飞声《在山泉诗话》卷一。满洲文海有秋柳诗四首，不减王渔洋，人呼文秋柳，见震钧《天咫偶闻》卷九、孙枟《余墨偶谈》卷五。郭曼生有“孤磬一声秋叶黄”句，因有郭秋叶之名；赵元礼游北海，得“层楼出云表，万叶战秋声”一联，寄严范孙，被许为赵秋声，均见赵元礼《藏斋诗话》卷上。王箴盘十岁通韵语，塾师以龙媒二字嵌首尾使生徒作联，箴盘先成曰：“龙文犹忆杨称侄，凤友原凭叶作媒。”时有王龙媒之称，见王松《台阳诗话》卷上。周德鬻有“云迷洞口白桃花”之句为时所赏，尝有周桃花之称；谷培宸有“夕阳红到远山无”之句，为陈寿宽所赏，有谷夕阳之誉，叶其蓁《咏杏花》有“其奈小楼听雨夜，明朝怕有折枝人”之句，为杨晓风所称，亦得叶杏花之名，均见杨青《慈荫山房笔记》。

053　清末天津诗人周馥有《过胶州》七律云：“朔风雨雪海天寒，眼底苍茫不忍看。诸国共称周版籍，斯民犹重汉衣冠。何人持算盘盘错，当局枯棋着着难。挽日回天宁有力，可怜筋骨已衰残。”有“幽燕老将，气韵沉雄”之概，日本公使高平氏译作英文函达美国总统，以示东方文艺优美之一斑，总统极为欣赏，索汉文原稿藏之。见赵元礼《藏斋诗话》卷上。

卷九　诗林折枝

001　曹植《矫志》云："道远知骥，世伪知贤。"即"路遥知马力，日久见人心"之义。

002　谢惠连《西陵遇风献康乐》其四："屯云蔽曾岭，惊风涌飞流。零雨润坟泽，落雪洒林丘。浮氛晦崖巘，积素惑原畴。曲汜薄停旅，通川绝行舟。"一连四韵句法皆相似，然古诗正不当以此拘也。杜甫《送段功曹归广州》云："南海春天外，功曹几月程。峡云笼树小，湖日荡船明。交趾丹砂重，韶州白葛轻。幸君因估客，时寄锦官城。"申涵光《说杜》谓"此诗上六句，句尾皆拈单字，亦犯叠足之病"(《杜诗详注》卷十一引)，实则各联句法不同，唯各句皆二字名词起，略嫌雷同。纪昀评僧子兰《华岩寺望樊川》"疏钟摇雨脚，积水浸云容。雪碛回寒雁，村灯促夜舂"两联曰："中四句调同，亦一病。"则确犯句法重叠之病矣。

003　颜延年取竹林七贤中五人为《五君咏》，后人多效之。袁桷《清容居士集》卷四《潘孟阳上书不报归里作五咏》咏贾谊、孟浩然、梅生、虞卿、鲁仲连。王九思《渼陂续集》卷上《五君子咏答刘士奇》咏魏仲先、韩愈、杨伯起、李白、陈图南，魏裔介《五子咏》咏杨思圣、魏象枢、曹本荣、申涵光、郝浴，王渔洋《渔洋续集》卷八《五君咏》咏友人刘体仁、施闰章、汪琬、梁皙、董文骥，邹汉勋《敩艺斋诗存》咏孟郊等五人，李蕗原《拟五君咏》咏金谷村、申苍岭、李秋厓、曹绮庄及纪晓岚五人，见《纪文达公遗集》卷九《曹绮庄先生遗稿序》自注，蒋士铨《忠雅堂诗集》卷十八《五君咏》咏熊本、袁枚、李炯、徐绍、恬来五友人，江湜《集道堂外集》卷二咏孟郊、贾岛、卢仝、李贺、温庭筠五唐人，复效渔洋作《续五君咏》，咏同时师友沈谨学、刘泳之、汪献玗、汪鸣球、杨白。丁立诚《小槐簃吟稿》卷四《五君咏》，咏许庆曾、董念棻、汪鸣皋、黄以周、沈景修。

004 龚显曾《葴斋诗话》卷一记某《观姬人睡》云："玉腕明香簟，罗帏奈汝何。不知梦何事，微笑启腮窝。"全由梁简文帝《咏内人昼眠》"梦笑开娇靥，眠鬟压落花。簟文生玉腕，香汗浸红纱"化出，而四句仅咏梁简文二句之意，复不如简文句之工，则宫体何可轻视之耶？

005 卢照邻《长安古意》篇制虽宏，意思不出左思《咏史》(济济京城内)一首。卢诗大幅渲染京师繁华之盛，末以"寂寂寥寥扬子居"四句作结，气息低沉，远不若左诗自"寂寂扬子宅"以下，一半篇幅自咏，末言"悠悠百世后，英名擅八区"，长文士志气也。

006 杜审言《同晋陵陆丞早春游望》："云霞出海曙，梅柳渡江春。"妙在曙与春更出一层新意。否则便似沈佺期《早发昌平岛》"阳乌出海树，云雁下江烟"，无意味矣。

007 刘希夷《代悲白头翁》"年年岁岁花相似，岁岁年年人不同"，傅干《注坡词》卷十《浣溪沙》其二十一"菊花人貌自年年"句，引戎昱句"菊花一岁岁相似，人貌一年年不同"，殆本自刘句而点金成铁者也。此句不见于今传戎昱诗中。晚唐罗隐《春日题禅智寺》“花开花谢长如此，人去人来自不同”，亦本此意而语工于戎昱。

008　刘昚虚《阙题》“时有落花至，远随流水香”，古来传为名句。戴叔伦《春江独钓》有“断烟栖草碧，流水带花香”，约其意为一句。叶恭绰《遐庵清秘录》卷一载王安石手书绝句：“溪水清涟树老苍，行穿溪树踏春阳。溪深树密无人处，只有幽花渡水香。”后二句幽秀异常，然与戴句皆不如刘诗得天然之趣。

009　庾信《同州还》“河桥争渡喧”句，孟浩然《夜归鹿门歌》敷衍为七言“山寺鸣钟昼已昏，渔梁渡头争渡喧”。《优古堂诗话》又指岑参《巴南舟中夜事》“渡口欲黄昏，归人争渡喧”系袭孟句，要之亦本自庾句，或上句参取孟意耳。

010　王维五律多杰作，而七律名篇殊少。《出塞作》两用马字，历来为人诟病。《大同殿柱产玉芝(略)》前两联“欲笑周文歌宴镐，遥轻汉武乐横汾。岂知玉殿生三秀，讵有铜池出五云”，四句句式重复，亦是一病。盖七律格式初定，病犯未严，后人极尠有此。然若五律《辋川闲居》“一从归白社，不复到青门”“青菰临水拔，白鸟向山翻”，两度以青、白对举，虽非重义(白社、青门为专有名词)，亦殊不成体。纪晓岚谓不可为训，是也。此或游戏笔墨亦未可知。

011　李白《月下独酌》“举杯邀明月，对影成三人”，秦少游《宁浦书事》脱化为“身与杖藜为二，影将明月成三”。朱翌复易其语作“无人马为二，对饮月成三”(见《困学纪闻》卷十八)，竟不成语。若指月映两人杯中而成三，意又太曲。此好奇之过。

012 太白以诗名复以酒名，号诗仙复号酒仙，人多以酒趣观其诗意。杨义撰《李杜诗学》，尝专论太白醉态思维。然既入醉乡，果能思维否，实难谓之必也。清人吴獬《不易心堂集》中有《酒》一首云："酒客诗人本一班，我诗肠窘酒肠宽。人言得酒诗多妙，我醉寻诗一句难。"此深知酒趣者也。

013 老杜《登岳阳楼》起联"昔闻洞庭水，今上岳阳楼"，注家无注，或今昔对照太过现成欤？余读沈佺期《过鬼门关》起云："昔传瘴江路，今至鬼门关。"则前人亦有用此句法者也。

014 刘辰翁评《饮中八仙歌》，谓古无此体，周容《春酒堂诗话》驳之，谓脱胎于《柏梁诗》，似未的。同事张巍君著论，由魏晋、南朝品目人物之风溯其源，庶几近是，可备一说。

015 杜甫《曲江》："一片飞花减却春，风飘万点正愁人。"《三绝句》其一："不如醉里风吹尽，何忍醒时雨打稀。"李端《韦员外东斋看花》："并开偏觉好，未落已成愁。"崔橹《岸梅》："初开偏称雕梁画，未落先愁玉笛吹。"李商隐《落花》："落时犹自舞，扫后更余香。"李咸用《绯桃花》："未醉已知醒后忆，欲开先为落时愁。"宋祁《落花》："将飞更作回风舞，已落犹成半面妆。"辛弃疾《摸鱼儿》："惜春长怕花开早，何况落红无数。"张问陶《落花》其二："自笑怜花心耐久，将残总作未开看。"《澹仙诗话》载曹剑函句："月明最爱将圆夜，花放先愁到足时。"一种惜花之意，前后变换多少种言说！机杼虽同，而彩线各异，信乎诗人之灵心愈出而无尽也。

016 杜甫《送张十二参军赴蜀州因呈杨五侍御》："好去张公子，通家别恨添。两行秦树直，万点蜀山尖。御史新骢马，参军旧紫髯。皇华吾善处，于汝定无嫌。”首联现成语，中两联上写景呆板，皮肉不贴；下熟典而以新旧二字参错之，实牵强无谓。七句言不达意，竟不成语。老杜诚可谓其工固不可及，其拙亦不可及者。反观大历人送别之作，则绝无此等浅俗格调。

017　岑参《奉和中书贾至舍人早朝大明宫》“花迎剑佩星初落”，似脱胎自唐太宗《帝京篇》之九“佩移星正动，扇掩月初圆”。

018　韦应物《游开元精舍》“绿荫生昼静，孤花表春余”，何其幽秀蕴藉，而叶适《中塘梅林》袭之作“幽花表穷腊，病叟行村墟”，表字不知所属。

019　乔亿《大历诗略》卷三谓崔峒《题崇福寺禅院》“清磬度山翠，闲云来竹房”一联“是真寂乐，觉常尉之‘禅房花木’眼界尚不为无染”。此即吾所谓初盛唐人得禅意浅，中晚唐人得禅意深也。

020　蒋学坚《怀亭诗话》卷三载王佩甫梦中所占一联云：“春风绿院朝呼酒，明月红楼夜拥花。”此种句法自唐人“门外碧潭春洗马，楼前红烛夜迎人”化来。然“春风绿院”“明月红楼”名词相连，句法略板，不及唐人句以“外”“前”稍事错综而生动。晏几道取以为词：“门外绿杨春系马，床前红烛夜呼卢。”李东阳《麓堂诗话》载钱奕投周岐凤诗，“野寺莺花春对酒，河桥风雨夜推篷”一联亦同，而声韵朗畅，诵之较胜王句。

021　李嘉祐《自苏台至望亭驿人家尽空春物增思怅然有作因寄从弟纾》“野棠自发空临水，江燕初归不见人”，后人多效其意。《明诗别裁集》卷九孙良器《过姑苏有感》“为问秋风归来雁，稻粱今有几家田?”沈德潜谓比李句声更萧飒,卷十杨廷麟《别叶侍御》“桑村古渡沙移路,茅屋人家鸟就烟”,沈德潜以为茅屋句写尽荒凉,不减李句。今按:孙诗意直露,杨诗句法奥折,逊李句之自然蕴藉远矣。此可见沈氏虽号为诗学名家,品评之间手眼尚欠精审。若王渔洋、纪晓岚必不出此等议论可无疑也。

022 权德舆久司纶诰,多撰王言,集中帝室挽歌亦夥。予阅其集,至《德宗神武孝文皇帝挽歌词三首》,其三首联忽出韵:“常时柏梁宴,玉斝恩波遍。今日谷林归,灵辒烟雨霏。乔山森羽骑,渭水拥旌旗。仙驭何由见,耘田鸟自飞。”按之为古诗,然颇为异数。及见《顺宗至德大安孝皇帝挽歌三首》,其三首联复出韵:“候晓传清跸,共瞻宫辂出。迎风引彩旒,遥想望陵愁。弓剑随云气,衣冠奉月游。空余驾龙处,摇落鼎湖秋。”后《大行皇太后挽歌词三首》亦然:“哀笳出长信,呜咽宫车进。宝剑入延津,凄凉祠殿新。青乌灵兆久,白燕瑞书频。从此山园夕,金波照玉尘。”然《昭德皇后挽歌词》《赠文敬太子挽歌词二首》《惠昭皇太子挽歌词二首》《赠梁国惠康公主挽歌词二首》《赠郑国庄穆公主挽歌二首》《赠魏国宪穆公主挽歌词二首》乃至《故太尉兼中书令赠太师西平王挽词》《湖南观察使故相国袁公挽歌二首》,则皆不出韵,此甚异也,而未详其故。

023 孟郊《秋怀十五首》之一:“去壮暂如剪,来衰纷似织。”乍见诧为新警,既而见谢灵运《君子有所思行》“盛往速露坠,衰来疾风飞”,则仅换一比喻耳。

024 姚合句“移花兼蝶至,买石得云饶”,贾岛句“移居见山烧,买树带巢乌”,似无心相合而姚更饶韵致。南宋四灵之翁卷《幽居》袭之,作“移松连峤土,买石带溪苔”,纪晓岚斥为“钝手”,

则确如前人“近仁”之讥矣。

025　韩愈诗，句法变化最莫测。盖他人一句仅一意两意，而韩诗一句或三意四意，是以意多曲折。如《李花赠张十一署》“欲去未到先思回”是也。此盖取法于杜甫《早秋苦热堆案相仍》“对食暂餐还不能”者，杨万里《诚斋诗话》论“诗有一句七言而三意者”已及之。黄仲则《岁暮怀人》“乍见还惊却回顾”仿此。又有一句未完，下句补足者。如《过始兴江口感怀》：“忆作儿童随伯氏，南来只今惟一人。”“南来”义从上读也。

026　韩愈《楸树二首》其一：“几岁生成为大树，一朝缠绕困长藤。谁人与脱青罗帔，看吐高花万万层？”朱彝尊评曰：“用意亦佳，但遣句稍费力。”竹垞不甚喜韩诗，多无好评，然针砭皆到位。此诗亦然。所谓遣句费力者，盖用字多复，如“为”与“生成”复，“缠绕”与“困”复，“谁”与“人”复，“看”字亦为蛇足，殊失轻灵之趣。

027　韩愈《双鸟诗》古来解说纷纭，后人用其典，则以为自喻。如蒋士铨《忠雅堂诗集》卷九《王谷原比部又曾三月某日卒于里箨石先生于闰五月八日为位法源寺邀同人哭之》：“吾师左庶子，与君托乡县。胶漆固金石，万物不能间。人称二边韶，自笑两原宪。《双鸟》郊愈偕，《二鬼》基濂善。”谓钱载与王又曾引《双鸟诗》自比也。李调元《和同年比部姚姬传鼐见访元韵》：“当年共展鸾凤志，此日应歌二鸟诗。”亦用《双鸟诗》之典，拟己与姚鼐为韩孟。

028　贾岛《送耿处士》颔联“万水千山路，孤舟几月程”，当句对兼流水对，而自然浑成，不见斧凿痕。

029　朝鲜诗人李仁老《破闲集》卷下:“耆之避地江南十余载,偶游萧寺,岸幅巾,兀坐长啸,僧不识,问为何人,书一绝曰:‘早把文章动帝京,乾坤一介老书生。如今始觉空门味,满院无人识姓名。’”按:杜牧《赠终南兰若僧》诗云:“家在城南杜曲旁,两枝仙桂一时芳。禅师都未知名姓,始觉空门意味长。”两诗同一取意。

030　李商隐《无题》“晓镜但愁云鬓改,夜吟应觉月光寒”,《寄令狐学士》“晓饮岂知金掌迥,夜吟应讶玉绳低”,两联句式全同。

031　李商隐《泪》一首章法奇创,冯振心先生《七言律髓》举杨亿《泪》诸作,以见后人因袭之迹。然予谓白居易《中秋月》已用此章法,其诗云:“万里清光不可思,添愁益恨绕天涯。谁人陇外久征戍,何处庭前生别离?失宠故姬归院夜,没蕃老将上楼时。照他几许人肠断,玉兔银蟾远不知。”首联统言月能添愁益恨之意,中四句列举四种人间望月之不堪情境以证,末以月之无情与人之有情对照作结,已开《泪》之结体。

032　温庭筠《苏武庙》“回日楼台非甲帐,去时冠剑是丁年”,叶梦得“逸人旧住子午谷,诗客独寻丁卯桥”,马先登《勿待轩诗话存稿》卷上载楚南悔庵主人句“况自丁年频作客,那如午梦易还乡”,均工于用干支字者。

033　李群玉《同郑相公出歌姬小饮戏赠》颔联“风格只应天上有,歌声岂合世间闻”,似本杜甫《戏赠花卿》“此曲只应天上有,人间能得几回闻”。

034　晏殊《浣溪沙》词“无可奈何花落去，似曾相识燕归来”，又见于七律《示张寺丞王校勘》诗中，而《浣溪沙》别阕“不如怜取眼前人”一句，又见于《木兰花》词中。此老喜重复其佳句如此。

035　洪迈《容斋五笔》举白居易“醉貌如霜叶，虽红不是春”句，谓东坡“小儿误喜朱颜在，一笑那知是酒红”（《纵笔三首》其一）一联“采旧公案而机杼一新，前无古人，于是为至”。实则苏诗之意，已见于隋尹武《别宋常侍》：“秋鬓含霜白，衰颜倚酒红。”独孤及《得李滁州书以玉潭庄见托因书春思以诗代答》又改造为：“朱颜因酒强，白发对花惭。”“强”字甚新而有力。陈师道又袭尹诗为“短发愁催白，衰颜借酒红”，而皆不如尹句自然浑成。

036　诗人论艺习以艺术比人事，而亦有反而行之以出奇者。宋张乖崖留别诗云：“秋云都似宦情薄，山色不似归兴浓”。黄莘田诗曰：“老似婴儿防饮食，贫如禁体作文章。”翁照诗曰：“友如作画须求淡，山似论文不喜平。”黄之纪《随园遣兴》云：“为山即是为文意，满幅曾无一笔平。”取意同于翁氏。张问陶《二月二日预作生女诗》曰：“绕床大笑呼奇绝，似读生平未见书。”《二月十六日徐寿征招同葑亭给事谷人编修小饮筵上戏作》曰：“醯盐经用如诗料，匕箸飞声见酒狂。”《八月四日归次穆家峪与沧湄金溪饮酒作》曰：“官如诗草何妨改，身是昙华未解愁。”亦皆以艺文比拟人事，颇见机趣。

037　刘苞《九日侍宴乐游苑正阳堂》：“曲终高宴罢，景落树阴移。”陆游《小园》袭其语曰：“晨露每看花蕊坼，夕阳频见树阴移。”自注云：“此二事非闲寂不知也。”予谓其体物虽微至，而较王维《从岐王过杨氏别业应教》“兴阑啼鸟换，坐久落花多”一联，终觉无生动意趣也。

038 陶元藻《凫亭诗话》卷上指王实甫《西厢》“夕阳古道无人语，禾黍秋风尚马嘶”，原从耿湋“古道无人行，秋风动禾黍”来，“然添却夕阳马嘶，倍觉悽惨”，为前人所未道。

039《静志居诗话》卷十七白云先生陈昂条，录其诗自序云：“昂于诗尤嗜五言，第家贫无书，诵王右丞作，即师右丞；诵杜工部作，即师工部。”然所举《宿江边阁》“风前两岸叶，月下一声猿”，实本自孟浩然《宿桐庐江寄广陵旧游》“风鸣两岸叶，月照一孤舟”一联。

040 明顾应祥《江上晓行》“晓行江路月，人语夜船灯”，从温庭筠《商山早行》“鸡声茅店月，人迹板桥霜”化出。“江路”二字过僻，遂逊温句之浑成。

041 王次回《疑雨集》摹写女子情态，多饶风韵，然造句用字，偶有未安。“含毫爱学簪花格，展画惭看出浴图”。予读此句，觉“惭”字未稳，若作“羞”字，则情态全出。又觉此句甚熟，似曾相识。偶见说部载叶小鸾受戒于月朗大师，师问：“犯淫否？”曰：“征歌爱唱《求凰曲》，展画羞看《出浴图》。”则古今人所见略同也。

042《昨非庵日纂》：“赵葵尝避暑水亭，作诗云：‘水亭四面朱阑绕，簇簇游鱼戏萍藻。六龙畏热不敢行，海水煎彻蓬莱岛。身眠七尺白虾须，头枕一枚红玛瑙。’六句已成，葵遂睡去，有侍婢续云：‘公子犹嫌扇力微，行人多在红尘道。’”此与《水浒传》“赤日炎炎似火烧，野田禾稻半枯焦。农夫心内如汤煮，公子王孙把扇摇”一曲同一机杼。

043《静志居诗话》卷十四周锡条录其《吴门夜泊》末联云：“夜深欲傍寒山寺，依旧钟声落翠微。”同卷郑若庸《秋涉》末联云：“山僧卧稳西岩寺，时有钟声落翠微。”发想何其相似。

044　世传钱鹤滩《题秋江独钓图》诗云：“一蓑一笠一鱼钩，一个渔翁一叶舟。一橹一帆兼一桨，一人独钓一江秋。”钱鹤滩(1461—1504)，名福，字与谦，号鹤滩。明华亭人，著有《鹤滩集》。王渔洋《题秋江独钓图》云：“一蓑一笠一扁舟，一丈丝纶一寸钩。一曲高歌一樽酒，一人独钓一江秋。”当据钱诗点化。蔡云嵩《蛰存斋笔记》又载纪晓岚扈从高宗南巡，登金山寺，奉命赋此体，曰：“一蓑一笠一渔舟，一个渔翁一钓钩。一拍一呼还一笑，一人独占一江秋。”盖亦仿前作。

045　李攀龙诗，世皆病其模拟剿袭。然观《沧溟集》中诗，乐府、五言拟古之作固多点窜古辞，拉杂成篇者。而七律袭前人语，如卷九《和李明府春日驰恋庭闱之作》：“河阳县里花常满，北海樽中酒不空。”《送冯汝言学宪之浙江》：“使者清秋拥汉槎，五云回首望京华。”《酬右史题扇见赠》：“佳客满堂疏翰墨，美人千里共婵娟。”卷十《得元美冯参政书知王沂州先已失寄》：“摇落中原伏枕时，故人千里一相思。”《大阅兵海上使者》：“帐拥楼台天上坐，阵回鱼鸟镜中行。”似此类显然脱胎于前人诗者，殊不多见也。

046　周茂源《挽吴梅村祭酒》云：“旧德群推周太史，伤心莫解息夫人。可怜婚嫁浑难毕，画翣犹迟送老亲。”又《阅侯朝宗壮悔堂集诗以吊之》云：“漫怜玉树埋黄土，一死无虞晚节倾。”吴本锡《读吴梅村诗有感》云:“一死可怜非易事,令人却忆息夫人。”观其言一死,言息夫人,知皆本于邓汉仪《息夫人》一诗:“千古艰难唯一死,伤心岂独息夫人。”近代姚光《徐闇公先生残集序》亦引邓汉仪“千古艰难唯一死”之句,以为“夫一死固难,然有激于一时之义愤,则慷慨赴死,亦易事耳。凡人遇国亡之际,往往偷延残喘,卒贻污名于书史,此皆操守之不坚;故一死非难,唯不死而侘傺无聊,困苦备尝,仍能守节不渝以终者,为尤难矣。”

047 王渔洋《再过露筋祠》:“翠羽明珰尚俨然,湖云祠树碧于烟。行人系缆月初堕,门外野风开白莲。”初读亦觉平常,不解时人何以推崇之若是,及读他人所作,则其高下立现。前人如谢肇淛《小草斋集》卷五《露筋祠》云:“白璧自不涅,微躯何所求?至今女郎祠,飒飒英风秋。惆怅千古事,月照清淮流。”熊文举《雪堂先生集选》卷五《露筋祠》云:“依依不似苧萝村,蝼蚁乌鸢达者尊。底事蚊虻常聚散,烟波江上立贞魂。”后人如蒋士铨《忠雅堂诗集》卷十二《露筋祠》其二:“香骨凭谁瘗腐余,贞魂曾否在空虚。虫声尚作惊雷响,愿乞灵风一扫除。”徐鼒《未灰斋诗文集》中《题露筋祠壁》云:“湖前湖后绿云堆,湖上菰蒲绕岸回。老尼拾柴小尼爨,不知门外白莲开。”皆不足道也。郭麐《灵芬馆诗话》卷三云:“渔洋《露筋祠》诗,撇开题面,自出一奇。余人一著议论,便觉可厌。李丹壑一绝云:‘心如扬子青铜镜,身似莲塘菡萏姿。只尺隋家天子墓,行人惟拜女郎祠。’议论之中,神韵自绝。”实则李孚青此绝亦无甚出色,首二句比喻刻板无趣。蒋学坚《怀亭诗话》卷三云:“露筋祠诗甚多,自当以渔洋为绝唱。频伽尝填平韵《满江红》题之;又集孟东野、王摩诘诗作楹联云:‘江淮君子水,山木女郎祠。’亦佳。”郭麐《灵芬馆全集》,多年前尝览一过,已不省记其《满江红》果何如也。

048　陆次云《明妃曲》其二："安危大计在和亲，巾帼应推社稷臣。但得妾行烽火息，汉朝谁敢说无人。"李天馥评曰："古来赋明妃者多矣，云十四绝翻新出陈，一语未经人道，字字可传。"甚有见地。盖较之唐戎昱《咏史》"社稷依明主，安危托妇人"之讥讽朝廷，意主弭兵息战，陈义实高。

049　诗话中名句足赏，及观其全篇，每平庸不称。如王渔洋所赏崔不雕"丹枫江冷人初去，黄叶声多酒不辞"一联，见于《国朝诗别裁集》卷六，题作《浒墅舟中别相送诸子》，诗曰："溶溶月色漾河湄，晓起频将玉笛吹。同上邮亭忘别绪，独行驿岸解相思。白蘋江冷人初去，黄叶声多酒不辞。此路三千今日始，蓟门回首雪霜时。"沈德潜以丹枫、黄叶不无合掌而易为白蘋，然前四句反复重言，至"解相思"，则应是别后之情。而五句复言"人初去"，去则去矣，七句又言"此路三千今日始"，吞吐重沓，殊无章法可言。度其丹枫、黄叶一联先得，继而装头接脚成篇。沈改为白蘋，虽神韵悠然，而意不联属，欲补缀之亦诚难也。

050　子建七步成诗，古来艳称，而后人效颦者亦或有之。胡道南《风满楼诗稿》卷二《二十步成诗送周鲁溪》小序云："予初学诗，厌苦吟，尚敏捷，南城周鲁溪戏予曰：'曹子建七步，温飞卿八叉，子能乎？'予即得四十字戏而送之。诗成才二十步耳。"诗云："年来作何状，此去复奚为。英雄不得志，按剑无一辞。君祖安刘议，君今贫莫支。行矣折春柳，春风手中吹。"捷则捷矣，而才调平平，略无足观。

051　康熙刊本邹漪辑《名家诗选》所选《邹讦士诗选》，五古《孟冬野望》末云："顾瞻城郭遥，飞舲讵能度。"紧接《雾中由玉山避风馆至香山寺》末云："东望溟渤宽，乘桴讵能渡？"两句取意雷同，诗非一时所做，作者或不觉，然选者不应同列之也。

052 朱彝尊《静志居诗话》卷十三载姚汝循《回雁峰》诗云："回雁峰头望帝京，寒云黯黯不胜情。贾生已道长沙远，今过长沙又几程。"袁枚《随园诗话》卷二"诗贵翻案"条亦引前人句云"昨夜与君思贾谊，长沙犹在洞庭南"，谓之更进一层笔法。按：其句法皆袭自李商隐《无题》："刘郎已恨蓬山远，更隔蓬山一万重。"晚唐人《寄边衣》："寄到玉关应万里，戍人犹在玉关西。"欧阳修《踏莎行》："平芜尽处是春山，行人更在春山外。"李觏《乡思》："已恨碧山相阻隔，碧山还被暮云遮。"明施敬《南行途中寄钱唐亲友》："衡阳自古无来雁，况去衡阳又八千。"均为此种构思。

053 袁枚赠赵翼诗有句云"生面果能开一代，古人原不占千秋"，赵翼回赠有"作宦不曾逾十载，及身早自定千秋"之句。后袁枚至扬州书院，见壁上有秀才吴楷集袁上句配赵下句为联赠山长赵翼："生面果能开一代，及身早已定千秋。"较原作益觉天然雅切。

054 赵翼有《夜梦从军为贼所执不可不死又不能遽自引决瞿然而悟汗已满身乃知生平此中未有定力也》诗，颔联曰"平时每作千秋想，临事方知一死难"，文人鲜有自曝其短者，云崧于此见其不凡。

055 鲍皋《旅宿》云："愁中人远箫吹阁，梦里天高雁过城。"宋调也。易为"愁中人远吹箫阁，梦里天高过雁城"，即为唐调。此中消息，虽可缕析，一诵之下亦足体会。

056　清诗之善言人情者，洪亮吉《忆女纺孙》云：“不是阿耶偏爱汝，归宁无母最伤心。”任大椿《别友》云：“无言便是别时泪，小坐强于去后书。”闺秀王瑶芬《写韵楼诗钞》中《辛卯仲春将随夫子之官滇南适家大人自金陵来乌戍话别感旧思乡赋呈四律并寄天涯诸姊妹以当面谈》云：“远别更增多病虑，将行先系盼归心。”又有极口头语而能道人情之常者，如黄承吉《梦陔堂诗集》卷十九《客来》云：“客来正值予方卧，却去须臾更复来。我又出门无处觅，渠翻问仆几时回。岂知各各空临访，不觉频频两异猜。今日已拚难觌面，相期诘旦顾蒿莱。”是皆张戒所谓“能道得人心中事”者，亦即袁枚所谓性灵诗也。

057　化用前人名句而难免点金成铁之诮者，宋寇准《春日登楼怀归》衍韦应物“野渡无人舟自横”句为“野水无人渡，孤舟尽日横”一联；张耒《和应之细雨》衍杜甫“润物细无声”句为“有润物皆泽，无声人不闻”一联；明练子宁《送周澄之历城》合杜甫“星垂平野阔，月涌大江流”为“天垂巨野河流急”，缩两句为一句，均逊于前人。陈师道《后山诗话》云：“王摩诘云‘九天阊阖开宫殿，万国衣冠拜冕旒’，子美取作五字云‘阊阖开黄道，衣冠拜紫宸’，而语益工。”按：杜句见《太岁日》，语虽简，然气象雍容殊不及王。刘禹锡“旧时王谢堂前燕，飞入寻常百姓家”，或删作“王谢堂前燕，飞入百姓家”（谢榛《四溟诗话》卷二），虽似简洁，而实直截无味，且声调不畅，无宛转抑扬之妙矣。

058　诗造句有一反物之依赖关系而求奇警者，或以实景置于虚写之外，如杜甫“帝乡愁绪外，春色泪痕边”，明初孙华“柳花只在斜阳外，不肯分明过小桥”；或以大景系于小景，如王维《登裴迪秀才小台作》“落日鸟边下，秋原人外闲”，贾岛《过雍秀才居》“夏木鸟巢边，终南岭色鲜”，张养浩“月色虫边苦，秋容雁外深”;或以静景置于动景之后,如郎士元《送杨中丞和蕃》“河源飞鸟外,雪岭大荒西”,贾岛《谢令狐相公赐衣九事》“长江飞鸟外,主簿跨驴归”,张耒“新月已生飞鸟外,落霞更在夕阳西”,高棅“飞雨霞际晴,夕阳雁边下”,唐龙“云气雨中白,山光鸟外青”,沈钦圻“山横去鸟外,人立晚霞边”,许相卿《霁色》“断云虹外雨,残日鸟边山”,王松“一水飞云际,群山出鸟边”。至车大任“客心黄鸟外,宦迹白云中”,则又以抽象之意而置于具象之前,益出奇思矣。

059 李调元《雨村诗话》卷七载,有人自诵《柳花》诗云:“柳絮飞来十里红。”或诧曰:“白色也。”其人曰:“还有上句。”乃吟曰:“荒郊一片斜阳外。”按:朱克敬《雨窗消意录》载,金农尝应邀往平山堂赴宴,席间以“飞”“红”二字行令,赋七言一句。主人脱口吟出“柳絮飞来片片红”,一座哗然,咸谓柳絮白色,何来“片片红”? 主人窘甚,金农乃款款言:“适才主人所吟,乃元人咏平山堂佳句,其诗曰:“廿四桥边廿四风,凭栏犹忆旧江东。夕阳返照桃花岸,柳絮飞来片片红。”盖冬心即时口占,为主人解围耳。某诗构思取意相类,皆倒插伏笔。陈来泰《寿松堂诗话》载,黄安涛主鸳湖书院,出《梅影》题课诸生,或有“孤山落酒杯”句甚妙,而上句不通,屠秉为易作“玉笛吹明月”,黄拊掌称善。亦同此理。

060 袁枚暮年有《病中不能看书惟读小仓山房诗集而已》诗云:“病中何事最相宜,唯有摊书力尚支。悦耳偶听窗外鸟,赏心只看自家诗。一生陈迹重重在,万里游踪处处追。吟罢六千三百首,恍如春梦有回时。”此犹如老人翻阅影集而怀旧,然亦未尝非整理旧作也,昔日未工未稳之处遂得以点窜之。

061 昔读黄仲则诗选,未尝见有所短,近取全集读之,则觉早年所作古体声韵多抑塞不扬。五律殊少佳构，七律造语颇率，声调偶有未谐。如《绮怀》其十六“结束铅华归少作，屏除丝竹入中年”之“竹”宜用上声字，《春谷道中》“一涧红花寒浠洌，双峰隐玉晚萧森”之“晚”当易去声字，则调合。然才情勃郁，自不可一世，惜不永年，未造老境耳。

062《两当轩集》卷四《杂诗》，当为二首，“騊駼本野骏”至“得近黄金台”为一首，“随珠可照夜”至“汶汶何悠悠”为一首，后人钞录时混为一篇耳。

063　寿鹃《都门消夏琐记》载沈启南《咏田诗》云：“昔日田为富字足，今日田为累字头。拖下脚来为甲首，伸出头来不自由。田安心上当思想，田在心中慮不休。当初指望田为福，谁料田多疊疊愁。”此绝似为今日农人作也。张问陶《寄海客四兄常州代柬》“艰难一样谋衣食，还恐他乡胜故乡”，则直为农民工写照矣。

064　袁枚《随园诗话》谓刘贡父“明日扁舟沧海去，却从云里望蓬莱”一联，王安石改“云里”为“云气”，几乎文理不通。按：“云里”过白，改作“云气”非但声韵铿锵，句法紧健，意味亦益丰富。“里”字方位词无意义，“云气”则紧扣仙山意境矣。子才此说似未谛。予抑又有说也，凡律诗用方位字者，句式皆松活，将方位字替换为实字，顿形紧健。魏庆之《诗人玉屑》卷八“句中有眼”条云：“汪彦章移守临川，曾吉甫以诗迓之，云：‘白玉堂中曾草诏，水晶宫里近题诗。’先以示子苍，子苍为改两字，云：‘白玉堂深曾草诏，水晶宫冷近题诗。’迥然与前不侔，盖句中有眼也。古人炼字，只于眼上炼。盖五字诗以第三字为眼，七字诗以第五字为眼也。”按：韩驹改二字所以为佳者，不在其为眼（两字在第四字，亦不合其第五字为眼之说），而正在易方位字为形容词也。既多一层含义，复使句法紧健，故较原句气味深厚。

065 近二十年来，新诗中流行一种句式，曰“站成一道××的风景”“站成××××××”，不知始于何人，后渐成俗套，无人不用。读《随园诗话》卷六，一则云：“余过永州，时值冬月，远望秃树上立数鹭鸶，疑是木兰花开，方忆戴雪村先生‘高湍散作低田雨，白乌栖为远树花’二句之妙。”则此种句法，亦古已有之。

066《梧门诗话》卷十六载钱塘女子徐莒仙善为四言诗。《弹琴》云：“愔愔者琴，泠泠者音。一弹再鼓，山高水深。冰弦涩指，苦调伤心。湘簾不卷，明月相寻。”《春日》云：“浓花满镜，澹香著衣。空阶无人，蝴蝶自飞。芳草行迹，落红网丝。碧云欲来，东风未归。”《小楼》云：“杨柳一碧，芙蓉四青。瓶花开未，簾钩亚丁。绣规秦女，书摹雒灵。一行新雁，潇湘画屏。”《偶成》云：“小楼无人，残月如客。”《梅花》云：“地天如梦，空山一枝。”《水榭》云：“落叶惊寒，鸳鸯相语。”《秋夜》云：“水萤照花，海棠空冷。”法式善称“浓丽如子山小赋，清远如表圣《诗品》”。予谓四言之体，最为高古，太白固尝言之矣。徐氏诸作清丽有余，古奥不足，然方之前人，亦属难能可贵。

067 古乐府有绝不可拟者，而裴景福《睫闇诗钞》续集有《蝶恋花》云：“宁为花上蝶，勿为荡子妻。蝶飞花之东，蝶飞花之西。蝶飞花之南，蝶飞花之北。蝶飞不离花，如鱼戏莲叶。”是不拟而拟也。

068 边连宝《文章》诗云：“荒年万货都腾贵，唯有文章价日低。”朝鲜徐居仁《东人诗话》卷下载李穑晚年诗云：“迩来物价皆翔贵，独我文章不值钱。”取意相似。

069　乾隆四十三年十二月，蒋士铨有《题施生晋诗本并柬黄生景仁》二首，时仲则始从藏园受业，而“才大士多嗟不遇，情深人每善言愁”两句，已说尽仲则一生情怀。

070　古人诗有偶发感慨而相沿为口实者，莫如唐张祜《纵游淮南》一联：“人生只合扬州死，禅智山光好墓田。”元好问袭其意曰：“人生只合梁园死，金水河边好墓田。”见蒋正子《山房随笔》。宋末赵必象《和张竹处韵饯陈匝峰之廉泉》又翻其意作：“庭草池莲总春意，诗人只合住廉泉。”易死为生也。元戴表元《湖州》云：“行遍江南清丽地，人生只合住湖州。”名句传诵人口，明郑真《题便面赠叶子中先生归慈溪》袭其语作：“归取山中图画看，人生只合住江南。”后效之者不绝。如黄云《次吴工部夜集韵兼述鄙意》曰：“屈产昔曾空冀北，人生只合住江南。”程晋芳《送袁明府存斋之任江宁》其二亦云：“消得诗篇供得恨，人生只合住江南。”高白云游平山堂诗又曰：“一抹青山如画里，诗人只合住江南。”

071　吴梦窗《点绛唇》词云：“可惜人生，不向吴城住。”清潘德园《自画梅花》承其意云：“邓尉雪兼光福月，移家只合住苏州。”沈祖棻先生初于《征招》一词反其意云：“人生不合吴城住。”晚年又有句云：“人生只合住吴城，片石丛花俱有情。”俱脱胎于梦窗词。

072　薛雪《沈树谷斋头逢表兄葛惠苍别四十年始一把晤》云：“丰神浑不识，名姓问来知。”观此愈知唐人“问姓惊初见，称名忆旧容”造语之工。

073　刘日萼《篋山诗草》卷下《别贡院老槐树》云："明远楼前拜老槐，春风十度此徘徊。都堂步出重回首，此后看花可再来？"贡院旧地即今中国社科院所在，诵之似为予调任所赋。

074　沈持玉《停云阁诗稿》有《废圃同清溪作》："春风草色碧于烟，亭榭荒凉意怆然。犹有白头园叟在，夕阳影里话当年。"此脱胎于元稹《行宫》，而造语太率太熟。

075《澹仙诗话》载严砚农《途中寄内》云："挂帆倏已隔乡关，江上新秋饱看山。遥念月中人忆远，临风清露湿双鬟。"此即杜甫《月夜》"香雾云鬟湿，清辉玉臂寒"之意也，为惠洪所谓"不易其意而造其语"之换骨法。

076　闻之家严曰，吾家先世为桐城人，咸丰间太平军陷桐，避地来安，后遂定居金陵。桐城张赓谟《菉园诗草》卷四《焦桐集》，以新乐府体纪当时桐城兵乱之事，复有《枞阳杂兴八咏兼示齐讦谟江贻之项兰浦诸子》、《避乱》五首、《辛酉春正二日由枞避乱铁板洲感怀八律》、《乱离杂感》五首，有杜陵"诗史"之遗意。

077　莫友芝《张节妇行》，张剑得之文学所藏郘亭诗稿本。诗曰："遵义县北山之隅，小湘之涯，唐氏有好女，十八妇张家。舅令云南南宁迢迢二千里，双双往朝之。天早晚，堂上食。上下厨里，佐问起居具甘旨。内外无间言，尊章颜色有喜。亡何夫子撄病，病日渐，竟不起。嗟哉！人家夫妻鬓毛斑斑，亦何长长。我如此命当独苦，不如无生，誓与从黄泉相颉颃。待与从黄泉，二人中年叔又小，谁遣晨与昏？徒重二人悲，益儿罪更悭。怀中呱呱，宁娈娈为？泪血点点，侵萦素衣。心随魂魄，东驰西飞。真之山高高，白石水深，上有豺虎蛟人，渡有逆风。升天无双翼，地无门可探。寄声孤魂，勿便归故乡。常时依膝下，云烟复杳。使我梦恻楚，我以妇摄子事，若母若父，夜台索莫勿忧苦。残灯冷月，茫茫迷迷。晨星稀少，鸡声喔伊。三年镜台，尘一寸薤。却闻我家，有人持书来。适所听之，中道何事？咄咄世情，相怜苦苦，后日较计，大非好意。茕茕一身，甚愿终尊章事。致命守节，独为其难。恐将有挫儿志，再拜谢别尊章。儿存亦如无，要赴地下人约，势逼哪能稍跱踖。谕百端，意不解，防闲严密，未有时懈。丁燕客房虚无人，旧闻有古井，所隔一短垣，心中波澜久不起。毕命更欲何俟？好凭漼漼井中水。吁嗟乎，昆明池边，无竹可续泪斑。海风浪浪，黄雾漫漫。天气冥冥，夏月生寒。魂去尸留，身完心安。家中老小，趋眠哽咽不得言。观者四塞，各各叹息还。亭亭青莲华性，胎元来苦心。谁言一寸弱荄，坚乃铁万寻。”此诗句法怪异，节奏奇特，读之佶曲聱牙，殊难断句。其艰涩也如此，如樊宗师《绛守池园记》，其不传于世亦宜矣。

078　赵元礼《藏斋续诗话》记金息侯作六十自寿二首，征人题咏，海内和者数百人，德国人福克司步韵和作云：“遐龄龟鹤祝千年，万卷鸿文海外传。妙墨奇书椽作笔，村醪醉买杖悬钱。谈来瓜圃惊神鬼，题遍花笺寄海天。甲子重周吾默祷，料应著述更完全。”金云：“诗虽不佳，然系福君自撰，故难得也。”诚然。今所传外国人所作汉诗，以东亚人居多，欧美人罕觏，福君之作固可贵也。

079《池北偶谈》卷十五“诗地相肖”条云：范仲闇文光在金陵，尝云：“钟声独宜著苏州。”用唐人“姑苏城外寒山寺，夜半钟声到客船”；如云“聚宝门外报恩寺”，岂非笑柄？予与陈伯玑允衡论此，因举古今人诗句，如“流将春梦过杭州”“满天梅雨是苏州”“二分无赖是扬州”“白日澹幽州”“黄云画角见并州”“澹烟乔木隔绵州”“旷野见秦州”“风声壮岳州”，风味各肖其地，使易地即不宜。若云“白日澹苏州”，或云“流将春梦过幽州”，不堪绝倒耶？按：渔洋所举诸句，“流将春梦过杭州”为倪瓒《吴中》句，“满天梅雨是苏州”为宋王明之《怀所爱》句，见《石林诗话》；“二分无赖是扬州”为唐徐凝《忆扬州》句；“白日澹幽州”为李攀龙《寄元美》句；“黄云画角见并州”为司空曙《送卢彻之太原谒马尚书》句；“澹烟乔木隔绵州”为罗隐《绵谷回寄蔡氏昆仲》句，渔洋《晚渡涪江》改一字为“澹烟乔木是绵州”，后张问陶《出栈》复袭渔洋句云：“明日题诗归梦稳，澹烟乔木是绵州。”“风声壮岳州”为彭而述《过洞庭》句，见《读史亭诗文集》卷三十八。惟“旷野见秦州”一句未详所出。王渔洋甚爱此种句法，诗中尚有《西陵竹枝词》“听尽猿声是峡州”、《清流关》“青山无数绕滁州”、《夕阳楼》“红藕香中过郑州”，再三用之不已。

080 地名有可作绝工对仗者，朱彧《萍洲可谈》记吴处厚以鸬鹚堰对鹦鹉洲。胡澹庵诗以闻喜县对买愁村，元韦居安诗以奔牛堰对回雁峰，予谓亦可对落马湖；汪端诗中有行春桥对销夏湾。此外，杜诗黄牛峡，可对全州黑狗滩；东坡诗中有欢喜山，可对清范士楫诗中解愁村；信州弋阳县西有大石名丫头岩，可对山谷词中女儿浦，唯略嫌合掌；方象瑛诗中黯淡滩，可对彭启丰诗中斟酌桥；扬州茱萸湾，可对淮安菰蒲曲；蛤蟆碚可对螃蟹坡，駈驼堰可对鹧鸪塘。如此之类，不一而足。

卷十　诗圃撷余

001　予昔年治中唐诗，见李端《野寺病居卢纶见访》，与卢纶诗同韵，以为在元白次韵之前。后见明陈师《禅寄笔谈》论次韵倡和始于卢纶、李端，举此诗为例，实前人所未言也。

002　吾国修辞所言互文，亦曰互体。而方回《瀛奎律髓》卷二十三贾岛《马戴居华山因寄》颈联"绝雀林藏鹘，无人境有猿"评："五六谓绝雀之林为藏鹘，无人之境始有猿。一句上本下，一句下本上，诗家不可无此互体。工部'林疏黄叶坠，野静白鸥来'亦似。"此说与诗家通论不类。

003　宋吴聿《观林诗话》云："乐府有风人诗，如'围棋烧败袈，著子故衣然'之类是也。然或一句托一物耳，独杨元素《荷花》借字诗四韵，全托一物，尤为工也。诗云：'香艳怜渠好，无端杂芰窠。向来因藕断，特地见丝多。实有终成的，露摇争奈何。深房莲底味，心里苦相和。'"盖乐府字用双关皆取以譬情也，此独以咏物而用双关，渠（蕖）、的（菂）、何（荷）亦取谐音，合芰、藕、丝、莲、心，八句各咏荷之一体，尤见其巧妙耳。

004　词调《采桑子》上下阕各二句重复，或以为词之别调，而《诗·王风》中多有其例。如《中谷有蓷》云："中谷有蓷，暵其干矣。有女仳离，嘅其叹矣。嘅其叹矣，遇人之艰难矣。"《葛藟》

云:“绵绵葛藟,在河之浒。终远兄弟,谓他人父。谓他人父,亦莫我顾。”《丘中有麻》云:“丘中有麻,彼留子嗟。彼留子嗟,将其来施施。”故予谓填词制曲,自古不出元微之所谓“选词以配乐”与“由乐以定词”(《乐府古题序》)两端,顾视其所用之乐何如耳。明乎此,则词体起源之争可熄。

005 诗家所言合掌之病,亦分数等。刘琨“获麟悲宣尼,西狩泣孔丘”,二句而对一人一事,为最下。而《重赠卢谌》“惟彼太公望,昔在渭滨叟”,苏东坡“儿童诵君实,走卒知司马”,虽亦为一人事,前属流水对叙事,后自不同角度言之,不可相提并论。谢惠连《秋怀》“虽好相如达,不同长卿慢”,二句而对一人二事,次之。然王渔洋《悼亡诗》“若为乞得江郎笔,应较文通恨赋多”,亦二句对一人二事,然江郎为笔之定语,故不为病。王安石“久谙郭璞言多验,老比颜含意更疏”,二句而对二人一事,更次之。其意甚活脱,殆不足为病矣。姚祖恩辑《静志居诗话》卷十一采江晖句:“博物岂惟精尔雅,识字何止过扬雄。”岂惟、何止同义词合掌,乃极拙者。

006 诗家有所谓活景之说。王夫之《古诗评选》卷五评谢朓《之宣城出新林浦向板桥》:“语有全不及情而情自无限者,心目为政,不恃外物故也。‘天际识归舟,云中辨江树’,隐然一含情凝眺之人,呼之欲出。从此写景,乃为活景。”方东树《昭昧詹言》卷七评谢朓《临高台》:“起二句,先点题情,得势倒点题面。以下四句,皆登望中之景,而景中皆有情,景亦活矣,非同死写景。”盖此景中之情,亦含情凝眺之所见也。英雄所见,固有同此理者。

007 杂体游戏有十二辰一种,又称十二生肖体,始于南朝陈沈炯，后人多效之，已载于《金陵生小言》中。阅毕熙曾《慧文阁诗集》卷下，又有《十二生辰诗禁见所属本字限用左传典》一首云："鲁将郊祀食牲角，蹊人之田为人夺。弃诸云梦谷於菟，三窟是营性狡恶。咸林大水都洧渊，夜出泉宫祸将作。鞭长不及可奈何，肉袒而牵郑伯辱。齐姜生子名貜且，公膳日双充鼎馔。晋灵嗾獒国政亡，车前人立彭生哭。"盖十二句依次隐言鼠、牛、虎、兔、龙、蛇、马、羊、猴、鸡、犬、豕，且俱出《左传》。信才人心智不穷，愈出愈难也！

008　赵吉士《叠韵千律诗》二卷、《千叠余波》一卷，皆以一诗之韵字而自作次韵千首，古今所未闻。

009　徐增《九诰堂诗集》卷九《花王九服·雕栏》："长生殿里回文式，七宝台缘卍字蟠"，以两象形文字作对，亦心思独绝，古所未见。

010　诗中游戏之体有建除、州县名、古人名、药名、卦名、干支等，自六朝以降诗人集中多有之。词中有集词调名一体，为词家所独擅。徐喈凤《绿荫轩词》有《蓦山溪·癸丑东溪修禊集词名》一阕云："蓦山溪路，解语双双燕。南浦柳含烟，雨中花、小桃红绽。绮罗香里，蹀躞少年游，芳草渡，鹧鸪天，共惜余春慢。

风流薄倖，多丽欢相见。棘影雨淋玲，望湘人，春云寄怨。渔歌欸乃，水调瑞龙吟，过涧歇，踏莎行，胜醉蓬莱苑。"

011　回文诗最见巧思，然难得工稳，作者不多见，即有作亦不数首。乾隆间东阳郭懋连，字岸先，初学诗即喜为回文，学之既熟，一切感物写景、赠答酬和之作，皆以回文体为之，集名《回文诗草》。为王虎文家西席，虎文序之，称清新妍雅，情韵谐畅，顺读既工，回而益胜，亦难能矣。陶元藻《全浙诗话》卷四十七载其事，而诗不传。

012 胡承诺《青玉轩诗》卷六《晚舟戏作》云："夕景澹林泉，冷风寒社里。曲町暗岑烟，暝钟残野水。"自注："任意从一字起，顺逆读之，皆成五言绝句。"试读之信然。回文锦字，不得擅美于前矣。

013 诗家有所谓一字典，边连宝有句云："带乙烹鱼婢，和匡朧蟹奴。"其《病余长语》卷一自云："乙字匡字，以《尔雅》《檀弓》作对，此为一字典。"

014 前人分韵赋诗，拈字限韵而已。清人遂有拈韵限字者。李调元《王敏亭(捷中)以韵扇见遗作诗谢之并和其韵》小序云："韵扇者，内府铜版所刻《佩文斋诗韵》也。字如蝇须，粘于便面，以便作诗检韵。一日，同游北郊福建馆小酌，孟石轩以松笺乞余书。敏亭创逐字限韵法，余遂随指锋、饔、供三韵，限茶罢各成七绝。"此较步韵益见艰难也，盖步韵之作，原作皆出于构思，韵脚多习用之字。拈韵而任意限字，如锋、饔、供三字，其难可知。

015 赓和之作，依原唱之韵部而取不同字称用韵，依原唱之韵字而不同次序称和韵，用原唱原韵原序称步韵，此诗家习知者也。李调元《雨村诗话》卷六载其婿张怀溎创逐句拈韵之法，即取原唱之韵字任拈之，先拈一字即成首联，再拈一字即成次联，此较步韵益为难矣。

016 康发祥《伯山诗钞》望云集卷六有《忠雅堂诗集中有消

寒杂咏十首余变七言为五言亦成十首》，癸巳集卷一有《周篠云镛以诗见示余用其元韵变五古为七言》《篠云和诗到余用原韵复作一首又变七言为五言》，是亦和诗之创体。

017　中国社会科学院文学所藏佚名撰《白羽诗钞》钞本有《闺思八首》，题下注"隐用戏目"，即以剧名嵌诗句中，如古药名、干支、建除类诗然。其二云："双红袖底剪流霞，妆罢西厢晓镜斜。插得鸾钗嫌未媚，下阶拣取玉簪花。"其中双红、西厢、鸾钗、玉簪皆剧名也，浑然天成。佚名批："才人游戏三昧，信手拈来，头头是道。虽残丝败缕，一经组织，便成无缝天衣。"不知是否作者首创。

018　古诗有全平全仄之体。潘德舆《养一斋集》卷六《少白雪中即事诗用全仄体以全平体答之》，全诗十六韵，各联出句皆以平声字收尾，亦一创体。

019　道光间东莞蔡召华《缀玉集》集《玉台新咏》句为律诗二百首，夫以八百首古诗集成二百首唐律，且不用一复句，其难可知。末附诗余十六阕。

020　古人集句，诗多而词尠觏，朱彝尊《蕃锦集》专为一卷，为古今罕见。然亦集唐人诗而已。阅叶恭绰《遐庵清秘录》，卷二著录明杨基《江山卧游图》，有艮庵用《壶中天》调集稼轩句题词一首："芒鞋竹杖，记当年、湖海平生豪气。无限江山，行未了，老病自怜憔悴。须我来游，不妨高卧，万里须臾耳。钧天梦觉，光阴只在弹指。　　劝君莫远游难，龙眠能画，人在行云里。自与诗翁磨冻砚，一壑一邱吾事。小阁横空，片帆西去，剪破淞江水。今朝中酒，一川松竹如醉。"赵棻《滤月轩词》有《一痕沙·题吴平斋云画山水册集宋人句》《前调·题陆芝田兰生双管阁图集宋人句》《壶中天·题计二田光炘小沧浪消夏图集宋人句》，亦闺阁中尠见。

021　李太白诗集中有《代内赠》，舒位《瓶水斋诗集》有《自送诗》，皆为创体，亦无聊之甚所为也。

022　诗家有束广就狭体，见元韦居安《梅磵诗话》："金陵半山寺乃荆公旧宅，屋后有谢公墩，下临深沟，上有古木。余尝与漕幕诸公同游。荆公旧有诗云：'我名公字偶相同，我屋公墩在眼中。公去我来墩属我，不应墩姓尚随公。'他人欲隐括此意，非累数十百言不可，而公二十八字尽之，真得束广就狭体。"

023　唐伯虎集中《花月吟效连珠体十一首》，每句含花、月二字，甚有巧思。姚其庆《吟红馆诗草》有《和艺谙侄效唐六如花月联吟体》："花正开时月正圆，月光花影共争妍。簪花拜月人如玉，踏月看花境似仙。月色笼花深院畔，花阴待月曲阑边。吟花醉月情无限，月转花梢尚未眠。"舒位《瓶水斋诗集》卷十三有《花酒相倚曲林远峰席上作》，亦此体也，然不必每句有花、酒字。

024　杜甫《曲江》"酒债寻常行处有，人生七十古来稀"，以"寻常"对"七十"，取七尺为寻、倍寻为常之义，与数字对，实为创格。李攀龙《诗送是堂老先生总宪湖南》其二效之："阳春未许寻常和，明月堪偿十五城。"此诗空同集失收，见俞宪《盛明百家诗·李学宪集》。

025　谢肇淛《小草斋集》中游戏体最多，除干支、州府之类，卷二十四有《吃语诗二首》，卷二十八有《了语》《不了语》《馍餬语》《分明语》《急语》《缓语》《滑语》《涩语》《危语》《稳语》《热语》《冷语》《喜语》《愁语》《大语》《小语》，卷二十九有《马上戏作平仄二体》，其名目有出前人之外者。

026　钱谦益《牧斋有学集》卷三十九《复遵王书》："偶读谢康乐诗云：'连岩觉路塞，密竹使径迷。来人忘新术，去子惑故蹊。'子美今体，撮为两句云：'过客径须迷出入，居人不自解东西。'此诗家采铜缩银、攒簇烹炼之法也。"按：缩银之说出谢榛《四溟诗话》，其卷三论"缩银法"，举李建勋"未有一夜梦，不归千里家"，以为字繁辞拙，能易作一句，如"归梦无虚夜"或"夜夜乡山梦寐中"是也。又如卷一举叶平岩《暮春即事》："双双瓦雀行书案，点点杨花入砚池。闲坐小窗读《周易》，不知春去几多时。"谢榛谓俱削上二字，仍是宋人绝句，亦其例也。按四溟山人最喜改人诗，其窜易虽不无可议，然七律可否删略为五言，究为一试金石。皇甫冉《秋日东郊作》云："闲看秋水心无事，卧对寒松手自栽。庐岳高僧留偈别，茅山道士寄书来。燕知社日辞巢去，菊为重阳冒雨开。浅薄将何称献纳，临歧终日独徘徊。"乔亿《大历诗略》称"结体淡缓"，实应作啴缓，松弛冗沓也，末联尤衬贴之甚。试删为五言："秋水心无事，寒松手自栽。高僧留偈别，道士寄书来。社燕辞巢去，篱菊冒雨开。将何称献纳，终日独徘徊。"虽情韵未必悉称（菊字不谐），然大意既存，则足知原作多有啴缓拖沓处矣。

027　联章体诗，朱景昭《读诗札记》谓起于《诗・大雅・既醉》："《既醉》八章，七章相衔，倍极相生之妙，纯用思致，创格也。遂开联章之法（文王七章已然，皆后人所祖）。"此后曹植《赠白马王彪》连用顶针格，自成一体，后人遂步趋之。谢灵运《登临海峤初发强中作与从弟惠连见羊何共和之》《酬从弟惠连》两组与谢惠连唱和之作，袁枚《仿曹子建送白马王体六首送香亭弟之寿春》，皆效之，又皆赠弟也。

028 薛道衡《昔昔盐》凡二十句，唐赵嘏取每句各赋诗一首。清代曹秀先《衍琵琶行》，取白居易原诗，每句续三句成一七绝，得八十八首。非但各自成章，肌理清晰，全体亦敷衍细致，妙合无垠。其首二绝曰："浔阳江头夜送客，吴楚中间开水驿。儿童报道司马来，名曰居易姓曰白。""枫叶荻花秋瑟瑟，一派秋声吹觱篥。江上凄清总可哀，况是相逢骊唱日。"末二首曰："座中泣下谁最多，乐极悲来泣当歌。抔土思乡全不耐，镜中发白影婆娑。""江州司马青衫湿，半世豪雄付歌什。酒阑归散客亦行，商妇回向空船泣。"他可概见。

029 诗家有集句，前人多有之。又有为集字者，如李钟壁《燕喜堂文集》卷三有《寄园雅集限韵集〈桃花源记〉得二十首》。陈正璆《五峰集》有《五峰集字诗》一册，先刻王羲之《兰亭序》、陶渊明《桃花源记》《归去来辞》、李白《春夜宴桃李园序》、欧阳修《秋声赋》五文，后依次列集各文所用字之诗，其自序及各家题词亦集相应之文为之，颇少见之。

030 联句一体多见于诗，而词甚少见。朱彝尊《江湖载酒集》有《浣溪沙·郊游联句》为陈维崧、秦松龄、严绳孙、姜宸英、朱彝尊、纳兰性德同作；《解佩令·送赵秋谷联句》为朱彝尊、魏坤、查慎行同作；《减兰·夹竹桃联句》为朱彝尊、魏坤同作。

031 赵翼《戏为叠字题寄邵耐亭》七古，凡五十四句，句句用叠字，或连绵重叠，或相间回环，尽叠字之格，亦古今创体也。门人祝德麟评曰："偶然游戏，遂创千古奇格。"予谓诗中凡出奇体格，莫非游戏所创。然此格非创自瓯北。《陔余丛考》卷二十三论“各体诗”，尝举麻知幾叠语诗云：“缊缊蠢蠢何等民，矫矫亢亢内守贞。昂昂藏藏独异俗，落落莫莫不厌贫。归欤归欤且糊口，凤兮凤兮德衰久。乐云乐云无弦琴，命乎命乎一杯酒。匪鳣匪鲔故为藏，避言避世必也狂。至大至刚秣吾马，爰清爰净修我堂。用之舍之时所系，晋如摧如宁复计！暖然凄然任春秋，优哉游哉聊卒岁。”是金人已有此体矣，殆为瓯北所本。

032　诗家有一韵体，李林松《易园集》卷六有《谢花诗仿黄唐堂先生生日对菊剑为一韵体六百字》。据沈曰霖《晋人尘》云：“新安黄之隽《生日对菊述怀》创为一韵体，凡生平官位及所更历事，俱借一花字传出，共得六十四韵。”按：此即古所谓独木桥体也，非黄所创。然胡世安《秀岩集》卷二十二有《省舆十二首》，自注：“每韵止用同音，以备一体，皆托物故称性焉。”此则其所独创之格也。

033　黄任女淑窈《墨庵楼试草》有《牡丹海棠芙蓉兰莲桃柳梨汉宫秋剪春罗十种名花作美人诗以肩鲜烟眠莲为韵》云：“覆额兰云渐拂肩，剪春罗刺海棠鲜。芙蓉面对梨庭月，杨柳眉侵竹径烟。桃叶渡头轻鼓棹，牡丹架下乍惊眠。汉宫秋色深如许，笑倚阑干步蹴莲。”此拟古人药名诗之体耳，甚得自然之趣。

034　清人有以险韵赌难者，如《梦陔堂诗集》卷十二《茶农以肿字韵赋诗见寄用广韵二肿全答之》者是。

035　前辈言古人赠答唱和，每效对方之体。如昌黎赠东野诗，即效东野之体，验之韩诗及二人联句，容或有之。王维《送孟六归襄阳》，姚鼐《今体诗钞》卷二谓“此诗即效孟公体”。严武

《巴岭答杜二见忆》，答杜甫之作也。中两联“可但步兵偏爱酒，也知光禄最能诗。江头赤叶枫愁客，篱外黄花菊对谁”，皆老杜所创之上二下五、上五下二句法，其亦有意效杜诗格欤？顾况《奉同郎中韦使君郡斋雨中宴集》，乔亿《大历诗略》卷六谓：“因与韦公唱和，即效韦体。”《瀛奎律髓》卷二张籍《新除水曹郎答白舍人》，纪晓岚评云：“和白便纯是白格，古人往往如此，后来东坡和山谷亦全似山谷。”卷六贾岛《寄武功县姚主簿》，纪晓岚评：“浪仙诗难得如此流利。寄姚即作姚体，古人多如是。”卷四十二张籍《赠姚合少府》，纪晓岚评：“赠姚即似姚。”孙枝蔚《溉堂前集》卷六《怀吴宾贤嘉纪》，王渔洋评谓：“古澹便似野人风格。”清人集中或竟于题中标明，如《牧斋有学集》卷十二《赠归玄恭八十二韵戏效玄恭体》、袁枚《小仓山房诗集》卷三十五《答张船山太史寄怀即仿其体》、洪亮吉《卷施阁诗》卷一《和汪大忆旧诗十二首即效其体》、张文虎《舒艺室诗存》卷三《送蒋敦复回宝山即效其体》，皆其例也。不宁唯是，盖文亦有之。《后山诗话》云：“欧阳公谓退之为樊宗师志，便似樊文。其始出于司马子长为长卿传如其文，惟其过之，故兼之也。”袁枚作胡天游哀辞，即效其琢句险易，交错为异，包世臣谓“欲逐迹追风，遂至失其故步”（《石笥山房集序》）。

036 集古人名为诗，由来甚久。清代天然居士者，某王女也，有《戏集古美人名诗》一绝云：“绿窗初试薛涛笺，帖仿曹娥写未全。飞燕不知人意苦，双飞只自语娟娟。”居士撰有《问诗楼合选》一卷，抄本藏中国社会科学院文学所。

037 陈书序李钟璧《燕喜堂集》云：“古人有和韵，无次韵。韵至于叠，尤非古人所尚。盖情事不侔，境遇各别，而拘拘于数言之中，未免辞不达意，重复牵强。古人亦惮其难而不为也。若其因景造句，以意遣辞，不出数言中。而变化出入，左右逢源，绝无牵强束缚之态。此又后人之能事，而古人所逊谢弗遑矣。”又载李钟壁康熙三十六年下第后，有送别上海郛克非长句二章，书次其韵。自后两人每有唱酬，辄叠前韵翻新意，各至数十首。钟壁丁忧归里后，读礼之暇，辄仍叠前韵，多至百余首未已。《述本堂诗集》方观承《燕香集》下《雨后宿苑东庵》押家、奢、花、沙、加韵，后一再叠韵，凡叠二十九首。赵吉士七律叠韵至千首，都为一集，颜曰《千叠余波》，亦好奇之甚也。

038 李士棻《天瘦阁诗半》卷六《园居杂忆诗一百六首》各以《平水韵》目标题，自东至洽，似亦创格也，未见前人有此。

039 七言上三下四句法，老杜之后诗家习有之。韦居安《梅磵诗话》云：“七言律诗有上三下四格，谓之折腰句。白乐天守吴门日，答客问杭州诗云：‘大屋檐多装雁齿，小航船亦画龙头。’欧阳公诗云：‘静爱竹时来野寺，独寻春偶到溪桥。’卢赞元《雨》诗：‘想行客过溪桥滑，免老农忧麦陇干。’刘后村《卫生》诗云：‘采下菊宜为枕睡，碾来芎可入茶尝。’《胡琴》诗云：‘出山云各行其志，近水梅先得我心。’皆此格也。”然卢赞元句实上一下六句法也。又张谦宜《絸斋诗谈》卷五举陆游《寓叹》“裹马革心空许国，不龟手药却成功”一联为折腰句，亦可作上四下三读。予谓此种句式，必第四字语义上下相连皆可通者，读之乃不觉拗口，如乐天“大屋檐多装雁齿”、欧公“静爱竹时来野寺”是也，“多”“时”从上从下读均可。明浦长源《送人之荆门》“云边路绕巴山色，树里河流汉水声”，故宫博物院藏梅清《黄山天都峰图轴》题诗“天上云都供吐纳，江南山尽列儿孙”，李绂句“云在岫无争出意，石当流有不平鸣”，亦其例也。

卷十一　诗家杂考

001《诗·豳风·七月》:“女心伤悲,迨及公子同归。”今人注本皆谓奴隶之女惧掠于公子。予昔年尝辨之,谓公子者,诸侯之女也,《左传》有其例。此言同姓之女将随公女媵嫁而悲也。后见前贤亦有持此说者,如秦松龄《毛诗日笺》释此句曰:“妇人谓嫁曰归,既曰同归,似非男也。且诸侯之子凡男女皆得称公子。女心伤悲,先儒谓其豫有离亲之感,而严氏以为非经意。夫苟无离亲之感,则所伤悲者何事乎?”其说甚确。

002《离骚》末写去国之际情态云:“陟升皇之赫戏兮,忽临睨夫旧乡。仆夫悲余马怀兮,蜷局顾而不行。”按:《礼记·曲礼下》:“大夫士去国,逾竟,为坛位,乡国而哭,素衣、素裳、素冠,彻缘,鞮屦,素簚,乘髦马,不蚤鬋,不祭食,不说人以无罪,妇人不当御,三月而复服。”此去国之际依礼而应悲者也,故屈子有是语。

003　阅上海图书馆藏清人杂钞残册,录《徐晓亭麈谈笔存》,“诗解”一则曰:“古诗十九首,作非一人,人非一代。按陆平原所拟,钟记室所称,皆止十五首,今之所传,颇与昔异,外又出‘上山采蘼芜’二章,新奇夺目,亦云古诗,是所传又不止十九首也。乃近有不分体裁,不办声调,漫认十九首为一人之作,凿空支缀,强为注解者,此其诞妄甚明,顾或奉为枕秘而加之信好,其为无识不亦甚乎?”予阅至此而遽忍俊不禁,近有学者考论《古诗十九首》为陈思王所作,宜味乎其言。

004 陆机《文赋》:“于是沉辞怫悦,若游鱼衔钩而出重渊之深。”怫悦,李善注:“难出之貌。”周伟民、萧华荣《文赋注释》注怫音 fú:“同勃郁,喻吐辞艰涩之象。”而杨明《文赋诗品译注》曰:“怫(bì 闭)悦,不安貌。”张少康《文赋集释》引陈倬曰“怫悦疑当读为拂郁。《汉书·沟洫志》:‘吾山平兮钜野溢,鱼弗郁兮柏冬日。’(《史记·河渠书》作沸郁)钜野既溢,水势深广,鱼弗郁而难出也。孟康云:‘众鱼弗郁而滋长。’师古云:‘弗郁,忧不乐。’皆失之。赋云游鱼衔钩而出沉渊之深,意即本于《汉书》”。按:陈说是。“鱼弗郁兮柏冬日”为汉武帝《瓠子歌》语。唐陆柬之书《文赋》及《文镜秘府论》所引怫皆作拂。黄季刚先生云:“怫悦,犹怫郁。”按:曹操《苦寒行》即作“我心何怫郁”也。又《汉书·贾谊传》:“独壹郁其谁语。”师古注:“壹郁,犹拂郁也。”是知怫悦即拂郁,即壹郁也。二字为叠韵连绵词,怫应读符弗切。

005 每见时贤论及谢灵运《拟魏太子邺中集》,以为拟曹丕所编《邺中集》而作,实则集为宴集之集也。

006《楚辞·渔父》:“莞尔而笑,鼓枻而去。”司马相如《子虚赋》:“扬桂枻。”《史记》作枻,《文选》作栧,古二字通。《玉篇》:楫也。枻,《广韵》余制切,《集韵》《韵会》《正韵》以制切,并音曳,去声祭韵。然谢朓《芳树》诗:“早玩华池阴,复鼓沧洲枻。”与结、折、绝同押,读作入声。今按:《荀子·非相篇》:“檠枻,正弓弩之器。”杨倞注:“枻,先结切。”《韵会》《正韵》并作细列切,则唐前固有屑之一读,然非楫义也。

007《颜氏家训·文章》:"文章当以理致为心肾,气调为筋骨,事义为皮肤,华丽为冠冕。今世相承,趋本弃末,率多浮艳。辞与理竞,辞胜而理伏;事与才争,事繁而才损;放逸者流宕而忘归,穿凿者补缀而不足。世俗如此,安能独违,但务去泰去甚耳。"(王利器《集解》,上海古籍出版社 1980 年版第 249 页)按:"趋本弃末"似应作趋末弃本始理顺。本末二字皆以形近误也。

008　乾元元年八月李白与张谓等觞于汉阳之南湖,李白名其湖曰郎官湖,赋诗纪事,刻石湖侧。年久湖夷为平地,清嘉庆七年黄承吉访之,作《访郎官湖故址》诗,小序云:"郎官湖在汉阳城内东南隅,今淤垫夷为民居久矣。道旁有积土,其層迹仅仅可见,叩之居人,则其地犹袭故号。"尚有太白祠,访之则已颜为镇南殿,盖祀祝融为火神庙也。

009　予昔尝撰文辨今本杜诗中《避地》一首为伪作讹入,后读范晞文《对床夜语》,卷一论杜诗善用虚字,已引"诗书遂墙壁,奴仆且旌旄"一联为例,则知此诗宋时已讹入集中。

010　杜甫《蜀相》:"映阶碧草自春色,隔叶黄鹂空好音。"仇注引《诗》"睍睆黄鸟,载好其音"。按《西京杂记》卷四载枚乘为《柳赋》,其辞曰:"出入风云,去来羽族。既上下而好音,亦黄衣而绛足。蜩螗厉向,蜘蛛吐丝。阶草漠漠,白日迟迟。"杜诗好音虽出于《诗》,然取境则似本于此赋。

011　李审言生当清末,为绝学于人不为之时,治《选》学有成,其《文选证杜》《文选证韩》殊有思致。然《杜诗释义》欲破旧说而自树新义,时或不免穿凿可笑。如解《武卫将军挽词》"王者今无战,书生已勒铭",以旧注班固作《燕然山铭》为非,谓"书生勒铭”指为将军撰墓铭。诚以此解,则作墓铭与“王者今无战”何干?又解《自京赴奉先咏怀》“蚩尤塞寒空,蹴踏崖谷滑”,谓蚩尤指卫士,引《西京赋》“蚩尤秉钺”、《羽猎赋》“蚩尤并毂”为证。苟如此解,亦不知卫士如何“塞寒空”法也。此皆过于求新之弊。

012《汉书·朱买臣传》:“妻自经死,买臣乞其夫钱,令葬。”乞字作与解,读去声。清邓枝麟《海粟诗话》卷上:“乞作入声,求也;作去声,与也。《晋书》谢安谓羊昙曰:‘吾以墅乞汝。’杜诗:‘赖有苏司业,时时乞酒钱。’皆读器。”按:杜句见《戏简郑广文虔兼呈苏司业源明》,仇注正引《汉书·朱买臣传》“吏卒更乞之”,颜师古注:“乞,读作气,与也。”

013 戴叔伦《奉天酬别郑谏议云逵卢拾遗景亮见别之作》“而我方老大,颇为风眩迫”之句,予于《戴叔伦诗集校注》中释风眩为:“眼病,见风落泪,多为近视引起。”李道久先生于新浪网博客商榷云:眩从目,其病当与目有关。但眩是指两眼昏黑发花,而不是见风落泪,更不是近视。“风眩”之风,非自然之风,乃人体内生之风邪。《黄帝内经素问·至真要大论》:“诸风掉眩,皆属于肝。”风眩即“诸风掉眩”之省称。风是病因,掉眩为病症,即风邪所致眩晕。其说甚可取。

014《徐𤊹集》卷十九跋《皇明诗钞》:“杨用修太史选《皇明诗钞》,收刘子高诗,中有《寄万德躬》‘日暮山风吹女萝’首,《寄范实夫》‘细雨柴门生远愁’首,乃唐人戴叔伦诗,岂子高尝书一诗,后人误入遗稿,而用修不及详考耶?‘林花落处频中酒,海燕飞时人倚楼’二句,亟为王元美所称赏,则元美亦不知其为唐诗也。余向举以质胡元瑞,元瑞亦不知为叔伦作。三人最号武库,而误至此,信乎博洽之难也。卢子明选《明诗正声》,万德躬首刻作王怿。盖用修《诗钞》，王怿之后，继以子高。卢君遂误为怿作，尤纰漏可笑。”按：戴叔伦诗集宋本不传，明中叶收入丛刻者即为书贾杂取唐至明人诗拼凑而成，胡震亨《唐音统签》已发其覆。予昔沿波讨源，考出伪作甚夥。此以戴集证杨慎误收二诗，不知所据戴集恰出本朝人伪窜，以疑刘崧集误收戴作，本末倒置矣。

015　韦应物《送终》诗“晨迁俯玄庐，临诀但遑遑”句，陶敏、王友胜《韦应物集校注》谓本自陆机《挽歌三首》其三“重阜何崔嵬，玄庐窜其间”，甚是。“方当永潜翳，仰视白日光”句，《校注》引《文选》卷二十三陆机《挽歌》“奈何悼淑俪，仪容永潜翳”。按，二句为《文选》卷二十三潘岳《悼亡诗》句。

016　权德舆故里，至清代人犹知其地。《京江耆旧集》卷八贺沈采《权德舆故里》自注：“在练湖上，有《忆江南》诗云‘结庐常占练湖春’。”

017　华忱之编校《孟东野诗集》卷四《懊恼》：“恶诗皆得官，好诗空抱山。抱山冷殑殑，终日悲颜颜。好诗更相嫉，剑戟生牙关。前贤死已久，犹在咀嚼间。”按：“好诗更相嫉”当作“恶诗更相嫉”，玩文意可见。

018　李贺世谓鬼才，或以为其诗多涉牛鬼蛇神、荒坟野唱，实则《方言》云：“赵魏之间或谓慧曰鬼。”《广雅》亦云：“鬼，慧也。”然则鬼才者，即慧才也，贺早慧，故云。

019　李贺《雁门太守行》“黑云压城城欲摧”一句，古人或以为阵前实事，或以为城气。王琦注引《晋书》曰：“凡坚城之上，有黑云如屋，名曰军精。”按：明陈霆《两山墨谈》卷十一曰：“凡行师对敌，若有黑气如坏山坠军上者，名营头之气，于占法为负。宋孟珙围金主于蔡州，见黑气压城上，且无光，不期月蔡破金灭。此祸兆之已证者也。”杨岘《迟鸿轩诗续》所收《侯纬辰瑧森胥江走雨图》有“坏云压头黑”句，述太平军破苏、常州时侯氏逃亡状，盖亦取其义也。

020　刘禹锡《彭阳唱和集后引》：“公（令狐楚）为吏部尚书，予牧临汝，有诗叹七年之别，署其后云‘集卷自此为第三’。（中略）开成元年，公镇南梁，予以太子宾客分司东都，新韵继至，率云三轴成矣。（中略）以诗见投凡七十九首，勒成三卷，以副平生之言。”据此知唐人编诗率以写满一轴为一卷，令狐楚寄刘禹锡诗录满三轴即编为三卷也。

021《瀛奎律髓》卷四十二翁卷《赠葛天民》“燕本昔如此，清名千载垂。”陆贻典评：“贾岛范阳人，初为僧，号无本，故云燕本。”查慎行谓“燕本”二字出李贺诗，然博雅如纪晓岚，犹曰未详，则其僻涩亦甚矣。

022　汪士鋐《秋泉居士集》卷七《北园罗先生行状》载罗在公康熙三十年知房山县，“土人相传唐诗人贾岛墓在县中，先生访之无所得。一日按视村落，见一石方三尺许，斜仆道旁，马惊，盘旋其间，先生异之，下马视其石，则贾公墓碣，长沙李东阳篆文六大字。碑末识其缘起，云弘治丙子岁，邑令曹公募于邑人，得地三亩，封植公墓。今岁适当丙子，询今之地主，则觉罗某公产也。先生因为乞之，某公慨然捐助，听为贾公立祠。先生构屋一区，中设贾公像，募僧人守之。”今北京房山韩村河有贾岛墓，不知即罗在公所修否。

023　元人《虞侍书诗法》辗转讹传，至明而冠以司空图名，实因误解苏东坡之语而致。观郑鄤《峚阳草堂文集》卷九《题诗品》："东坡云，唐末司空图崎岖兵乱之间，而诗文高雅，犹有承平之遗风。其论诗曰：梅止于酸，盐止于咸，饮食不可无盐梅，而其美常在咸酸之外。盖自别其诗之有得于文字之表者二十四韵，恨当时不识其妙。予三复其言而悲之。嗟乎，千百世上下，凡有得于诗文之中者，未有不悲之者也。四言体自《三百篇》后，独渊明一人耳。此二十四韵悠远深逸，乃复独步，可以情生于文，可以想见其人，以《诗品》题署，亦犹之乐天之赋赋也。"于此可悟其误解之由。其拟《诗品》于乐天之《赋赋》尤谬，不知司空图固有《诗赋》应对白赋也，四言者非其伦矣。

024　东坡《归朝欢·和苏坚伯固》："明日西风还挂席，唱我新词泪沾臆。灵均去后楚山空，澧阳兰芷无颜色。"今人注释皆举杜甫《哀江头》"人生有情泪沾臆，江草江花岂终极"为所出。按：此宜引高适《哭单父梁九少府》"开箧泪沾臆，见君前日书。夜台今寂寞，犹是子云居"。薛用弱《集异记》"王之涣"条所记旗亭画壁故事，歌伎所唱高适诗即截取此四句。所谓"唱我新词"者，正切其事耳。

025　林景熙《霁山文集》卷二《杂咏十首酬汪镇卿》云："垂垂大厦颠，一木支无力。精卫悲沧溟，铜驼化荆棘。英风傲几砧，滨死犹铁脊。血染沙场秋，寒日亦为碧。惟留吟啸编，千载光奕奕。"又见于张观光《屏岩小稿》，题作《读文相吟啸稿》，"沧溟"作"沧海"，"血染"作"血洒"。以末联观之，张集较与题合。姑识于此，俟方家考之。

026　姜白石有宋白良玉所绘画像传世，自题有"鹤氅如烟羽扇轻"之句,见清虞山郑彦缃《寒翠簃诗集》七古《姜白石道人画像歌和蒋霞竹》,自注蒋以诗属和,而实未见画像也。

027 方回《瀛奎律髓》自序署至元癸未良月旦日,即至元二十年(1283)十月也,李庆甲辑《汇评》本前言据此定其成书之年(公元纪年误作1282)。今按卷二十张泽民《梅花二十首》方回评:"实斋张道洽,字泽民,开禧元年乙丑生,今而犹存,则七十九矣。年六十四卒于钱塘。"自开禧元年(1205)下推七十九年,正当至元二十年。卷二十未及全书之半,以其评语之份量计,恐未必能于年内蒇事。古人自序不尽成于书稿杀青之日,方起稿而先撰自序者亦或有之,方回此书殆其然欤?

028 元王构《修辞鉴衡》卷一"诗体之变"条云:"诗自河梁之后,诗之变至唐而止,元和之诗极盛,诗有盛唐、中唐、晚唐,五代陋矣。"时贤或作宋杨龟山语引之,以为杨龟山已创四唐分期说之据。今按:原文不注出处,后一条"评前贤诗"下注《龟山诗话》。检《龟山语录》,"评前贤诗"一条见于卷一,而"诗体之变"一条无之。观《修辞鉴衡》引书注出处之例,凡同书连钞数则,皆于首则注出处,后以"同上"注之。"诗体之变"条前为"诗要收敛",乃据东坡答李廌书,考苏文亦无"诗体之变"诸语,则此条文字究竟出自宋人抑或自撰,尚未可遽定也。同事陈才智君以为此则系截取范晞文《对床夜语》卷二所引周弼语:"言诗而本于唐,非固于唐也。自河梁之后,诗之变,至于唐而止也。谪仙号为雄拔,而法度最为森严,况余者乎?立心不专,用意不精,而欲造其妙者,未之有也。元和盖诗之极盛,其实体制自此始散,僻事险韵以为富,率意放辞以为通,皆有其渐,一变则成五代之陋矣。"而盛唐、中唐、晚唐之语,当为王构所归纳,可备一说。

029　高则诚生平，史无明载，仅知约生于元成宗大德九年(1305)，卒于明初。余阅陆时化《吴越所见书画录》，载《宋渭南公晨起诗卷题跋》有高明跋，又有永嘉余尧臣跋曰："放翁手书《晨起》书一首，感时自惜，忠义蔼然。永嘉高公则诚题其卷端，(中略)是卷题于至正十三年夏，越六年而高公亦以不屈权势病卒四明。"湛之《高明的卒年》一文即据余跋而定高则诚卒于元至正十九年(1359)，然予谓"越六年"，过六年也，高则诚应卒于至正二十年(1360)。范仲淹《岳阳楼记》所言"越明年"者亦第三年也，滕子京谪守巴陵在庆历四年，记作于六年可验。清代高密诗人李宪暠卒年，王宁焯《莲塘先生哀辞并序》载："庚子春，少鹤先生以例授岑溪令，先生佐其治，越岁遘疾，卒于官舍，年四十有四。"又据韩梦周《皇清文学李君墓志铭》："乾隆四十七年，高密李君叔白以疾卒于其弟宪乔岑溪官署。"庚子为乾隆四十五年(1782)，越岁亦第三年也。《中国文学大辞典》载李宪暠生卒年为 1739—1781，误。

030　清初辑《诗源初集》者姚佺，字仙期，号辱庵，又号山贞逸民。浙江秀水人。明末入复社，明亡后披缁客淮扬、金陵间，世称姚和尚，见徐增《感怀诗・姚仙期佺》自注。钱谦益取其诗与方文、孙枝蔚之作合刊为《三家诗》。谢正光、佘汝丰《清初人选清初诗汇考》据孙枝蔚《溉堂前集》卷九己亥诗末列《箧中偶检得亡友姚山期闻鹃一绝读之泫然有作》一诗，推其卒年应在顺治十六年己亥或以前。今按：国家图书馆藏《琅琊二子诗选》卷首姚佺序："予与周二为、逸休讫圣穰，称两世通家，谊咸如萧、柳之交二郗，周子之交诸王焉。以知诗也者，颂而知其人而论其世者也。是役也，二为、逸休传之，予受之，而有是命。夫予之凌风淬水，剑饮驴游，十六载輹于道路，有诗而不能遍观，伤哉！沧海横流，何处可以即安？及己亥残臈，而始衔一芦焉，聚一薪焉。壶公之有壶，巢公之有巢，夫然后得阅而读之，而诸集始有其富也，乃仓卒安得有蔷薇露灌手，是又不及韩退之矣。”此言己亥残腊始还旧居，而仓促未能细读，正与孙诗“平生狂态酒炉边，却为无家也惘然。笑别相知还本宅，九重泉下不闻鹃”合，则序必作于腊月，姚氏旋殁。

031《振雅堂汇编诗最》编者倪匡世，江南娄县人，《松江府志》有传，不载其生卒年。余读刘廷玑《在园杂志》，卷二载与其往来事迹，言“戊子来浦上，相留盘桓者匝月。时表甥宛陵郡丞郭见斋遣人来迎，予送以诗曰（诗略）。未一年，忽闻作古人矣，不禁为之黯然。”考戊子为康熙四十七年，则倪匡世之卒应在康熙四十八年。

032 冯溥万柳堂，在今北京龙潭湖公园内，为清初一大沙龙，施闰章、陈维崧、方象瑛、毛奇龄、法若真等皆出入其中。顾大申《堪斋诗存》卷七有《奉陪冯相国亦园散步赋题万柳堂二首时新堂乍筑结构未成予将有陇西之行故先成诗》，作于康熙十二年癸丑。邵远平《戒山诗存·京邸集》有《高念东夫子同游万柳堂和韵四首》，作于康熙十九年庚申，皆可藉以考见当时文士往来万柳堂之迹。冯溥告归后，堂渐荒落。刘大櫆《游万柳堂记》载：“雍正之初，予始至京师，则好游者咸为予言此地之胜。一至，犹稍有亭榭；再至，则向之飞梁架于水上者，今欹卧于水中矣；三至，则凡其所植柳，斩焉无一株之存。”迨乾隆二十一年敦诚往游，建筑皆完好，然已露凋零迹象，敦诚有记叙之（《四松堂集》卷三《万柳堂记》）。乾隆四十年再游，犹有阁存，见《四松堂集》卷二《万柳堂阁上同荇庄饮酒看雨并感怀紫树》诗。及嘉庆三年李銮宣访之，则阁似已废。《坚白石斋诗集》卷二《入广渠门寻万柳堂旧址》云：“下车入古寺，额曰万柳堂。高柳无一株，雉柳三两行。危楼钟磬寂，坏阁风雨凉。老僧卧柴榻，黠鼠穿土墙。碑砆藓花涩，眢井蒲叶长。（中略）此堂名万柳，此柳为甘棠。岂期百年中，翦伐遭斧戕。人往亦犹在，堂圮寺亦荒。”道光七年端木国瑚游，有《胡竹村农部培翚以七月五日祀郑司农于京师万柳堂乃司农生日也属赋诗》云：“野堂号万柳，宿昔常经过。不见廉孟子，空闻雨打荷。”则时堂亦已微荒。道光十七年何绍基偕汤鹏、李梅生访之，则堂已废，仅存一亭。《东洲草堂诗钞》卷六有《同汤海秋李梅生游万柳堂》五律五首，有句曰：“萧萧池馆尽，留得小亭孤。”自注：“地甚荒寂，问小儿，始识路。”二十年姚燮曾往游，亦有《同毛松龄沈肇煦吴大田游万柳堂书壁》诗，载《复庄诗问》卷二十。

033　宋征璧卒年史无记载，周茂源《鹤静堂集》卷十二有《挽宋尚木卒于潮州》，次于《贺严颢亭都谏晋秩冏卿》之前。考严沆（1617—1678）由刑科都给事中迁太仆寺少卿在康熙十年，挽诗有“旅宦经千嶂，辞家过十春”之句，疑宋征璧之卒在康熙十年春间。

034　吴景旭《历代诗话》无序跋，不详成书年月。今据《南山堂自订诗自序》：“戊子岁遘患，掠藏奔而去，并二十年吟卷归之无何有矣。嗣后削稿，缘手散落，张卿子劝儿辈录副本。此余录诗之始。当客居雉州，裒辑骚赋乐府与十二代之诗，谬出己见，参详往论，著《历代诗话》八十卷。”考诗集卷二《长林草》有《辛卯三月移家至雉州西门喜其长林夹径散步有怀》诗，卷三《寒楼草》又有《甲午迁北郭大雅堂其后有旧楼是前永乐间杨复少卿所筑》诗，知其居雉州在顺治八年春至十一年秋，诗话应纂于此三年间。

035 钱谦益《初学集》卷二十《答嘉善夏雪子枉寄兼订见过》"初日芙蓉谢康乐，月中杨柳孟襄阳"，脱胎于李清照语"露花倒影柳三变，桂子飘香张九成。"然"芙蓉露下落，杨柳月中疏"乃北齐萧悫诗，此误作孟浩然。

036 顾炎武《邹平张公子万斛园上小集各赋一物得桔槔》，王蘧常《顾亭林诗集汇注》以"万斛"为园名，"诗谱"于顺治十五年叙曰："过邹平，游张氏万斛园。"复引旧谱，谓张延登所居家园。然考《民国邹平县志》卷十，张延登园林有日涉园："少保张延登构，在城西南郭外沙溪之侧，其父封给谏义轩与大中丞仁轩兄弟日涉于此，故名。中有坊曰'兄弟同游处'。"又有别业兔柴、寄清园、会景园，独无万斛园之名。盖万斛为张公子名，即张延登季子幼量，号定庵，拔贡生。县志同卷载药圃："少保季子张万斛构，在城西南美井庄，自署其门曰'桃花源里人家'。中有长白山房，董其昌题额。旷哉亭、蕉雨廊、岸上舟，皆雅构也。"引宋奎曜《药圃记》曰："药圃者，张季子幼量之别墅也。泉甘土肥，居城隅西南之胜。"张延登有子万锺，为王渔洋外舅，万斛即其季弟。《阮亭诗选》卷七《内叔幼量先生招同纪伯紫袁宣四集药圃》，即其人也。纪映锺有《游药圃二首》，袁藩有《蕉雨廊听雨三首》，皆存于县志。幼量夙喜养鸽，蒲松龄《聊斋志异・鸽异》尝叙其奇事。

037 顺治十四年秋明湖秋柳诗社散后，王渔洋归里，以唱和诗册示表兄徐夜，夜和之，并题其册曰："闻道明湖集胜流，相从客馆似忘忧。一时感遇垂条木，八月惊逢落叶秋。诗写柳恽何句好，赋同王粲使心惆。谁人爱唱清江曲，春月如斯亦漫愁。"见武润婷、徐承诩《徐夜诗集校注》卷四《贻上济归为言一时名士觞咏之乐并示秋柳集诗既续其后响因题其册》，自注："贻上每好诵'清江一曲柳千条'绝句。"此据徐氏后人所传本也,王渔洋选《徐诗》题为《再题阮亭秋柳诗卷》,文字略异,"八月"作"千里","柳恽"作"白家","赋同"作"赋怜","如斯"作"为姿",似为当时初稿,不如家传本圆熟。末二语及注殊可玩味。

038《渔洋山人自撰年谱》顺治十八年云:"前礼部尚书常熟钱公牧斋赠五言古诗,有'勿以独角麟,俪彼万毛牛'之句。又序其渔洋山人集,有'与君代兴'之语。"(《渔洋诗话》卷上同)按钱牧斋《王贻上诗序》末云"余八十昏忘,值贻上代兴之日,向之镞砺知己、用古学劝勉者,今得于身亲见之,岂不有厚幸哉",实无"与君代兴"之语。渔洋此处改写,殆取《左传·昭公十二年》齐侯"有酒如渑,有肉如陵。寡人中此,与君代兴"之成语欤?

039　潘焕龙《卧园诗话》卷二云:"陈寿《三国志·庞统传》云:'先主进围雒县,统率众攻城,为流矢所中,卒。'按:统致命处在鹿头山下,今其墓尚存。至《三国演义》载统云:'吾号凤雏,此处有落凤坡,其不利于吾乎!'此系小说,乌可为凭?而王新城诗中吊庞士元,竟以落凤坡著之于题,何其失检也。"此说忆他书亦有之,人皆能道也。故唐炯作《庞士元墓》,不言落凤坡。何绍基《东洲草堂诗钞》卷十四《庞士元墓》云:"年方卅六坠英风,大霍山前庙貌崇。骥足何妨膺百里,凤雏本合老孤桐。关张自壮千秋气,庞马难收尺棰功。尽瘁只留丞相在,受遗凄绝永安宫。"不知即潘氏所言之地否,然观凤雏云云,盖亦敷衍小说家言耳。

040　朱家濂《黄任和所藏宣德下岩砚》(《故宫博物院七十年论文选》,紫禁城出版社,1995 年版)载,此砚乃王渔洋旧物,经黄任收藏,后归朱文钧,其子家溍、家濂秉遗命捐赠,今藏承德避暑山庄博物馆。有王渔洋题识,为门人陈奕禧书,云:"岁壬午长至，宣城梅雪坪、潜江朱悔人、海宁查夏重集麓原寓斋，抚宣德下岩，宝光四射，信为巨观。夙好良集，一段因缘，堪传胜事。济南王士禛识。”按：广东省博物馆亦入藏林佶旧藏端砚一方，背刻《洛神赋》片段，有“高”“折芳馨兮遗所思”“曾在李鹿山处”三印。砚左侧刻渔洋识，文字略同，仅“信为巨观”作“大获奇观”，有“禛”“阮亭”“结翰墨缘”三印。右侧刻林佶题诗：“清溪白石水云乡，古处都应染古香，好其镌花题小字，第三神女玉卮娘。”有“佶”“林氏家藏”二印。据砚背“曾在李鹿山处”印，知由林氏流入乡人李馥手。李馥（1666—1749），字汝嘉，号鹿山。福建福清人。官至浙江巡抚。鹿山富收藏，藏书钤印“曾在李鹿山处”。然则两印必有一方为假托无疑，当以砚石辨之，题识皆不足为据也。又，美国大都会博物馆藏有长方形仿竹砚，砚面镌有“壬午长至□王士禛”，并有印，见陶也《美国大都会博物馆藏王士禛用仿竹砚》（《王渔洋文化》2016 年第 1 期），则至诸题刻皆益可疑。予增订《王渔洋事迹征略》，系题识于康熙四十一年冬至，盖长至历来有冬至、夏至两说。今考是年闰六月门人朱载震（字悔人）之任石泉知县，渔洋曾有诗送，则朱载震与观宣德下岩砚当为五月二十七日夏至事，《征略》误也。

041　乾隆间汪琇莹等辑《渔矶漫钞》卷六于“猺俗”条载瑶族对歌之俗后，又有“妹相思曲”条云：“狼人语言与獞同，稍劲，其兵最强。其俗幼习歌，男女倚歌以自配，女及笄，父母纵之山野间，少年从者且数十，以次而歌，视女答歌之意为去留。一人留则众皆散。男镌歌词于榕木担，细字若蝇，间以金彩花鸟，沐以漆，以赠女。女则绣囊锦带以答男，遂为夫妇。相传有仙女刘三妹者，往来粤蛮溪洞间，登山而歌《妹相思曲》，曰：‘妹相思，今不相思待几时？只见风吹花落地，不见风吹花上枝。’其音凄婉，以教诸蛮，故狼、猺、獞人皆善歌。”按：此出自吴淇《粤风续九》，王渔洋转述于《池北偶谈》《渔洋诗话》，陆次云《峒溪纤志》复录于《志余》，遂辗转流传于世也。

042　王渔洋《分甘余话》卷四载："余门人朱书字绿，宿松人，攻苦力学，独为古文。癸丑登第，改翰林庶吉士，未授职卒。常为余作御书堂记二篇，录之以存其人。今文士中，不易得也。"按：此言书未授职而卒，方苞撰墓表仅言"入翰林"，盖庶吉士也，亦不言授官。《安徽通志》《宿松县志》皆称其官编修，未知何据。又，《御书带经堂记》《御书信古斋记》二文，今黄山书社版《朱书集》皆未收，可据以补入。

043　贺宿字天士，丹阳人。少寓毗陵，与同邑贺国璘俱以古文名，时称二贺。清初诗文中多见其名，而不知其生卒年。《京江耆旧集》卷三贺宿小传云："北山给谏欲荐天士博学鸿词，适有贵显以诗文投之，天士于人前摘其谬，因中以他事系狱。恩赦出都，后闻北山讣，号哭而去，遂致疾，卒于客邸。吴庶子珂鸣经纪其丧以归。"据江庆柏《清代人物生卒年表》，王曰高卒于康熙十七年，则贺宿之卒亦在此年或翌年。

044　叶燮原名世倌，字星期，后改名燮，号已畦。其集名《已畦文集》，学者引称多作己畦，李灵年、杨忠主编《清人别集总目》亦作己畦，黄裳先生杂著则作巳畦。按：叶燮《已畦文集》卷六《已畦记》有云："余山居以来，既无所短长于世，凡世间万事万物皆付之可以已矣。得五亩之废地，以三之一为庐舍，余尽芟薙以为畦，身与畦丁均其劳。（中略）余既无所不已矣，而独不已于畦，若曰此予终其身所已处也。其于畦勤勤而不已者，正以见其无不已也云尔，命之曰已畦。"然则叶燮号作已畦可无疑。

045　戏曲家嵇永仁之卒，《碑传集》卷一一九吴陈琰《殉难三义士合传》载："迨丙辰九月十七日，闻范公被害，君痛哭自誓曰：此时不从亡，将何待？遂自经死，年甫四十。"此仅言十七日闻范承谟之讣，而未言是日即自经也。乃顾光旭《梁溪诗钞》卷二十一之《嵇赠公永仁小传》径书"以康熙丙辰九月十七日死耿逆之难"。予阅陆楣《铁庄文集》卷六《嵇留山先生墓表》，则明载"以康熙丙辰九月十九日死福建制府范公之难"，是闻范公之耗，后两日尽节耳。《墓表》又言"在狱凡三年，闻公遇害，痛哭不屈死"，亦不言当日自尽。

046　李长科字小有，撰《广宋遗民录》，有名于清初，其书不传，今仅存《李小有诗集》。传记见《重修兴化县志》，然未载生卒年。予读孙枝蔚《溉堂前集》卷四有《挽李小有》，系于顺治十四年，尤侗《看云草堂集》卷二有《挽淮南李小有先辈》，系于顺治十六年，其卒当在此时。

047　阅张学仁、王豫辑《京江耆旧集》，得陈维崧友生二人：何铁字龙若，一字金雨，号忍冬子。丹徒人。监生。工诗，著《秋坟集》。《耆旧集》卷三采其诗，有《饯陈其年夫子北上夜听白三琵琶》云："日暮边沙起战云，六朝名士尽从军。难堪此际关山月，更向江南马上闻。"又云："龙若兼以铁笔擅名，吴野人作《篆隶印章歌》赠之。"诗不见于《陋轩诗集》中。同卷汤寅《寄怀陈大维崧》："一春鼙鼓老江干，江上风回露欲汍。客里烽烟书信远，天涯迟暮酒杯宽。虚传桃叶金陵曲，相忆柴扉西氿寒。莫道少年鸥鸟赋，只今已是白头看。"汤寅（？—1678），字谷宾，丹阳人。诸生。有《高咏堂集》。

048　米汉雯生卒年，史无记载。仅王渔洋《香祖笔记》载其卒："迁侍讲，赐宅西华门，寻卒。"按庞垲《丛碧山房诗·工部稿》卷九有《挽米紫来侍讲》，次于《二月一日孙九仪曹渭符不期而至因留小饮》《春雪》诗后。《春雪》诗有"令转春分过，风回雪片新"之句，当作于二月间。此卷所收皆康熙三十四年乙亥之作，据此可知米汉雯卒于是年春。

049　陈寿荣编《历代画家书法选》（石刻拓印）收龚贤书《赠锦树》诗二首云："阿翁与我最周旋，孔李通家岂偶然。英气总由神骏骨，才名照世本翩翩。""君家吴越我南唐，绍述风流不碍狂。作客芜城重有赋，二分明月无徜徉。"落款署"丙寅春，晤锦树先生于广陵精舍书"。丙寅为清康熙二十五年，时龚贤六十九岁，春至扬州。锦树姓钱名岳，字蕴生，号十青，江南苏州人。辑有《锦树堂诗鉴》。时滞留扬州，康熙二十六年四月预孔尚任所举春江社秘园雅集，见孔尚任《湖海集》卷二。

050　阅《许宝蘅日记》，民国八年己未八月十六日载："见高翌园画《秋江送别图》，汪苕文自京南归，翌园为作此图，题者为孙退谷、徐健庵、徐□□、王渔洋、王西樵、程周量、李武曾、朱竹垞、沈绎堂、陈其年诸公。送行诗后苕文之子又乞竹垞再题，苕文之孙举以赠。有曾宾谷、吴兰雪、阮云台诸公题，嘉道以后无题者。最近有张珍午题七古一首，云此卷曾藏王可庄家。"王可庄，名仁堪（1849—1893），福建闽县人，官至苏州知府。赵经达《汪尧峰先生年谱》顺治十八年："秋，奏销案起，先生以诖累例降二级调用，罢官南归。"此图即此时作，年谱失载。

051　丁生俊《丁鹤年诗辑注》附丁鹤年简表，载鹤年七十至九十岁在杭州，永乐二十二年卒，葬于杭州回回人墓地学士港南园。此殆据陈文述《孝子港怀丁鹤年》诗序："鹤年回回人，工诗。

尝卜日葬父，雨不止，鹤年仰天悲泣，雨止。葬毕，雨如初。乱后失母墓所在，夜梦母告以葬所，得之，改祔父圹，人称丁孝子墓，在学士港之南园。”（见《武林掌故丛编》）今杭州西湖柳浪闻莺公园内有丁鹤年墓亭，即其地也。《杭州府志》称晚习天方法，庐于先人之墓，卒葬其旁，遂为丁氏陇，在聚景园石亭子下。然陈文述所语颇含混，人称丁孝子墓者，孝子本人墓耶，孝子所修父母墓耶？按之乌斯道《丁孝子传》，其生母墓在武昌洪道乡，因梦访得葬所后与父合祔；嫡母墓则在寒溪塘，在今武昌市樊山。鹤年晚年庐于父墓，故其墓在樊山寒溪寺。《万历湖广总志》卷四十四载："元丁鹤年墓，武昌县樊山上。楚王尝遣人祭之。”《武昌县志》则载其墓在寒溪寺后，明楚昭王尝遣人祭之，通判尹觉作《里社崇贤记》，且为筑其茔域，立碑云“明孝子丁鹤年之墓”。后为清人改题，见杨岘《迟鸿轩诗续》所收《汪宝斋谷洗碑图》小序：“宝斋尊人秀民先生游武昌寒谿寺，得古碑，题明孝子丁鹤年之墓。检《明史》本传，回回人，家世仕元，事母孝。元亡隐于浮屠氏，永乐中卒。虽入明，犹元之忠臣也。寓书其友，改题元忠臣孝子丁鹤年之墓。是年秋闱，梦丁来谢，遂捷。载《科名显报录》。”碑后毁于“文革”中，仅剩丘垄。予按杨士奇《东里文集》卷四《题丁鹤年诗》：“（鹤年）后隐武昌山中。余在武昌遇之，甚相得，时已老矣。别后数岁卒。此集盖其卒后，得之武昌邓存诚。”然则鹤年乃卒于武昌，瞿佑《归田诗话》所载二人交游应非晚年之事。杭州之鹤年墓疑为故居所在，后人以孝子奇事附会之耳。

052 叶小鸾眉字砚，背自镌题诗二绝，流传人世，钱塘王生得而宝之。后毁于兵燹，仅存墨印砚式背面二页，题咏者不一。宗婉《梦湘楼词稿》有《百字令·题王佛云明府寿迈家藏叶小鸾眉子砚榻本》。清季为杨俊三所有，因绘小鸾像与所获砚式装成一册，题曰《砚缘图》。征时流题咏，杨寿宝《寓无竟斋诗存·鸿学集》有《题叶小鸾眉字砚》纪其事。

053　天津水西庄查为仁别墅，后废为寺，至道光间梅成栋重建吟社于此。见边浴礼《健修堂诗集》卷十七《天津水西庄为辛香族人莲坡居士别墅废为佛寺梅树君广文重建吟社于此追忆成诗和前韵》。浴礼髫龄随父于天津学署，拈笔学为诗，梅成栋一见叹为奇才，重为延誉，遂以知名，故浴礼于梅长怀知己之感。辛香名冬荣，同卷前有《查辛香冬荣以诗见投和韵答之》。

054　薛雪字生白，号一瓢道人。江苏吴县人。诸生，乾隆元年举博学鸿词。邃于医学，与叶天士、缪宜亭三家并称名医，曾集注《医经原旨》。又工画墨兰，诗传叶燮之学，得力于杜诗者深。著有《周易粹义》《一瓢斋诗存》《抱珠轩诗存》《斫桂山房诗存》等，辑有《唐诗正雅集》《唐人七律花雨集》《旧雨集》《吾以吾鸣集》，然均为医名所掩。今乾隆刊本李中梓《内经知要》前载其序，有"乾隆甲申夏日牧牛老朽薛雪书，时年八十又四"落款，信乎名医多高寿也。

055　沈心《房仲诗选》卷二有《留别郑板桥》云："小于河畔柳依依，沙际春归客亦归。八载清风飘墨绶，几回幽梦绕柴扉。惟君白首豪吟健，赠我青山逸兴飞（时见贻手画山水）。明日相思今共饮，将离花落怅征衣。"作于乾隆二十年乙亥前作者游山东时。单烺《大崑嵛山人稿》卷三《郑板桥作字数幅为赠》，乃过扬州时所作，前有《维扬访杨已君李啸村不遇》，时为夏间；后有《和制府方公六十生子志喜原韵》，时为岁暮。据卷四《方问亭制府七十寿》诗注："二十三年八月随驾热河，署内报生男喜音，是月为公六旬正寿，得子复在此月内，一时传为盛事。"则单烺过扬州晤板桥在乾隆二十三年夏，此可补板桥年谱。葛金烺《爱日吟庐书画别录》卷四著录板桥楷书七言联“开卷检农黄旧册，挥毫发班马奇香”，有题款曰：“冬心先生来维扬，杯酒言欢，永朝永夕。今先生将归武林，岁月逝矣，后会不知何日。临别书十四字赠之，时午邨亦在座，竹汀未来。板桥郑燮识。”有“郑燮之印”“板桥道人”两印。李修易《小蓬莱阁画鉴》卷二：“吾家藏郑板桥兰石一帧，纵横奇肆，有自题句云：‘叶长则花少，叶少则花多。世上有余不尽，英雄豪杰如何。’书法亦甚欹斜。”

056 李斗(1750? —1816?)，字艾塘，扬州人。戏曲作家，作《奇酸记》《岁星记》等传世，以《扬州画舫录》闻名。《扬州画舫录》自序作于乾隆六十年，书嘉庆二年前开雕。黄承吉《梦陔堂诗集》卷三《四哀诗》李孔昭一首自注云：“没时令兄艾塘刻《扬州画舫录》未竟。”序称时年二十七，知作于嘉庆二年。嘉庆七年春黄承吉游历汉阳时已读其书，《梦陔堂诗集》卷六有《春夜观扬州画舫录怀李艾塘》，即其时所作。李斗喜听歌，能演唱，黄承吉《梦陔堂诗集》卷三《李冠三席上闻程漱泉寿龄歌》云：“座客谁能歌，能歌程与李。”自注李谓艾塘。韦佩金《经遗堂集》卷十八有《王大雨楼招同丁二修屏国治李一爱塘斗即席闻歌》，亦闻歌也。艾塘尝招同人观剧，兴之所至或自演以娱客，见《梦陔堂诗集》卷四有《艾塘招同人观剧忽乘兴自演侑客即席戏作》：“技痒谁禁角辈群，传神一曲要人闻。”

057《平山冷燕》题荻岸山人编次，夙未详何许人。盛百二《柚堂笔谈》续谓嘉兴张博山十四五岁时作，父笔削续成之。博山名劭，阮元《两浙輶轩录》称“少有成童之目，九龄作《梅花赋》，惊其师”。鲁迅以为“文意陈腐，殊不类童子所为”。《檇李诗系》张匀小传则称“鹊山年十二作稗史，今所传《平山冷燕》是也”。匀字宣衡，号鹊山，秀水诸生，作有传奇《十美图》《长生乐》等二十种。

058　予昔年撰文考证乾隆二十年商丘陈淮尘定轩刊佚名编《渔洋诗则》一卷为伪书，其中“渔洋论诗”系据郎廷槐、刘大勤二家《诗问》改编而成，“杂录”系节录冯班《钝吟杂录·正俗》，“古今乐府论”由冯班《古今乐府论》《论乐府与钱颐仲》《论歌行与叶祖德》三文拼凑而成，“声调谱”则取自赵执信之书，序言亦删节赵谱“论例”第一、二、四则而成，其必出于伪托无疑。后读蒋士铨《忠雅堂集》，屡言及陈淮其人，乃陈维崧弟宗石之孙，宗石入赘为侯朝宗婿，遂家商丘，生子履中、履平，淮即履中长子也。字望之，乾隆十八年拔贡，捐赀候选知府，二十六年授廉州，累官至贵州巡抚，以罪回籍。曾刊行陈维崧《湖海楼全集》，即所谓浩然堂本也。《清史列传》卷六十六有传。蒋士铨与其兄弟游，文集卷六《宁夏道雁桥陈公墓志铭》、《诗集》卷八《送陈澄之淮孝廉还商丘》言其事。

059　宋湘生平事迹记载殊略，张灵瑞《宋芷湾先生年谱初稿》叙其行迹亦甚简，仅记其卒日为十一月二十五日，未载生日。予读黄钊《读白华草堂诗》二集卷四《芷湾先生归道山年余缙读行状感成一首》，有自注曰：“先生生卒皆同日。”则宋湘生日亦应为乾隆二十一年十一月二十五日，可补史阙。又，当公元一七五七年一月十四日。今皆作一七五六年，不确。

060　钱熙祚辑《守山阁丛书》，校勘精审，为当世所称。其生卒年不见于江庆柏《清代人物生卒年表》。予读张文虎《舒艺室诗存》卷三《都城杂诗》，其十“世事真难定，吾悲钱仲文”注：“钱通守熙祚以甲辰正月病故。”则熙祚卒于道光二十四年一月。

061 韩应陛生年诸书不载，读张文虎《舒艺室诗存》卷五《感逝二十首》，其四咏韩应陛，注："岁庚申，贼犯松郡，君居被燬，书籍板片俱煨烬，郁郁发病死。"句自注："沈孝廉曰富、钱广文熙泰俱前君卒，君尝梦与同被召。"庚申为咸丰十年，则应陛殁于是年。据《清儒学案小传》，卒年五十一，则生于嘉庆十五年。

062 谢质卿《转蕙轩诗存》卷七有《赠董研樵观察文焕即送之山右劝饷》《颖翁将游南五台赋赠》《刘炯甫刺史存仁自甘肃旋闽枉道青门馆于颖翁旅邸赠诗见和次韵复答》，皆作于同治八年己巳，卷八《董研樵观察之任巩秦道出潼关匆匆录别》作于此后，可据以考知董文焕、林寿图、刘存仁事迹，其中多载与刘存仁、林寿图唱和，兼及谢章铤，可见闽省诸诗人往来之密。

063 王增琪《聊园诗存》再续三《奉怀侯官魏子敦师》："先生游成都，贱子方垂髫。芙蓉辟讲舍，执贽瞻高标。齿牙赖奖借，许我赋笔超。此事关天授，人力非可邀。异日为文人，慧业定及朝（皆本师评予课卷语）。童心窃自喜，罔顾朋侪嘲。仙舟忽南返，怅望形骨销。骎骎四十载，音尘殊寂寥。羊公不舞鹤，东北随飞飚。终难涉闽海，三山空迢遥。杖履今奚如，大集应开雕。何当远寄读，俾我舒心苗。鄙什更邮正，庶几声律调。师老弟亦衰，举念中摇摇。道山无岁月，仰企凌云霄。"诗为己亥年作，次于《七夕》之前，当为六七月之交所作。

064 王嘉桢《在野迩言》多记文人事，有徐大椿、蒋敦复等事甚详。卷五"蒲留仙孙"一条云："嘉庆年间，兰卿伯父视学山左，按临济郡，见有淄川文童蒲姓，年三十余，其曾祖名松龄，知为留仙先生曾孙。阅其文，亦仅平妥，遂以县学入泮。及参谒时，见其人孤寒特甚，大加勉励，欣感而去。"

065《在野迩言》稿成未及刊而王嘉桢卒，时光绪十三年五月，至秋间坊间画报载玉儿小传，中间一段全窃王书卷六“玉儿”，一字不易，增其首尾，王韬又抄入《淞隐漫录》。王氏后人愤欲诉官问罪，以阮照劝而罢，亟刻父书行世，于玉儿条后加注：“此则于光绪丁亥七月中旬被《淞隐漫录》窃刻，男绍翌谨志。”此近代保护知识产权之例也。

066《岘佣说诗》作者施补华（1835—1890），原名份，字均父，浙江乌程人。同治九年举人。左宗棠平浙，闻其名，延为幕宾，同治十三年从征西北。予于新疆维吾尔自治区博物馆见其所跋《阿克苏刘平国摩崖石刻》，咸丰五年所得也。又国家图书馆藏《半岩庐诗》稿本一册，有补华题诗二首，末署“咸丰己未赴省试偕姚君，乌程愚弟施补华草稿”，咸丰己未为九年，可补史缺。

067　谭献事迹，朱德慈《谭献词学活动征考》（《近代词人行年考》）考之，予阅晚清人文集，偶及有可补苴者：（一）同治十年辛未，有诗赠杨葆光，葆光次韵酬答。见杨葆光《苏盦诗钞》卷三《次韵酬谭仲修广文廷献》：“诂字追锴慎，蜚名二十余。因逢吴下彦，知有等身书（昔交夏静甫赞府，盛称君年少能诗，并精小学）。乱后忽倾盖，荒城一驻车。自惭尘俗状，才调百难如。”诗下自注“辛未”，知作于本年。（二）光绪十五年夏在上海，吴昌硕有诗见赠。见吴昌硕《缶庐诗》卷四《谭复堂先生疏柳斜阳填词图》《赠复堂先生》，次于《己丑寒食》《海上上巳》之后，应为本年作。（三）是年十一月四日，撰吴昌硕诗序。见民国十二年刘承干刊本《缶庐集》卷首，末署光绪己丑仲冬四日夜谭献书。

068　蒋剑人少读书，喜谈经济，清季以词名，时人亦甚许其诗。张文虎谓“取径梅村,而充以昌谷、义山,寓奇峻之气于沉博绝丽中”,是也。予读张文虎《舒艺室杂著》,得其数事,为滕固《蒋剑人先生年谱》所不载。一,道光二十一年,居知止庵,张文虎两访之而不值。见张文虎《舒艺室杂著》乙编卷上《望杏轩诗抄序》:“辛丑冬归里,大雪寒冻不得出,云庄忽过访,投近稿属序。(中略)云庄数与唱和者曰铁岸上人,铁岸上人者,宝山蒋剑人也。亡友周金坨尝言,剑人才落魄诗酒间,既而髡为僧,今年夏予访云庄邑城,知铁岸居知止庵,两往不值,怅然返。”铁岸之名不见于年谱。二,道光二十三年,张文虎为撰诗序。见《舒艺室杂著》乙编卷上《铁岸诗序》云:“铁岸俗姓蒋,名金和,号剑人。予耳其名二十年,今年秋乃遇之松郡北郭,谈艺甚洽,出诗相质。”末署年月为道光二十三年仲秋。三,道光三十年秋归宝山,张文虎有诗赠行。见《舒艺室诗存》卷三《送蒋敦复回宝山即效其体》,次于《送何昌霖应试白下兼寄令兄昌治昌焕时咸丰纪元元年》前,当作于道光三十年。四,咸丰七年秋,张文虎作《秋日怀人诗》十五首,怀敦复一首云:“诗肠文胆冠同时,海国茫茫怅所之。侠气柔情消不尽,一齐分付竹山词。”见《舒艺室诗存》卷四,据诗集编次应作于本年。又,咸丰十一年六月,在上海读汪曰桢《荔墙词》,有跋:“学人之词,莲伯(周学濂)言是也,谓近蜕岩则未必然。蜕岩疏隽处多,《荔墙词》绵密,似不类。细意熨帖,铢两悉称。近来江浙词学盛行,谁似此洗伐功深之作。录《六丑》一首及小词摘句入拙著词话中。咸丰十有一年夏六月宝山蒋敦复剑人读并志,时同客沪渎。”

069 白敦仁先生《巢经巢诗钞笺注》笺注綦详,表彰前贤,沾溉读者匪浅。偶见后集《春草二首》其二“青袍在昔为渠误,白发而今视汝轻”一联,引庾信《哀江南赋》:“青袍如草,白马如练。”予谓此暗用刘长卿《送严士元》“东道若逢相识问,青袍今已误儒生”意，盖前尚有“草绿湖南万里情”句也。末赵恺《巢经巢全集目录后记》（第 1535 页）第二行“吾黔以儒成名者，马心葊、李桐野而外，以孙淮海为最”。检杨廷福、杨同甫编《清人室名别称字号索引》，无李桐野其人，疑为周桐野之误。清初贵州名诗人周起渭，号桐野，有《桐野诗集》。倒数第三行“昆田《鱼笛》”，“鱼笛”当作“笛渔”，即朱彝尊子昆田《笛渔小稿》也。

070　钱希《云在轩随笔》载：“《西青散记》有云：夏四月野蔷薇绕岸发花，淡赤浅白，手触之则芬芳竟日。双卿打麦时惜其将落，揽衽撮之，归土窗下，砌花成字，撒花枕席，和花小眠，扫地噀水，糁之榻上，拂履，徐步花隙。余思之可笑，震林非双卿侍婢，何得知双卿室内之事耶？世上本无双卿，史震林一人寓言耳。余见历来诗话笔记，凡闺秀殊亦不少，而总无史震林记双卿之详细，故疑其虚。梦鲸（钱振锽字）曰然，家君曰非也，事可造，诗不可造。”此言殊非，若诗不可造，则《红楼梦》中诗皆雪芹先生所笔录者乎？

071《棣华园闺秀诗评》夙不署撰人，宋清秀考为山阳黄宰钧作，甚确。后予阅山阳许焕撰《止止楼随笔》卷五“画名”条，引“表弟黄宰平《闺秀诗评》有‘清闲也要福能消’之句，予尝谓盛名也要福能消”，此作黄宰平，尚可续考。

072　予于《小言》前集曾记嘉庆间所传蜀女鹃红旅馆题壁六绝句，晚清又传有兰陵女子鹃红题旅馆壁间十二绝句，载于沈宗畸《便佳簃杂钞》、王觉源《忘机随笔》、汪恸尘《苦榴花馆杂记》等说部，沈谓与三十年前王鹃娘题壁诗之为某名士托名，同为才人不遇之咏。王《忘机随笔》卷四更载：“闽侯陈建寅（愉）偕客柳君来访，客健谈，豪而多不平之语。有顷，出兰陵女子鹃红题壁诗十二首,求批评。诗固非女子之作,乃客之自况。盖柳君曾客侯门,不见重于府主,托于美人香草,以泄其牢愁。”甚矣此事之屡见而不绝也。

073 曼昭《南社诗话》近年有学者多方考证,论定作者即汪精卫。实则黄濬《花随人圣盦摭忆》第一四一页明言:“精卫先生居北京狱中可二年,时时就狱卒,得闻数十年来轶事,曾杂见于《南社诗话》。比语予,所闻字字实录,出自狱卒之口,质俚无粉饰,较之文人作史尤为可信。”

074 卢弼《慎园启事》中致钱锺书札云:“某君成见太深,进言不易。山谷、临川,咸有特性,流风所播,习为固然。某君推郑子伊为清诗巨擘,巢经本经生,阅其诗者,尚需置《经籍纂诂》于左右参证,陶冶性情,翻成苦境。边区枯槁之章,执中原骚坛之牛耳,可谓突起异军。”某君似谓钱仲联氏。梦苕庵论诗,初极推重《巢经巢集》,人皆以为太过,后乃稍易其说。

卷十二　过眼云烟

001《文说》十一篇，黄承吉撰，中国社会科学院文学所藏抄本十二册，有“孝劼所藏书画金石”朱文印。前有天津张鸿来题记：“昨在琉璃厂文莱阁购此残抄本十二册，考知为黄承吉所著。黄氏《梦陔堂文说》十一篇，刻于道光辛酉，钱玄同、阎润轩均见之。钱云一题文字或长至一册，阎云有两册为一篇者。此抄各篇题章节一气到底，或系《文说》初稿，尚未整理就绪者。然观刘文淇《梦陔堂文集序》谓黄氏著有《文说》《经说》，《文说》已刊行者十一篇，《经说》百余万言，尚未编次，又云《文说》第一篇论文章关系至重，首详文之体用，次述文之藻缋声韵，是《文说》为论作文之书，而此抄乃考据字义之作。《经说》尚未编次，而此抄虽未编次，又不类《经说》，且篇中屡云《经说》已详言之，是此抄当在《经说》以外。今姑假定其名为《文说》，尚不如假定其名为《字说》为允当。然不见《文说》刻本，究莫能明也。孙耀卿《贩书偶记》又注有《续文说经说》未分篇（十七卷二十页），抑此为《续文说》欤？耀卿赴粤，容俟其归来询之。”民国三十一年五月十二日又续记云：“《文说》十一篇，刻本一千三百七十页，此抄七百七十页，若系《文说》初稿，所缺当在半数。○承吉于其祖《义府》多有附按，又著有《字诂义府合按》，与此抄颇多类似语，容参证之。○承吉于《义府》附按叙其所作有《中字说》《丁字说》《怨字说》《缩字说》均未见于此抄中，或系在此抄缺本内，抑或另为单行之篇，《贩书偶记》亦载此四字说，云未刊，不知耀卿于何许见之。”又云：“高阆仙先生藏书有《梦陔堂文说》一部，计文十一篇，刘文淇序云：其中论雄者至多，而论固者仅一篇，以是书专为辨雄而作也，与此抄本截然不同。此抄本眉上朱字各条，有云此以下当节为《剥床说》，入《经说》中。又云包孚二字《经说》书十万言皆本之以立论，又云此说包孚二字相通，引据精博，但《经说》中若已有此说，则此为复衍，而彼非新异矣。须对：《经说》无则存此。又云宜以包孚说名篇，又云此可录为宛字说，又云此可录为然字说。此抄本既非《文说》，又非《经说》，而先生著作中又未闻有字说专书，岂此抄本类乎作史者之长编而为著作各书取材之资欤？”书内夹签条，有铅笔开列《梦陔堂诗集》十二册五十卷、《文集》四册十卷、《文说》十四册十卷，有一九五〇年九月十三日记：“此书系闵尔昌所藏拟出售者，初索价八十万元，继减至六十万元。此条为白廷智所开，观《文说》十四册，可知阆仙之书确缺四册矣。予藏抄本当系《经说》（经说即说字，类乎字说）之稿未整理付印者，容再取《字诂义府合按》查之。”又云：“就《字诂义府合按》观黄春谷之著作，实觉牵扯杂乱，头绪不清。《文说》各篇亦然，十五年前听说黄君《文说》有一篇文章订一本者，或订两本者，为好奇心驱使，多方寻觅，数十年来只习见诗集（刻印精），并文集亦未得见。后闻孙蜀丞以一百廿元由上海买得《文说》一部（蜀丞买得者当系文集，非《文说》，燕京大学曾借用排印）。”所存十二本，所解者有俶傥、包孚、中、丁字等，乃经说与诸字说连钞者，要之主于求微言于训诂之中，析章法于字词之外，然芜杂难读则一也。

002《摘录》一卷，朱彝尊录，中国社会科学院文学所藏行草写稿本一册，每半页十行，行二十五至二十七字不等，无序跋，有朱笔批点。后有“康熙乙酉长夏竹垞朱彝尊摘录”题记一行，知抄于康熙四十四年也。有“汪由敦印”白方印、“胸中一点分明处不负高天不负人”“曾藏潘氏彦均室”朱方印。此卷皆摘抄字词名物之训诂，似摘自韵书者。如鬟字条云：“鬟，《韵会》：‘屈发为髻。’苏轼诗：‘落日衔翠壁，暮云点烟鬟。’白居易诗：‘俯窥不见人，石发垂若鬟。’”

003《幔亭公漫录》，王士骊撰，山东省图书馆藏青丝栏钞本一册，每半页八行，行二十字。前有康熙五十七年戊戌孟夏琅琊侄沛思序、昆山金奇玉序、康熙四十九年闰七日自序。首言“余庚寅生，今年周花甲”，则作于康熙四十九年庚寅，时年六十。沛思序云：“吾叔幔亭先生为司寇公从弟，友爱不啻如同怀，其嗜学不倦，性情亦复与同，相依数十年，见闻讲贯，亦极博洽而精详矣。”王士骊字貤西，号幔亭，系之猷曾孙。曾官诸城县儒学训导。此卷皆论修身、处世、为学之道，平实有得。附录一卷，述老人居处、养生之要。后逐年记事，迄康熙五十六年丁酉年撰《东廓记辨二则》。尤以康熙五十年王渔洋下世前后事最为详核，可补传记、年谱之缺。后录任诸城训导时所撰《司训约言八条》、康熙五十三年甲午年课儿数则，亦家训之属。末为《跋齐音小记》，述渔洋所选祖先诸集刊布未果之经过。

004《闻览摘寄》五卷，晋阳陇西氏善夫订，清华大学图书馆藏稿本一册。此书为作者所著内容分类之随笔，多摘抄前人书，亦有自撰。卷一名胜山水、时令尺牍，卷二佳言可风、笑谭话柄，卷上古今诗话，多论明人诗，言及赵吉士咏十二月诗，称官黄门，皆钞旧集，凡国初之名皆仍之不改，易致误也。引诗评曰定陶孙器之评诗云云，实即《敖陶孙诗品》。又有《鸦片论》，卷二叠句诗文，卷三奇童巧对，卷四幼寄杂咏，卷五巧艺超群，其宗旨可概见。

005《三余续笔》十二卷，左暄撰，中国社会科学院文学所藏蓝格抄本二册，每半页十行，行二十字。前有嘉庆二十年十一月自序，时年近七旬。左暄字春谷，泾县人。据自序，作者于嘉庆十六年刊《三余偶笔》十六卷（武作成《清史稿艺文志补编》著录八卷），此为续编，《贩书偶记》著录为嘉庆间桂林书屋刊巾箱本。杂考经史语词名物，辨析古书疑义，每有独到见解，卷十辨汉扬雄之扬应从木，较他人之考尤为详覈。卷十二条辨刘知幾《史通·二体》“阑单失力”一句，足补古今注家之未及。卷八考论历代科举试法之变迁亦颇备，为笔记杂著类书中所少见。

006《鸿轩随笔》八卷，李慎儒撰，中国社会科学院文学所藏抄本八册。每半页九行，行二十字。无作者名，书根有“丹徒李慎儒稿本鸿轩随笔”字样，知为李慎儒所著。前有同治七年戊辰孟春鸿轩氏自序、光绪七年辛巳冬荆溪任凯题记、光绪十年五月吴丙湘题记。《鸿轩随笔》自序称“余年十七八时好读书，今决计不读矣。偶检旧箧，见昔年手录，所得若干条，复不忍竟弃，厘订存之。”此书《中国古籍善本书目》著录，为馆藏本。任凯称“子钧潜研经史，于书无所不读，别有独见，则自跋于后，日久积成卷帙，为《鸿轩笔记》四册八卷”，此本为八册，当为传抄本。李慎儒（1836—1905），字子钧，号鸿轩。江苏丹徒人。同治三年举人，治地理学，《清史稿艺文志补编》著录李慎儒《辽史地理志考》五卷、《边疆简要》三卷，《清史稿艺文志拾遗》著录《禹贡易知编》十二卷，有《鸿轩诗稿》四卷。此书为考订笔记，杂考史事、风俗，训诂语词。卷一“孟子逸文”条采古书中所见孟子语，“海外文献”条述海外文籍回归源流，卷二“丹阳考”考丹阳沿革，“洛蜀党”论宋代两党之功过，卷三“高青邱之死以诗”条论高启死于诗触宫闱丑闻，“银”条述历代用银贵贱，“历代内官纪略”述历代妃嫔品秩，“苏东坡无中秋登金山作《水调歌头》”条辨东坡过润州十余次，无在中秋者，辨《京口山水志》之误，卷四“明魏忠贤生祠纪数”考魏忠贤生祠之见于记载者，“语音”条论天下语音宗国都之理，“俗语有本”条考证典籍所见俗语之出处，吴丙湘称“淹贯群籍，持论精审，足以方轨前秀”。

007《蓝水书塾丛笔》一卷，闽县何道甫撰，未见刊本，中国社会科学院文学所图书馆藏稿钞本《侯官丁氏家集》中录有一册。何道甫事迹见桂文灿《经学博采录》卷五："闽县有何道甫孝廉则贤，质朴无华，博涉群书，尤深史学。所著书有《读经札记》《晋史补略》《琉球使礼服答问》《涉史漫笔》《史通何氏偶笺》《昭代碑传表志文辑》《名人轶事随录》《东越著述所见录》《东越历朝文辑》《皇朝东越文辑》《蓝水书塾丛笔》共若干卷，文集八卷诗草四卷。”

008《南兰笔记》四卷，张恕撰，中国社会科学院文学所藏朱丝栏稿本一册，每半页九行，行二十三字。无序跋，前有缺页。张恕(1790—?)，字铁峰，号南兰，宁波鄞县人。道光戊子科举人，充正黄旗汉官学教习。光绪元年年八十六犹健在。诗书画俱工。有《南兰文集》《长春花馆诗集》，收入林庆彰等主编《晚清四部丛刊》。此书杂记古今两浙人事迹、文献、著述，卷四题作“古今体诗源流”，辑录《四库提要》论诗之语及于慎行论古乐府(应出《谷山笔麈》，钱谦益《列朝诗集小传》、朱彝尊《静志居诗话》、王渔洋《池北偶谈》均曾采录)、施闰章《蠖斋诗话》等，又有“声韵源流”“学案随笔”，皆读书所记也。

009　随笔偶录，扬州大学图书馆藏朱丝栏抄本一册，每页八行，字数不等。封面自署“庚子冬日，采臣戏抄”。内有“丁酉阳月中旬采臣手记”朱笔题识。首即《活捉张三郎》，后有评语。

其次为《南京调》《鲁清贞供状》。

010《骚余脞录》十卷，周焌炘撰，南开大学图书馆藏民国初抄本。周焌炘疑为周竣圻之误。周焌圻，原名清琪，字啸卿，一字季侠。河南商城人。光绪十八年举人，直隶候补知县。著有《拜梅书屋诗钞》行世。孙雄《道咸同光四朝诗史》乙集卷六选其诗。

011《友林乙稿》不分卷，宋史弥宁撰，中国社会科学院文学所藏影宋抄本，有“四明张氏约园藏书”“寿镛”“咏霓”“王富晋印”。每半页八行，行十六字，字迹疏朗，抄工精妙。前有张寿镛题识、郑域序。张寿镛题云：“友林乙稿一卷，宋史弥宁作也。四库提要谓弥宁宋史无传，其集亦不见于艺文志。此本犹宋时旧刻，楷法颇工致，凡录诗一百七十首，前有原序一篇，自(称)其名曰域，序末旧阙一翻云。余得此钞于燕肆，盖即依宋刻景写者也。意者自文渊阁转钞乎？是亦可贵已。甲申秋八月二十六日约园识。”又云：“偶阅张金吾藏书，云厉氏樊榭曰集有郑中卿惠蝤蛑诗，《文献通考》：郑域字中卿，当即其人也。约园又识。”按：钱大昕《潜研堂文集》卷三十一跋此书，称乾隆十九年甲戌秋曾假吴尊彝家宋椠手录其副藏之。此本凡“宁”字皆缺末笔，当为道光后影钞。

012《介石斋集》一册，朱国祚撰，中国社会科学院文学所藏朱彝尊无格钞本一册。每半页十一行，行二十一字，封皮《介石斋集》下有“选入明诗综”五字。钤有“瞿氏思补斋珍藏”白方印。书内夹有“竹垞手抄诗一本”签条。有“彝尊私印”“竹垞”“瞿康侯读书记”“嘉兴忻氏”“景潮”“嘉兴忻氏曾藏”“籁盦曼士鉴藏”“虞琴经眼”“韩熙私印”“嘉兴忻虞卿氏三十年精力所聚”诸印记。大题作“朱文恪公介石斋集选”，选诗五十七首，当为编《明诗综》时所抄底本，各诗有朱笔所标数字，系入选时排序。后有癸巳作藩致轩手跋，文长不录。

013《雪翁诗集》不分卷，魏璧撰，顺治间稿本一册，中国社会科学院文学所藏。每半页九行，行二十二字，蛀蚀颇甚。前有六月二十六日自叙，柔兆奄茂（丙戌）十月魏新录题识。原署魏桥井田丈人著，卡片著录作魏桥，魏新录题识据《曝书亭集》卷四《梅市逢魏璧》诗考之，作者当为魏璧，魏桥其里居也。自叙言及甲午春过雪岩草堂事，当作于顺治十一年甲午。魏璧（1614—1662），原名时珩，字楚白，入清后更名耕，又名甦，字白衣、野夫，号雪窦居士。浙江鄞县人。明诸生，有《雪翁诗集》十七卷，曾与钱价人同辑《今诗粹》。王猷定《四照堂文集》卷四有《送魏雪窦序》，亦其人也。朱彝尊《静志居诗话》卷二十二谓其诗中年专学杜甫，末年专学李白，有《息贤堂前后集》。此册所收皆崇祯间诗，按体编排。有赠金俊明、陆嘉淑、朱彝尊、董以宁、柴绍炳、毛奇龄、钱谦益、顾有孝、吴伟业、陆圻、蒋平阶等作。

014《摄六先生诗选》不分卷，黄翼圣撰，题钱谦益选定，徐波、陈瑚评阅，中国社会科学院文学所藏光绪二十六年曾明章无格抄本一册。每半页八行，行十七字。扉页书名为翁同龢署签。前有钱谦益撰《黄子羽墓志铭》与《莲蕊居士传》，陈瑚、徐波撰序言，后有光绪二十七年俞承莱跋、癸卯翁同龢跋，辛卯俞鸿筹后记。黄翼圣，字子羽，江南常熟人。崇祯中以诸生应聘，起家新都知县，升安吉州知州，明亡归。卒于顺治十六年己亥，年六十四。翼圣尝及牧斋之门，《初学》《有学》二集尚存为其所撰诗序、六十寿序及《莲蕊楼记》，而序未收于此集。此本按体编排，以五古起首，有与吴梅村、陈瑚、王烟客、徐波等酬唱之作。

015《九诰堂全集》，徐增撰，湖北省图书馆藏抄本二十册。每半页九行，行十九字。有“诒晋斋作”“谦牧堂藏书记”白文印、“谦牧堂书画记”朱文印，知经揆叙家、永瑆递藏。而文中“丘”皆未写作邱，似为康熙间所抄。前有康熙五年丙午十二月华峰五口道人序，称其尝说李鈔孟坚诗，复得见说唐诗，为之序。“其间有如盛唐手笔者，有得渊明性情者，有从古诗十九首悟来者”。前列诸名公旧序二十三道，张大伟、王铎、钱谦益、陈云淙、顾锡畴、黄光、何楷、马世奇、陈函煇、徐世溥、陈宗之、陈名夏、朱隗、黄翼圣、钱谦益（黄牡丹诗序）、薛寀、秦镛、金圣叹、陈鉴（而庵说唐诗序）、丘民瞻二首、章美、姚佺，乩传序一道（紫霞真人）、史尔祉后序一道、戴与凡跋，陈宗之小传。张序已残，陈鉴《而庵说唐诗序》不载于《说唐诗》今传本。第二册为诸家题咏，有金圣叹《读瀑悬先生诗毕吟此》《看梅思知至先生在病》《岁暮怀瀑悬先生兼寄圣默法师》三首，后两题为《沉吟楼诗选》所不载。又有陆世仪《仲春十九日同钱础日归元恭将往邓尉观梅访子能道兄于桐泾僧舍周子佩适载酒至谈一夜子能先生先成一律次和》，归庄和诗云：“访友寻梅日正曛，淹留兰若得同群。不愁山里花如霰，却喜尊前气似云。病叟衰翁多问药，儒林骚客共论文。朝来风雨妨游事，为尔挥毫写此君。”此诗上海古籍出版社排印本《归庄集》附年谱系于顺治十六年，注见《桴亭诗集》，诗佚。而不意幸存于此册。古文目录分卷，而正文中无分卷之标记。第四函所收文目录题作又古文，当为古文续编。

016《甲申集》，余怀撰，中国社会科学院文学所藏抄本，用荣宝斋制朱丝栏本抄本。每半页八行，行二十四字，抄工精妙。卷内有“老树庵藏书”字样。与广陵书社影印本《余怀集》对勘，微有异同，如“武塘诗”《酒徒歌》，抄本题下多小注“嘲吴鉴在”。“西陵诗”《西陵怀衷素》，抄本衷素前有吴字。“明月庵稿”《送唐祖命游邗上》,集本邗误作刊,而抄本不误。《江山集》先"鸳湖之所作",次"石湖游稿",末"泖湖游稿",而集本则"鸳湖游稿"在最后,前多林佳玑序一首。"泖湖游稿"《重过张友鸿野庐》题注"因集饮周庶园水斋",集本"周"误作"用"。《东溪草堂歌》,题注"为朱子蓉作","朱"抄本误作"宋"。《雪夜观蓝田叔蓝次公画山水歌》,抄本"次公"误作"次山"。

017　予旧阅余怀著述,《五湖游稿》一卷、《味外轩诗辑》一卷、《咏怀古迹》一卷、《弹指唱和》一卷、《嘉山纪游》一卷,《江山集》三卷、《甲申集》七卷外,独不见文集,遂留意辑其遗佚,存其目曰《龚鼎孳诗集序》《过岭集序》,见《定山堂诗集》卷首;《半园唱和诗》,黄裳有藏本。《丁未春都门梅瞿山先生见遗墨妙辄成四绝奉答兼寄祖命方郧》,见梅清辑《天延阁赠言》卷二;《忆昔行赠梅瞿山先生》,见《天延阁赠言》卷四;《天延阁后集甲寅诗略序》,见《天延阁后集》。《复宋上木》,见陈枚辑《凭山阁采珍集》卷六;《姜贞文先生遗集序》,见《全祖望诗集》卷五《泊舟吴门访得姜贞文先生遗集其孙本渭即属予编次因寄声谷林父子》自注:"旧载稚恭、茶村,澹心三序。"《韦苏州集重刊序》,见下邳余怀重刊本,韩国成均馆大学藏。《震澹堂晓业全集序》,见《春雨草堂集》卷首;《渡江词序》,同上;《题宫紫元春雨草堂图》"流水孤村第几桥",别集卷十九。毛奇龄《西河文集》序九有《余澹心娥江吟卷序》,蒋德馨《且园诗存》卷一有《题余澹心板桥杂记后》十四首,附载于此。

018　恽寿平辑《清晖堂同人尺牍汇存》收余怀《致耕烟》三札:"不晤多时,伏惟岁首新禧骈集,弟顷在苕溪,太守风流,爱画入髓,若仁兄肯同陈子老挐舟而来,盘礴解衣于岘山、霅水之间,亦大不寂寞也。望切望切。""春灯之惠,蓬荜增辉,弟以十三日到莒城。爱山台上，笙歌灯火，助太守之风流。一札烦致陈子老，倘可邀之同舟以来，共盘桓于岘山、霅水之间，亦大快也。”“去年求画惠崇小景白扇，为吴薗老豪夺，至今梦寐不忘。今再以一扇乞便中点染，想知己不吝也。长翁今之平原、信陵，弟欲与之订交，俟曹秋老来介绍，仁兄豫为说项，当非无因而至前耳。周栎老又有札来，回书已为代致，明日乞过我小饮。”咸丰丁巳来青阁重刊本。

019《江海颂言》收余怀题诗：“云飞万骑救江东，狮子山前战火红。阁上麒麟谁第一，至今唯数定侯功。”“新奉温纶镇海门，黄龙青雀静乾坤。锦衣骢马军前立，一剑登坛众所尊。”顺治庚子刊本。

020《亦巢诗草》六册，朱陵撰，中国社会科学院文学研究所藏清稿本，每半页十行，行二十六字。有涂抹，应为稿本，虫蚀甚，经修补装为金镶银本。钤有“照微”“吴麐”朱方印、“在中”白方印。朱陵，字望子，江南长洲人。此书按体分卷，内有与陈子龙，朱隗，顾与治，龚鼎孳，叶奕苞，归庄，孙枝蔚，冒辟疆，金堡，叶燮，袁重其，释苍雪，沈朗倩，吴绮，曾青藜，吴之振，顾嗣协、嗣立兄弟等唱酬之作，有和归庄六十自寿、题时贤赠袁重其霜哺诗、徐松之刻《百城烟水》属作穹窿山诗。

021《縨斋诗选》一卷，张谦宜撰，山东省图书馆藏旧藏钞本一册，仅存卷一。每半页十行，行二十一字，有朱笔录王季陵、赵初筵、李伊村、赵敬亭诸人批点，盖皆其门人也。有“王亨捷印”白文、“王心岑”朱文、“无量卷楼藏书印”诸印记。前有自序，言年十四即能诗文，迄于今历五十四年，则成于六十八岁时。自序追忆平生学诗及受业于杨师亮之经历甚详：“大都乙卯以前，多师心儇弄之习，其不能诗者许之，今割绝不复道。丙辰而降，师事杨戬夏先生，始知予之不足。又先是闻长老谈汉魏少陵诸体，辄不能信，私取读之，哑然笑曰：平平无奇耳。丁巳小试不利，愁无所之，始一意读古人书，久乃惊心汗下而不可止，用是降心刻苦，博观众论，以合之所及知者，才二三耳。戬夏先生则时时类举古法，攻吾所短，或悬指某书，或直告某诗，使吾寻绎之，寖久而若有所见，而后乃微微遵之，其抨击指摘，有他人所不肯服而予独信之者，吾亦不能为他人语也。凡吾之得力，实禀承于先生。不幸戬夏先生无禄，予又不能出从贤人君子游，殆将靡所宗依，以自述其往辄，其于诗也何有？"

022《昆仑山房诗集》，张笃庆撰，题新城王士禛阮亭评。山东省图书馆藏钞本十三册，每半页九行，行二十一字。有"境塘长物"白文、"嬴缩砚斋藏书"朱文印记。封面书名下卷数悉被涂挖，不审是否为完帙。王渔洋名作士禛，初观似为乾隆前钞本。然阅至《夏侯节妇行》题下小序云："氏母家姓袁，国初桃花山贼攻陷淄城，丁姓为内应。吏某与氏夫有仇隙，诬其与贼通，被戮。氏携幼子伏积尸中，后逃归母家，子冒姓袁。当时莫能白其冤。子长有声庠序，王阮亭为氏作传，蒲柳泉作诗。先生题诗或未悉事实，第隐约言之，后修邑乘者失考，遂至湮没。因刻先生诗，特为读者详之。知氏夫死于仇口，非死于贼也。邑后学王培荀记。"则此本非据嘉庆后刊本过录，即为王氏所抄矣。王培荀，嘉道间人，夙留意于山东文献掌故，其《乡园忆旧录》卷一载《百一诗》后归张如珠，曾授王培荀校正，欲版刻行世，不知果否。此十三册所收为：《明季百一诗》，有自序，渔洋评语仅见于此卷；《昆仑山房诗集》、无序跋；《昆仑山房郢中集》三卷，有康熙四十七年自序；《阅三辅黄图述古杂诗》，有自序。张笃庆（1642—1720），字历友，号厚斋，又号昆仑外史。山东淄川（今山东淄博）人。高珩婿，曾祖至发在明末官至宰相。笃庆康熙二十五年拔贡生，隐居不仕，文章淹博，诗以歌行擅场，有《昆仑山房诗集》《两汉高士赞》《八代诗选》《少保公年谱》《厚斋年谱》等。张笃庆诗集，世存抄本多种，以此十三册卷帙最富。内与乡里名士唱和之作甚多，尤多和王渔洋之诗，可藉以考证王渔洋、蒲松龄、唐梦赉等山东作家生平事迹。

023《崔不凋先生诗稿》，国家图书馆藏丁亥年娄东严瀛朱丝栏钞本一册。每半页十行，行二十字。前有壬午邑人潜园居士钱诗棣题《偶从书贾购得崔不凋先生诗稿旧抄本一册审之似为余不轩集乃丐友人重录副本赠县图书馆保存之识以一律》、华旋元序、弇山静庵题识，后有壬午夏五月杨毓昌跋、壬辰春蒋平阶跋。诗集按体编排，收四言古一首，五言古、排律十一首，五言绝九首，七言绝十八首，五律三十四首，七律八十五首，乐府歌诗九首，赞二首，收诗止于辛酉，名作《浒关谢别诸公》在焉。“丹枫江冷人初去，黄叶声多酒不辞”一联后被沈德潜改为“白蘋江上人初去，黄叶声中酒不辞”，此仍存原貌。

024 诗集零本二卷，佚名撰，中国社会科学院文学所藏钞本一册。每半页九行，行二十二字，版心下有“勤菑集”三字。前有管庭芬两段题记：“此卷得于大方伯街冷摊，抄手甚精，诗不能称。装池存之，殊深买椟还珠之叹。壬子初冬上浣湖上寓公志于白云山楼。”“此稿不详姓氏，非藏拙也。其人当有全集如束笋，其名当于序传中求之。呵呵。越日又志。”钤有“庭芬”“湖上寓公”“子佩”印记。按此当为作者《勤菑集》零本，前卷题作“白羽诗钞”，后卷题作“磻绿斋诗课”。前卷有《书钱牧斋像赞后》，当为康熙以后人。《拟春闺独坐黄昏谁是伴》小序曰：“蒋沆字念初，毗陵人，余甥婿也。”又有《乙亥春日雨中奉寄倪皙如先生》，后卷有《挽业师张应辰夫子》《仆某我鳏宦锁拘余乃奔控巡抚高公批豁既又奉李郡侯檄宥得解而俱归时雍正十一年余年十有九岁》,此可得作者生年为康熙五十四年乙未。佚名批《昭君怨》:"先生作诗似摹西昆一派,似此沉雄慷慨,可与义山《隋宫》《守岁》《筹笔驿》诸作相颉颃。"

025 慎郡王诗稿不分卷,慎郡王允禧撰,中国社会科学院文学所藏,刘瑞琛、刘佩珩跋。允禧诗集流传之本甚多,辽宁图书馆尚藏有《花间堂诗钞》稿本八卷。刊本有乾隆刊本《紫琼岩诗抄》六卷、《花间堂诗钞》一卷、《随猎诗草》一卷。《花间堂诗钞》首都图书馆有藏本,《随猎诗草》上海图书馆有藏本,均为郑板桥手书上板。允禧夙爱板桥书法,《花间堂诗抄》中《十咏诗》有"新范邑宰板桥郑燮"一首,又有《题板桥诗后》,其于板桥眷慕亦深矣。

026《岩客吟草》卷,朱桂撰,清青丝栏抄本六册,中国社会科学院文学所藏。每半页十一行,行十九字。前有乾隆五十二年孟冬述庵《诗说》,书于滇南薇垣别墅之誉处堂。朱桂字林一,浙江嘉兴人。卷一钞诗窝小草,收乾隆五十一年在里所作诗;卷二南征集、客滇集,收乾隆五十二年入滇及翌年在滇所作;卷三东归集、袁阳草,收乾隆五十三年及翌年归浙途中纪行之作;卷四寒窗集、感怀集,收乾隆五十四年及翌年在乡里作;卷五游燕集,收乾隆五十六年入都所作;卷六且吟集、江行集,收乾隆五十七年及翌年滞京、返浙途中之作;卷七劳吟集,收乾隆五十七年夏入滇后作。《诗说》八则,皆论各体之要,可见王昶诗学之一斑。

027《鹪鹩庵杂诗》不分卷,中国社会科学院文学研究所藏清钞本一册,每半页九行,行十八字。前有朱笔题识:"原书封面题‘鷦鷯庵杂诗’，下署‘光绪廿四年春三月得于海王村书肆张篁溪记’。篁溪乃张次溪之父。原书系抄本，乌丝栏(印)，半页九行，行十八字，共卌七叶。首叶首行贴补，上题‘鷦鷯庵杂记’，记字渲污。下贴去‘卢文弨撰’四字，有方章‘□□渔隐’。疑此非首叶，故贴去。盖原抄依诗体分类，每类前标出‘七古’‘五律’。此为五古，未标故也。有人谓此乃卢文弨抄本，不可信。”按：张次溪即编《清代燕都梨园史料》者，据此知题记出于民国间人也。此本殆即据张篁溪藏本过录者。卷首大题“鷦鷯庵杂诗”诗字改作记字。余记上海古籍出版社影印敦诚《四松堂集》后附邓之诚旧藏《鷦鷯庵杂记》为敦诚手稿，则此册殆亦敦诚诗也，取以核对，则抄本压卷《列女吟》收入《四松堂集》卷一，题下有“有序”二字，然实无序言，集亦无此二字。《刈麦行》后《携家往南村作》一首集无，五古至《村居四首》。后为七古十四首，《平下闸观水势》，集作平上闸；《从军行送元如叔》《和子明兄典裘置酒赏桃花之作》《寅圃使老妪致札戏答以诗》集不载；五言律诗《宿朝阳庵》《思亲》《山堂夜宿》《初夏小雨》，七言律诗《易堂见示张尧峰登金山用王阮亭韵之作时于前数朝曾梦游金陵感而和之》《送内弟毓舍人随驾木兰》《住移情泉石堂拙庵伯父命为诗走笔却呈》《春晓漫兴》《听雨楼木芍药放花主人张幕宴客其下酒半索余首唱诸公属和云》，五言绝句《槐园夜坐》《种竹》《东皋》，七言绝句《汉二疏》、《闻子明归计程应至蓟州感赋却寄》、《无题二首》、《荷溪晚归》、《南霁云》、《岳少保》、《南溪》其一(偶过南溪上废台)、《春日独酌》、《题枯木系蹇图》、《段司农》、《题桃花便面》四首、《过寅圃墓感赋》前二首，《嵩山寄诗次韵答之》《题寓翁南园翁时致仕》集不载，《潇洒轩宴集》前有《赠曹雪芹》一首，《山月对酒有怀子明先生》后有《挽曹雪芹》二首亦不见于刊本，诗题及文字多异于刊本，凡文字缺处留白。

028《问诗楼合选》一卷，题天然居士撰，清青丝栏仿宋字抄本一册，中国社会科学院文学所藏。每半页九行，行十六字。前有乾隆五十七年壬子上巳自序，后有是年三月长洲曹贞秀跋。自序略云："予生长闺阁，幼为父母所钟爱，以爱之切而训之备详，常不以女子而异视也。九岁读书，从师林姓，逾年复易一杨姓者，此二人俱不能诗。迨年十三，始问字于习幽女史，继又从雪楼讲授，稍通音韵，便尔耽吟。一自于归籓邸，虽纸笔之好，不减曩时，而物色诗人，了不可得。间从先王酬唱，窃学为《鸡鸣》戒旦之言，而时愧其未之能也。迨后于乾隆丙申之岁，因课女而延得岭南女史梅轩，晨夕晤对，结习复萌，于喁间作，皆可谓一时之乐。今忽忽数十年，雪楼、习幽后先凋谢，即梅轩亦舍我而去，为古人矣。"据此知作者乃某王室也，曹跋称睿邸太福晋。第一首《对镜》云："相对五十春，岁岁容颜换。"知诗集编成于晚年，为其自作诗及习幽、雪楼、梅轩三闺友诗之合选。其自作二十三首，习幽二首，雪楼八首，梅轩六首。习幽姓杨，扬州人，其母号淡亭，曾馆大学士明珠府中，刻有《合存诗钞》；雪楼姓沈，苏州人，归于冯氏，曾馆慎郡王邸。梅轩姓徐，广东人。此卷以宋字精抄，字画极工，前所未见，疑为授梓之样稿。吴晓铃先生《多伦多大学东亚图书馆所藏蓬莱慕氏书库述概》一文记该书库亦藏有米色丝栏精钞本四卷，不言有序跋，选自作为二十一首，余皆同文学所藏本，知所谓四卷者即以四人诗各为一卷耳。

029《存悔斋别集》一册，刘凤诰撰，中国社会科学院文学所藏无格钞本一册。每半页十行，行二十一字，有"无竟先生独志堂物"长方印，盖近代桂林张其锽旧藏本也。刘凤诰（1761—1830），字承牧，号金门。江西萍乡人。乾隆五十四年探花。授翰林院编修，擢侍读学士。后以吏部右侍郎出为浙江学政。嘉庆十四年以作诗语涉轻佻被劾，遣戍齐齐哈尔，旋复翰林编修。

道光元年告病归。著有《存悔斋集》，又有《杜工部诗话》五卷，为学者所重。此册存《北征集杜二百首》。原本书写甚精，惜残蚀过甚，经修补，略可得其大概。

030《静寿斋诗钞》十三卷，朱东启撰，中国社会科学院文学所藏抄本四册。每半页八行，行十八字，前有缺页。朱东启字晓先，号爽亭，江苏泰州人。贡生，乾隆五十二年由主事授贵阳郡丞，以平苗民乱有功署平越，嘉庆二年授贵州思南府知府，升贵东兵备道。柯遇春先生《清人诗文集总目提要》称年四十五卒，然集中卷三有《闰重九》之作，考《二十史朔闰表》应为道光十二年事，则朱氏享寿殆逾古稀矣。诗多为任黔期间作，记当时苗疆战事甚详，有老杜歌行之风。卷一有《客舍遇兴华顾万峰郑板桥夜话》，亦可资考证。民国《泰县志稿》卷二十八著录是集仅六卷，称“孤本未刊，藏后裔朱崇官家”，而《江苏艺文志》著录有乾隆二十二年刊本，以年月考之，其误不待辨。

031 诗集一册，石竹斋朱丝栏钞本，辽宁大学图书馆藏。每半页九行，行二十字，行书。书亦题“一味真排闷裁”，有“视漕使者”“己卯”题署。末有李汝申跋，自称世愚弟。云：“咳吐成珠玉，曹碑绝妙词。戏将排闷意，写出道情诗。之子翔云鹤，如余测海蠡。宦囊珍重此，纸贵洛阳时。”检《清人室名别称字号索引》，丹徒陈宜琦斋名石竹斋，宜琦与沈德潜交好，不知是其后人否。此卷起《张秋薙头》，终《戊寅除夕》《己卯元旦》，当为作者嘉庆二十三年戊寅一年间诗。有《新嫁娘竹枝词三十首》《行香子题新嫁娘竹枝词后》《词曹星使竹枝词三十首有序》《慰牙三十首有序》。又有《贺周六泉太守五十大庆》，六泉名寿椿，字荫长，直隶河间人。嘉庆十年进士，嘉庆十九年列名于《钦定全唐文》纂修官中。后官山西蒲州知府。有《汉书杂咏》。

032《养斋诗集》四卷附诗话一卷，周馨桂撰，南京图书馆藏稿本二册。每半页八行，行二十四字。有“馨桂”“小山”“周绍达印”“曰庠”“谦受益”印。前有同治八年己巳四月自序，后有跋云：“己巳六月中校文集一过，校诗集数过。缮写诗集毕，复著诗话一卷以附焉。七月望后四日录毕。”周馨桂，字小山。江苏江阴人。据《诗集》卷一《感怀》，知其道光二十九年己酉年二十九，应生于道光元年。卷四同治六年丁卯诗有《将应岁试感怀》诗，自注“为诸生廿八年”，似道光十九年始为诸生。第一册为诗集卷一，前有己巳四月自序，称删存诗八十二首。七月又记，称“后复校定缮写成集，此卷遂废弃，不复续云”。卷中有无怀民批点和同治己巳九月无怀民借观题记。盖虽废弃，仍附于删定稿前装订为一册也。后为删定稿之卷一，自道光丙午至庚戌凡六十首；卷二自咸丰辛亥至癸丑六十首，卷三自甲寅至同治甲子凡六十四首，卷四为同治四年后诗也。多游历及读书题咏之作，亦不乏记太平天国中战事之作。末有同治己巳十二月自跋，有云“惜乎吾不及交当世名人而一正之”，则其至中年尚未名世可知也。

033《静观斋诗稿》一卷，钱彝铭撰，中国社会科学院文学所藏听豳馆青丝栏笺稿本一册，钤有“溯耆”白文印。每半页九行，行二十一字，抄写极工整，有“选”“删”等朱记及浮签校改，当为付梓前删定之稿本。卷末有跋云：“《听笳》至《淮游集》古近体诗共三百四首。己巳岁始改为《知还集》，续册庚午、辛未又三十首。壬申至甲戌谨题为《赋雪集》，又三十七首。乙亥以后至戊寅无诗。”戊寅为光绪四年，跋当作于此后。钱彝铭字溯耆，号叙堂，浙江钱塘人。太平天国时在江南营中。诗集前题“癸亥至庚午”，即同治二年至九年，诗多记江南战事，有《十月二十六日收复省垣纪事》之作。

034《漫卷草》一卷，程天焘撰，咸丰间稿本，中国社会科学院文学所藏。每半页十行，行二十三字。前有咸丰十一年辛酉重九日自序、同治三年甲子正月漫卷草自序，后有光绪元年人日题记。封面有题记曰："癸亥年始，甲子冬日止，共计古今体诗七十五首，附见二十一首。乙亥春日又补入自作三首，附作一首，并将初次手草校阅一次，殊不足存，聊记甲子而已。"程天焘，字受诒，号伯山，江苏常熟人。卷中多太平天国战后感物伤怀之作，平庸无可取。附庞钟琛、苏文渊、张赞尧、管文炎、邵震亨。后有杂钞庞钟琛、邵震亨诗及朱丝栏、青丝栏稿本两种，止于同治元年壬戌，乃前于《漫卷草》之作也。

035 残本钞本诗集若干种，扬州图书馆藏，系未整理刊本、钞本。内有《客窗吟草》一卷，江都于芰裳冠玉撰，朱丝栏稿本一册，收甲子至辛未间诗，似同治三年至十年所作。末有《辛未岁六十有一生辰走笔戏赋》，知其生于嘉庆十五年。浏览馆藏目录卡片，尚有竹屏撰《竹庵诗存》一卷抄本，未及一览。

036《鸿轩杂著存稿》不分卷，李慎儒撰，北京师范大学图书馆藏朱丝栏稿本一册。每半页八行，每行字数不等。前有光绪七年正月自序，云"就所记忆及去年所作者数篇录之"。原不署作者名，观书前同时评阅者题记，有光绪七年辛巳春任凯、十年甲申五月钱文骥、十二年丙戌四月高蓉镜、十九年癸巳六月王仪郑、二十二年丙申九月张联桂、二十四年八月缪之镕等序。任凯曾为《鸿轩随笔》撰题记，又卷中有《与吴丙湘书》，吴丙湘亦为《鸿轩随笔》作题记者之一。此卷所收文稿，多代其父及他人所作，涉及当地政事，如《上李节相书》《再上李节相书》论江宁、镇江两府开矿事，附李复书。《于君小堂传》论太平天国起义盛衰之因，甚有见地。又有《详议海口设防书》《江防海防策》(拟作)，涉及文化方面则有《拟重修扬州文汇阁抄藏赐书记》《劝友人勿选时文书》《题约翰传福音书》。

037《隐余堂诗钞》不分卷，周履福撰，稿本，中国社会科学院文学所藏。有徐燧、王凤翙、吴锡诏、沈星珠、成人龙跋。

038　过录潘德舆批《古诗源》，清刊本，北京师范大学图书馆藏。六册，钤有“陈柱私印”。前有嘉庆十六年辛未题记：“确士选诗，专取规格而略才情，故不尽适人意。然较冯氏《诗纪》则已醇，较钟氏《诗归》则已正，故据为善本者亦多。仆就此点勘，又益以《诗归》中之明显有味者，则大段清美矣。小儿辈以为读本，尚非歧途妄骋者比。姑藏之箧以示我子弟。”观其持论，仅卷一《书杖》批“质实忠厚”，其他用“浓郁”“奥逸”“奥衍”“萧骚”“萧飒”“醇古”“骀宕”“爽劲”等等，多评核用字取意之间。诗题多有双朱圈，卷一《饭牛歌》过录者注：“题上有双朱圈者，四农先生选入《千秋绝调集》。”《千秋绝调集》今不传，据其所圈，可知其所收有《饭牛歌》、《忼慷歌》、《越人歌》、《琴歌》、《吴夫差时童谣》、《答夫歌》、《弹歌》、《渡易水》、《三秦记民谣》、《楚人谣》、《湘中渔歌》（以上卷一）；《大风歌》、《垓下歌》、《秋风辞》、《李夫人歌》、《白头吟》、《苏武诗四首》、李陵《与苏武诗三首》（以上卷二）；蔡邕《饮马长城窟行》、《羽林郎》、苏《盘中诗》、窦《古歌》、蔡琰《悲愤诗》、《战城南》、《有所思》、《上邪》、《箜篌引》、《鸡鸣》、《陌上桑》、《东门行》、《孤儿行》、《艳歌行》、《陇西行》、《悲歌》、《古歌》（以上卷三）；《古诗为焦仲卿妻作》、《古诗十九首》、《古诗二首》（上山、悲与）、《古诗三首》（十五从军征）、《古诗》（步出）、《淮南民歌》、《成帝时燕燕童谣》、《城上乌童谣》（以上卷四）；《短歌行》、《观沧海》、《龟虽寿》、《苦寒行》、《杂诗》（西北有浮云）、《歌行》、《弃妇篇》、《野田黄雀行》、《杂诗》（高台多悲风）（转蓬）、《七哀诗》、《七步诗》(以上卷五);《饮马长城窟行》、《杂诗》(浮云)、《咏怀》(嘉树、平生、灼灼、独坐)、《大人先生歌》(以上卷六);《杂言》(当隐)、《车遥遥篇》、陆云《谷风》、《咏史》(郁郁、皓天、荆轲)(以上卷六);《重赠卢谌》、《游仙》(杂县)、《时运四章》、《归田园》其一、二。

039　久闻顾小谢《丙子消夏录》之名,无由一阅,后于上海图书馆获见抄本,为鲍氏知不足斋旧藏,纸墨俱精,殊慰平生。小谢说五律,独标主句,谓诗之格局皆依主句而成。而五律之局法大概有二,一曰立意,一曰即事。立意者,于题中另立己意以抒写也;即事者,即题中所有之意以抒写也。其说颇新异可取,而未见重于后人,或缘其书之尠传欤?苏州大学图书馆藏有乾隆二十七年何文焕重刊本,前有何氏序,称"壬午秋偶阅小谢顾先生所刻《丙子消夏录》,其所品评,了若示掌,得是以为指南,即媲美有唐、鼓吹盛世不难矣。不敢同中郎之秘,因重登梨枣,间出管见,漫尔续貂,非敢自是,愿质之当世君子云尔"。其所评按,凡十之六七,以"增"字别之,或补小谢未备,或正小谢之失,要皆可取,今若重印其书,必以此本为善也。

040《能文要诀》一卷,题昆山周梦颜安士著,虞山戴绳武缵周录,苏州大学藏钞本一册。每半页十一行,行三十字。论八股作法,其目次为初学当先博古、开笔不可太早、读文贵于得法、为初开笔者设三喻(请客喻、房屋喻、出游喻)、作文当预定一篇之局、总论八股正格、论破承、破有五法、破有五忌、承具一篇之局、承有五体、承有五病、承有字面回避法、承上有绝不连上之诀、逗下有绝不犯下之诀、用字虚活亦不犯下、论开讲、开讲有上生下生法、开讲有三装头法、开讲有三如是法、开讲有借字擒题法、开讲有超忽之笔、开讲宜留余地、论承上文、论起股、起股不得概承上文、论虚股、论出题、论中股、中股宜用立柱之法、中间必具起承转合法、论后股、后股有三不穷法、论束股、论结尾、论两扇题式、论三扇四扇题式、论短比相接式、论散行式、散行有波起波落之法。

041　王毓芝撰《诗剩》一卷，上海图书馆藏无格钞本。每半页七行，各行字数不等。王毓芝，新江人，生平不详。书中记其先室刘祖祥以父"弘光乙酉死国难，哀毁成疾而卒，历今甲午，十年矣"，则时为顺治十一年，书成于此后。全书凡二五四则，论前人诗多系抄录宋元诗话，论明诗则出于自撰，引及周晖《金陵诗话》不见著录。

042　佚名编《古今诗话钞》，复旦大学图书馆藏无格钞本三册。每半页八行，行二十字。侧书"柳村公手书"，书皮有"苜蓿清衔"白方印，内有"柳邨龄印"朱方、"陵易禄爰"白方印，卷首有"陆渝龄印"白方、"赘翁"朱方，为嘉业堂旧藏本。上册起明太祖迄徐尊生，中册起朱右迄夏煜，下册起李应荣迄胡纪，止于永乐间。各条正文后附诗话，或径称其作者名，引钱谦益之说颇多。

043　清人杂钞一册，上海图书馆藏，每半页十行，行二十五字。有朱笔圈点。前为《徐晓亭麈谈笔存》，分"论文""论时文""论诗"，附"诗解"、解杜诗"南有龙兮在山湫"章、论《秋兴八首》。论诗共二十九则，先按体列论唐诗源流，尊杜为宗，见地尚持平。后为《授砚堂集抄古今尺牍》，首为论文，节录白居易《与元九书》、杜牧《答庄充书》、苏轼《自评》、苏轼《与友》、方孝孺《答林公辅》、王阳明《示徐曰仁应试》、唐顺之《与冯午山》、陶石篑《寄弟君奭》(五则录一)、吴因之《与友谈文》五则、黄贞父《与友临场论文》、吴震元《与友》，次为论读书，仅苏轼《答王庠》未完，盖不全之残册也。

044　邓枝麟撰《海粟诗话》二卷，《同治湖南通志》卷二五八艺文志据《宁乡县志》著录，作《海粟园诗话》。其书久访不得，意其已佚。后竟于上海师范大学图书馆获见张日监刊巾箱本。前有杨瑞序并题诗、黄湘南序、张日监题《金缕曲》词。邓枝麟（1736—?），字翰伯，号兰坡。湖南宁乡人。乾隆四十二年拔贡，嘉庆十年官乾州厅儒学训导。诗有盛名，与湘阴周锡溥、周锡渭，新化吴柷、孙起楠，醴陵鄢正笏，永绥胡启文并称为"湘中七子"。著有《海粟园愢闻》《海粟园丛谈》《海粟园脞录》《闰雅》《海粟园诗集》《潕溪存稿》《壮心未已斋词》。传记见刘宗向等纂《民国宁乡县志》先民传第二十七。邓显鹤辑《资江耆旧集》卷三十四选其诗。此书卷下言及乾隆四十七年壬寅事，知书成于此后。书中杂论古今诗，系历年阅读心得。杨序述其著书之旨曰："兰坡著作等身，既已撷天地之精英，具古今之元气，又复周览方国，广搜博访，自士夫名人才子，下至寒畯妇孺，有可采者，知其不可多得，而宝之惜之，欲其必传于世而后已。"卷上皆论前代之诗，多摘举前人之作以论诗法，虽不必尽为独创之说，要亦读书有见，举例精当，非稗贩剿说者比。所论暗合、雷同、夺胎、直写等法，言互文性者多可取资。又多考核字音之变，说微而确。卷下评论同时诗人，多游从之辈，足见交游不广。

045　翁同书辑《宋诗纪事摘录》一百卷，复旦大学图书馆藏翁曾源蓝格钞本四册，每半页九行，行二十四字。书皮题"文勤公谨著，曾源敬成"，前有光绪二年八月翁曾源序，卷一大题下有咸丰九年十二月南沙华严主人题记。翁序略云："臣之辑成先文勤公《宋诗纪事摘录》，遗注百卷，蒐罗精采，更系先父之寿春旅馆原稿，增文选句，按自帝后至末，巽斋评云：余最不爱降乩荒诞之说,故此卷不著笔矣。随阅随删,规模悉为诗史,迩日手订完编,即拟献律于当朝,更望资圣学将来涵养高深之助,匪惟变化性质,尤可准绳礼乐云。源又敬考元方回《瀛奎律髓》,吴郡陈士泰校定,诗法流传,简而未精,复鲁鱼亥豕,层见叠出,儒者无从是正,犹莫若先父著作,异同正变,付之梓人,藉扩嘉懿之善则,并宣格致之大文也哉。"此书系翁同书摘录厉鹗《宋诗纪事》而成,附以评语。以诗人传记言之,或无甚价值,然作评注观,则殊有可参。

046《艺文评㝡》二卷,徐谦芳撰,扬州图书馆藏稿本十二册,钤有"江都徐氏藏书"朱长方印。前有民国二十五年八月自序。徐谦芳字益吾,又字羡于。江苏江都人。宣统元年毕业于江南高等学堂预科,入民国后里居不出。性好聚书,辑有《文字古今通假集释》《覆瓿杂俎》《扬州风土记略》《文史评㝡》《藏书辑述》诸书。事迹见内夹六十岁后所作《自撰墓表》。据自序,此书本刘知幾、章学诚论文史之旨,"取古人之陈言蒐而辑之,其有以见文之盛衰,抑见文史之通义也"。前列"文史评㝡序",第一册《史记》,第二册《汉书》、《后汉书》,第三册《十六国春秋》、《南北史》、《南朝四史》、《魏书》、《北齐书》、《周史》,第四册《隋书》、《旧唐书》、《新唐书》、《旧五代史》、《五代史》、《宋史》,第五册《辽史》、《金史》、《元史》、《明史》、《资治通鉴》、朱子《纲目》、《纪事本末》,第六册《竹书纪年》、谯周《古史考》、《马氏绎史》、《通史》、《国语》、《汉纪》、《后汉记》、《汉晋春秋》、《魏略》、《晋纪》、《三十国春秋》、《宋略》、《齐春秋》、嵇康《高士传》、刘向《列女传》、《文献通考》、《通典》、《通志》、《史通》、《文史通义》;第七册起为二编,《国策》、《老子》、《列子》、《庄子》、《文子》、《申子》、《韩非子》、《阴符经》,第八册为《参同契》、《山海经》、《慎到子》、《关尹子》、《子华子》、《鬻子》、《管子》、《晏子春秋》、《邓析子》、《离骚》、《司马法》,第九册为《墨子》、《随巢子》、《胡非子》、《尉缭子》、《公孙龙》、《吕氏春秋》、《郁离子》、《孔丛子》、《家语》、《易纬》、《黄石公书》、《春秋繁露》、《淮南子》、《新书》、《陆氏春秋》,第十册为《韩诗外传》、《邹子》、《六韬》、《尹文子》、《鹖冠子》、《尸子》、《燕丹子》、《孙武兵书》、《鬼谷子》、《杨子》、《商子》、《荀子》,第十一册为《於陵子》、《盐铁论》、《七略》、《太玄》、《法言》、《马氏忠经》、《水经注》、《风俗通》、《白虎通》、《潜夫论》、《政论》、《申鉴》、《昌言》、《中论》、《论衡》、《说苑》、《新序》、《乐志论》、《人物志》,第十二册为《抱朴子》、《华阳国志》、《文心雕龙》、《文选》、《化书》、《金楼子》、《刘子》、《文中子》、《太平寰宇记》、《意林》、《懒真子》、《无能子》、《汉学商兑》、《汉学师承记》、《养新录》、《玄真子》、《隐书》、《亢仓子》、《金华子》、《天隐子》、《学案小识》。以全书内容与自序参观,疑此书即《文史评冣》稿也。所采历代论史论文之议论,晚至民国间《国粹学报社说》及钱基博、林传甲、章炳麟、顾实等人著述,各注出处。末各附论一篇,阐明著作之体,论其得失大端,类似古书之赞。要之,此书可作中国古代文史一学案观也。

卷十三　事物识小

001　许善长《谈麈》卷二“墓志之始”条云：“昔有盗发比干墓，得一铜盘，其铭曰：‘左林右泉，前冈后道，万世之宁，兹焉是宝。’此殆墓志之始乎？又孔子之丧，公西赤志之，子张子丧，公明仪志之。”

002　唐时制酒法似今酒酿，酒精度低，熟后稍置则非酸即辣，故酒以新发为佳。杜甫《客至》言“盘飧市远无兼味，樽酒家贫只旧醅”，盖此意也。至明清时，酒用蒸馏法，酒始贵陈。徐增《九诰堂诗集》卷二十五《夏来池上史汉功戴雨帆金卫公时过甚乐杨圣瑜有诗见贻奉酬一律》“多君兴好贻新句，愧我家贫乏旧醅”，同一旧醅，而贵贱异矣。

003　时俗语每以美人图片为养眼，此语亦有来历。袁枚《随园诗话》载：“余尝谓：美人之光，可以养目；诗人之诗，可以养心。”

004　墨盒之制，晚近为常，然未知所起。偶阅毛元征《炳烛录》，有云：“墨盒便于场屋，不知创自何人。近读方子箴伯《二知轩墨盒诗序》，略云：‘磨墨以砚，未免劳甚。矧风檐寸晷间，时虞燥裂，无怪其潦草涂鸦也。自祝蘅畦(庆蕃)年丈创为斯制，人皆便之。数十年来，金马玉堂之客，虎闱雁塔之英，对策大廷，构思矮屋，笔酣墨饱，运腕若飞。'又曰：'舍银而范铜，直廉而用溥，举凡占毕穷儒、钞书小史，并藉染濡之妙，倍形涂抹之工'云云。不特表创始之人，且曲尽体物之用。"按：祝蘅畦名庆蕃，由编修官广西学政，后仕至吏部尚书。然则墨盒所起，约在道光间也。

005 尝以出席广州唐代文学年会之便，参观肇庆端砚厂，见砚石有所谓"金线"者，一金色细线贯砚面，匠人指而夸示之。然予阅许善长《谈麈》所附《水岩石辨》，其所言金线，乃"黄脉纤长，横斜石内，或如刷丝。质嫩者纹无迹。不损毫。干隐湿显"。今所陈列者皆干而纹显然，知非其品矣。

006 西人以耶稣诞辰为圣诞，吾国元代称帝生日为圣诞节，见《元史》本纪。清代田茂遇《清平词初选》有《念奴娇·祝汉寿亭侯圣诞》一阕，为关公祝寿之作也。关公世称关帝圣君，故亦曰圣诞。

007 江藩《伴月楼诗钞》卷下《山谷次韵王定国扬州见寄诗中有明珠论斗煮鸡头之句今扬州并无鸡头何古今之殊若此遂次其韵》，按：鸡头即芡实，亦即《沙家浜》中所言鸡头米也。予少日居仪征，市间多有煮熟以酒盅论钱卖之，今扬州犹以芡实糕为特产，而江氏生乾嘉间独无之，诚所谓何古今之殊也。

008 呼洋人为鬼子，不知其所始。读南京图书馆藏晚清周馨桂《养斋诗集》稿本，卷二《漫兴》其二"岂谓同仇资一旅，翻看载鬼篮盈车"，自注："时借兵西夷，中国呼为鬼子。"金和《秋蟪吟馆诗钞》卷一《围城纪事六咏·说鬼》"三大臣盟江上回，侍从亲见西鬼来"，自注："江南俗称夷曰鬼子。"

009　今世俗语嫖娼曰打炮，亦有来历。管庭芬日记咸丰十年十一月初十日记太平军焚掠濮院、乌镇，时有脱自军中者云，彼以劫掠财物为打先锋，淫掠妇女为打水炮。

010　酒过三巡之说，今日通例为主人敬客三杯。阅周煇《清波杂志》，载："五十年前，宴客止一劝，今则巡杯止三，劝则无算，颠仆者相属，不但沉湎而已。"则先传杯三轮，然后各劝也。今俗犹有古意。然各地酒俗之异，亦如人面。河南为主人每人敬客三杯，而己不饮，乃古之劝而已。

011　书圣有王羲之，诗圣有杜甫，画圣有吴道子。棋圣古亦有其人，《抱朴子·辨问篇》："善围棋之无比者，谓之棋圣。故严子卿、马绥明至今有棋圣之名焉。"然则棋圣之名由来亦甚古。

012　嘉庆时有笔工胡氏，以羊毫裹兔颖，名绵里针，赵翼称颇驯健可书，《瓯北集》卷四十七有诗纪之。

013　今市售生猪肉，均钤有检验蓝印。赵翼有《江南猪》诗云："扬州一屠肆，专卖江南猪。不论肉多寡，印以红图书。其价贵什一，遂为众所趋。"则彼时亦有押朱印于猪肉者，乃品牌标识也。

014　康熙二十二年，山东按察司参议张能鳞奏请免贡鲥鱼，云："蒙阴、沂水等处挑选健马，准备飞递，伏思一鲥之味，无关轻重，天厨滋味万品，何取一鱼？窃计鲥产于江南扬子江，达于京师，计程二千五百余里，进贡之员，每三十里一塘，竖立旗杆，日则悬旌，夜则悬灯，备马三千余匹，役夫数千人云云。"奏入，奉旨永免进宫。此旨极善，盖鲥鱼出水即死，肉美而易腐，非旨免其贡，则其劳民伤财将不减于唐朝贡荔枝之费也。观赵翼《瓯北集》卷二十九《鲥鱼初出松坪前辈即购以见贻赋谢》云："一尾千钱作豪举，先生今日宴头鱼。"则彼时值亦甚昂，非寻常之物可知。

015 予少日随双亲移家仪征，每年清明前后，长江鲥鱼应时而登，人虽贵之，而值甚平易，日常食之，不以为奇货也。今则捕之将罄，价昂不可问矣。阅赵翼《瓯北集》，卷三有《丹徒江村宗老采同邀食鲥鱼》诗，可见当时食鲥之讲究，录之留作故事："鱼形如刀厥名鲥，当春作队乘江涛。我家距江百余里，越宿始到需冰韬。朅来游江干，宗老治具飨老饕。渔师网未举，主人釜先熬，待其出水便入庖。可怜银鳞自珍惜，有如禽鸟爱羽毛。入网犹恐或触损，条条僵卧不敢跳。澹青如卵色，无烦井华淘。迟则变白味渐失，乃知向来所食，一似饮者但餔糟。斯须登盘截寸寸，满盘莹洁流香膏。衬以黄芽韭，糁以青蒌蒿，对此那禁唇嗸嗸。所嫌骨鲠密如猬，深愁入口费剔搔。秘计忽以舌横卷，芒刺弗复留分毫。捷于分水之犀角，铦于切玉之昆刀。主人大笑非客巧，乃是厨娘烹饪手诀高。文火武火候极熟，肉已脱骨无黏牢。"余不录。

016 唐宋时扬州芍药名最盛，至清初以京师丰台为最贵，文士多有丰台看芍药花之诗，盖丰台擅芍药之胜亦久矣。钱载《萚石斋文集》卷十《红药坪记》载："京师丰台，种花人三月春暖时，盈筐压担，清晓入右安门，卖勺药花于南城之市。最后出者，花愈大而香益深。盖昔之勺药盛于扬州，今之勺药盛于京师也。"

017 儆子，宋名寒具。边连宝《病余长语》卷十二："刘梦得

《寒具》诗云:‘纤手搓来玉数寻,碧油煎出嫩黄金。夜来春睡无轻重,压扁佳人缠臂金。’据此,乃今之油煎馓子也。吾邑向多鬻此者,今亦罕见矣。余《冬夜读书》有‘稍疲支颧腮,助勇啖饼馓’之句,当注云:‘即古寒具。’”按:此诗不见于今传刘禹锡诗中,见于《苏轼诗集》卷三十二,当是东坡诗,随园误记。且两押“金”字,亦无此理。次句当从苏集作“碧油轻蘸嫩黄深”。

018　赵翼《瓯北集》卷三十五《真州萧娘制糕饼最有名人呼为萧美人点心子才觅以馈中丞中丞宠之以诗一时传为佳话余亦作六绝句》,其三曰:“已是徐娘半老时(年已五十余),芳名犹重美人贻。不知年少当炉日,几许游人妒饼师。”此事亦见袁枚《随园诗话》,中丞即江苏布政司使奇丽川。今仪征淮扬楼所制油糕名萧美人糕,似近时所附会,余少日夙食之,不闻有此称。

019　张问陶《船山诗草补遗》卷四有《夏日酒贵衣装典质殆尽忽查小山送菊花酒一大瓮孙少迂送酒票一纸值三十觔松筠庵淡云上人亦送酒一坛感诸君之德作诗颂之》诗,知时酒店有酒票之制,如今之礼券也。又《戏咏酒票》一首云:“不解金貂上酒楼,新颁符节醉乡侯。居然操券来垆下,何必论钱指杖头。人许千钟浇垒块,我凭一纸占糟丘。怀中漫灭谁家刺,恐是平原老督邮。”然则此券亦可持之饮于酒楼,非仅换酒而已。

020　袁枚《随园诗话》补遗卷四:“汪研香司马摄上海县篆,临去,同官饯别江浒,村童以马拦头献。某守备赋诗云:‘欲识黎民攀恋意,村童争献马拦头。’马拦头者,野菜名,京师所谓‘十家香’也。用之赠行篇,便尔有情。”此菜今称马兰头,予幼时市多贩者,常炒或凉拌食之,味微甜,过生则麻舌。今苏、沪菜馆偶有其品。

021　顾恩瀚《竹素园丛谈》载："近世士大夫好押诗条，其法写五言或七言一句于纸中，空一字，其旁连写五字意义略同者，任人押一字，中者胜，即昔人所谓诗眼。其始为文人游戏之事，后则市井博徒效之，句既鄙俚，所中字亦未必佳，不过为博进之一种而已。"此博亦甚雅，惟市井所玩，善诗者未必中其的耳。

022　边连宝《病余长语》卷二载俳谐体旧作"每共摸稽正软座"，自注："穷汉市前，有卖熟肉者，杂取牛羊肠胃诸秽物，以巨釜贮之。周围椽杙数十枚，缭以修绠，诸贱役围坐绠上买啖之，号曰软座。"摸稽即摸稽哥，为旗役中最贱者；穷汉市，在猪市口南，皆见自注。此殆即北京小吃牛杂、羊杂汤之由来也。

023　袁枚《随园诗话》卷九："《清波杂志》载：元祐间，新正贺节，有士持门状遣仆代往；到门，其人出迎，仆云：'已脱笼矣。'谚云脱笼者，诈闪也。温公闻之，笑曰：'不诚之事，原不可为！'及前朝文衡山《拜年》诗曰：'不求见面惟通谒，名纸朝来满敝庐。我亦随人投数纸，世情嫌简不嫌虚。'可见贺节投虚帖，宋朝不可，明朝不以为非：世风不古，亦因年代而递降焉。"予按：此即近年所行之贺年明信片、贺卡也。

024　袁枚《随园诗话》卷十载松江吴世贤有咏《皮蛋》诗云："个中偏蕴云霞彩，味外还余松竹烟。"时乾隆五十年，袁枚在广州，吴诗已见松花蛋之讲究。

025　李蕃《雪鸿堂文集》卷十三《随说》："《说苑》：人有沽酒者，为器甚洁清，置表甚长，而酒酸不售。问之里人何故，里人曰：'公之狗猛，人挈器而入，狗迎而噬之。此酒酸所以不售之故也。'今详之，'而酒酸不售'，似当云'酒酸而不售'，谓至于酸而不售也。若酒酸则不售，宜矣，又岂狗猛之故哉。但酒之醇者，愈陈则愈佳，亦无因久不售而至于酸之理。”按：此乃不知古无蒸馏酒，以今蒸馏酒之品性解古醪酒之失也。

026　今广东、香港称先生每省生字而仅曰先，此亦由来甚古。《汉书·晁错传》：“公卿言邓先。”师古注：“邓先，犹言邓先生。”

027　蒋士铨《先考府君行状》记乡人黄三郎事，可见当时京师贸酒习俗：“三郎故江西人，挟妻子居京师，为长安酒侩。京师酒商不私易，必资侩。盖酒之贤圣，什伯其品，惟老侩能辨之，俗曰扯花。其法以长勺扬酒，激注于缸，就缸面视溅沫，而酒之等差，毫厘无所溷。三郎素操此技赡其家。”此即当时职业品酒师也，其扬酒视沫之法则于今未闻。

028　北京孔庙孔子生平事迹展，设有欹器，言孔子所造，不知何据。《荀子·宥坐》篇载：“孔子观于鲁桓公之庙，有欹器焉。孔子问于守庙者曰：‘此为何器？’守庙者曰：‘此盖为宥坐之器。’”后失传，至晋杜预、南朝祖冲之皆复作而复失传。《宋史·苏易简传》载，淳化中易简直禁中，以水试欹器。上密闻之，因晚朝，问曰：“卿所玩得非欹器耶？”易简曰：“然。江南徐邈所作也。”命取试之，易简奏曰：“月满则亏，器盈则覆。愿陛下持盈守成，慎终如始，以固丕基。”则宋初此器已为南唐徐邈所作，无人言孔子所制也。

029　日本之相扑江户时代始职业化，于京都、大阪由神社举行赛事，藉以为修建神社及公益事业募捐，称“劝进相扑”。然相扑之名所始，则非余所知。阅赵翼《瓯北集》卷五《行围即景》，有《相扑》一首，题下注："以手相扑，名曰布库。即古角觝之戏。"则当时以"相扑"译蒙古语之布库，即摔跤，自乾隆时已然，不知与日语之"相扑"(读 SUMO)有无关系也。

030 洪亮吉《北江诗话》卷一记当时各地之酒云："山阴酒始见于梁元帝《金楼子》，并呼之为甜酒。考前代酒最著名者，曰宜城醪、苍梧清、京口酒、兰陵酒、霅下酒(今名南浔酒)，及酒泉郡本以酒得名。余曾历品之，究以山阴酒为第一，酒泉郡及霅下次之。兰陵酒，今沂州兰山县酿酒法已失传。若宜城、京口酒，《南史·邵陵王纶传》称曲阿酒，皆重浊，又失之太甜，与今吴中之福真、锡山之惠泉相等，未见其美也。汾州酒、沧州酒，又与烧春同，自当别论。苍梧清亦同烧春。"

031 吴庄《吴鳏放言》："余善品酒，尝以六等定案。洌居上，苦次之，涩次之，酸次之，淡次之，甜最下。凡六等。余故自号曲部文宗。"此亦言黄酒也，今则仅言其甜耳、洌耳，苦、涩、酸、淡皆不在意中矣。

032 仁和许善长嗜酒，其《谈麈》卷一有"酒品"一则，云："酒品之最上者，淡而弥旨，不可多得；次者酴郁，再次者芳洌。袁简斋诗：'罂高三尺酒一尺，逃尽酒魂存酒魄。'或曰酒以清为主，此渣滓矣。予曰，是不知酒者也。酒愈陈味愈淡，甚至坛底如饴，几无酒味。和以新酒，顿觉芳香透脑，其味亦自有，真所谓苦为上，酸次之，皆酒之变味，而甜斯下矣。一语确乎不拔。或谓唐人好饮甜酒，引子美诗曰'人生几何春与夏，不放春酒入蜜甜'，退之诗曰'一尊春酒甘如饴，文人此乐无人知'为证。细思以酒比饴蜜，不过言其醇耳，非谓甜也。白公诗曰：'甘露太甜非正味，醴泉虽洁不芳馨。'又曰：'户大嫌甜酒，才高笑小诗。'又曰：'瓮揭闻时香酷烈，瓶封贮后味甘辛。'此不好甜酒之明证矣。古今岂有异嗜哉？"按：此皆以绍兴酒为言也。时南北酒之异，当以蒋士铨《忠雅堂诗集》卷十《谢吴百药肇元侍读饷沧酒》诗考之。

033　清代浙人以水之短长指酒之酞薄，俞国林编吕留良《何求老人残稿》所收《秋日过孙子度》诗"糯酒便教三样买"一句，引严鸿逵《释略》："糯酒，白酒也。有长水、中水、短水三样。"吕愿良《天放翁集》中《苦寒》诗："炉灰少种翻仍冷，里酒加长梦易还。"自注："俗以水长短名酒之酞薄。"

034　高头豆酒，顾嗣立《春树闲钞》卷下："广东酒味颇劣，俗尚陈村酒。地属顺德，周回四十余里，水味淡而有力。绍兴人以为比鉴湖之水，移家就之，取作高头豆酒，然无足取也。屈翁山大均有诗云：'龙眼荔枝十万株，清溪几道绕菰蒲。浙东酿酒人争至，此水皆言似鉴湖。'"

035　薏苡酒，明蓟辽总督王忬尝献于严嵩，嵩有"酒却一年佳一年，官却一年不佳一年"之语。法式善《梧门诗话》载桂馥咏薏苡酒诗云："百斛明珠酿乳泉，色如秋菊气如莲。冷官风味常依旧，酒却一年佳一年。"用严嵩语也，然其酒之色泽质地亦可考见。

036　梨酒，周密《癸辛杂识》续集卷上"梨酒"云：（李）仲宾又云，向其家有梨园，其树之大者每株收梨二车。忽一岁盛生，触处皆然，数倍常年。以此不得售，甚至用以饲猪，其贱可知。有所谓山梨者，味极佳，意颇惜之，漫用大瓮储数百枚，以缶盖而泥其口，意欲久藏，旋取食之。久则忘之，及半岁后，因至园中，忽闻酒气熏人。疑守舍者酿熟，因索之，则无有也。因启观所藏梨，则化而为水，清冷可爱，湛然甘美，真佳酝也，饮之辄醉。回回国葡萄酒，止用葡萄酿之，初不杂以他物，始知梨可酿，前所未闻也。”

037 金波，任城酒名。见张文虎《舒艺室诗存》卷三《登任城太白酒楼放歌》诗自注。

038 梨花酒，孙枝蔚《溉堂前集》卷八《梨花酒》序云：“梨花酒，惟吾邑有之。问酿者，乃不知杭州旧有梨花春之名也。余既爱此酒名，又叹乐天故不易及，因赋一绝。”孙枝蔚陕西三原人，此酒应为三原所产。杭州之梨花春乃黄酒也。

039 时大彬壶，当时即宝贵无比，尤以僧帽式最称佳制。清初吴景旭《南山堂自订诗》卷四《时壶》（名大彬）诗云：“荆溪本故族，霅水更成家。手自抟黄土，供人发紫芽。茗投方瀹凤，唾破已歼蛇。最是流传贵，毗卢小样赊。”自注：“僧帽式尤称佳制。”

040 白居易诗“岁盏后推蓝尾酒，辛盘先劝胶牙饧”，又云“三杯蓝尾酒，一碟胶牙饧”。庄绰《鸡肋编》卷中云：“以饧胶牙，俗亦于岁旦嚼琥珀饧，以验齿之坚脱，故或用较字。然二者又施之寒食，岂唐世与今异乎？”此殆即牛皮糖之类，口香糖之祖也。

041 汉奸，例指汉人事敌族者。陆次云《峒溪纤志》卷中“汉奸”条云：“汉人潜入苗峒者，谓之汉奸。”此汉奸之又一义，盖自苗人视之也。

042　周密《癸辛杂识》续集卷上“天雨尘土”云：“辛卯三月初六日甲辰，黄雾四塞，天雨尘土，入人鼻皆辛酸，几案瓦垅间如筛灰。相去丈余，不可相睹。日轮如未磨镜，翳翳无光采，凡两日夜。”此即沙尘暴也，在古人犹为奇观，予多年前亦尝见识其恐怖。

043　乌贼之得名，周密《癸辛杂识》续集卷下有说云：“世号墨鱼为乌贼，何为独得贼名？盖其腹中之墨，可写伪契券，宛然如新，过半年则淡然如无字，故狡者专以此为骗诈之谋，故谥曰贼云。”

044　谢肇淛《小草斋集》中咏荔枝诗甚夥，观卷五《五月十五日初尝火山荔支大仅如栗而味亦不甚酢每十枚三钱同陈惟秦徐兴公郑孟麟赋》《集邓道协所啖中观荔支色尚青而酢甚同陈伯孺周乔卿徐兴公赋》《积芳亭啖蚕红荔支分得药名诗》《集高景倩斋头啖鑛玉荔支赋得汉人名诗》《六月十二日买莆田陈家紫一日夜直抵会城招诸子同赋分得五言古诗得一屋》《山枝》，卷二十四《鹊卵荔枝》《鸡引子荔枝》，卷二十八《七夕积芳亭啖七夕红荔枝》，读诸诗可考见当时荔枝品种及价格。

045　闺秀夏伊兰《吟红阁诗钞》卷四《鱼仙歌》：“炰鳖任弃丑，烹鱼莫去乙。翻将臭腐作神奇，好与杯珓同一掷。仙乎仙乎仙最灵，登盘瘦到纤纤形。莫令淋漓染残汁，转愁拂拭带余腥。君不见牛蹄鸡骨堪占兆，朽骨何辜便轻掉。喜他卓尔立当筵，未来吉事如相告。我无尘梦扰幽怀，戏掷停将玉筯才。别有闲情向仙叩，几回含笑请仙猜。”按：鱼仙者，鱼眼窝下之骨，俗称鱼仙人，可跂而立。俗谓抛之得立，则可占吉。予幼时家中食鱼，家母每以筯拈之掷，三次为限。

046 咸丰同治间，上海冬笋每斤百文，见席世能《醒世日记》卷下。

047 袁枚《随园全集》银五两一部，诸联《明斋小识》，嘉庆十九年宁远堂刊本，八册，每部定价纹银四钱。

048 明代制笔名手例有笔帖，以质地高下列为品目，多请名书家试写而品题之。清初徐增少有才名，工书画，精鉴赏，其《九诰堂文集》中有《计云望笔帖》，云中山君真名士为定其品第，分十二种，曰宝相、紫仙、右良、丽农、兰露、清流、白牙、松枝、旭爱、墨犀、东箭、霞举；又有《重定姜敬孚笔帖》，称己为重定其品价，亦为十二种，曰弥勒楼、十赍文、三品贡、璧人须、秋水注、柳如何、兰花箭、数花黄、怀公醉、梁园待、麒麟角、玉榜声。

049《诗》“静女其娈，贻我彤管”，先儒多以彤管为笔。林传甲《筹笔轩读书日记》庚子五月十一日引《礼记·内则》曰：“针管线纩，今妇女用针多藏之竹筒，或以朱漆饰之。”此殆即彤管也。又魏武帝《上杂物疏》有“中宫杂物，画象管针筒一枚”，则针管之为物，其名久矣。其说虽可备一解，然女子赠所欢以女子所用之物，亦殊无理。

050 陶樑《红豆树馆书画记》卷一载杨天璧《后蜀黄筌画猫跋》云：“此卷双钩小草，极为繁杂，然叶叶灵空，笔笔圆劲，恽道生云古人愈繁而愈简甚者此也。至三猫神气宛然如生，得未曾有。五代黄筌真迹，余未之见。昔聊城傅秋坪曾出宋徽宗一册，据云收藏已五百余年，名人跋语甚夥。国朝初年，伊祖星岩少保以渐携入都门，跋语失去。观其绢色墨色，奕奕如新。嗣余于长安亦购崔白翎毛一册，宋人笔墨余所见者，以此二者为最。比较此卷，花卉山石差足相似，至翎毛之浑脱神妙，逊此三猫多矣。然则此卷为要叔真迹无疑，良可宝也。崔白一册近归石琴道人，晴窗对此，不禁有触余怀，因并记之。道光十四年岁甲午四月白下杨天璧。”